【广东中华文化王季思学术基金⊙黄天骥学术基金丛书之十八】

晚明文人以文治生研究

周榆华 著

广东高等教育出版社

广州

图书在版编目（CIP）数据

晚明文人以文治生研究/周榆华著. —2 版. —广州：广东高等教育出版社，2011. 5

（广东中华文化王季思学术基金·黄天骥学术基金丛书）

ISBN 978 – 7 – 5361 – 4053 – 0

Ⅰ. ①晚…　Ⅱ. ①周…　Ⅲ. ①文化 – 名人 – 人物研究 – 中国 – 明代　Ⅳ. ①K825. 4

中国版本图书馆 CIP 数据核字（2011）第 078555 号

广东高等教育出版社出版发行

地址：广州市天河区林和西横路/510500

营销电话：(020) 87551597

网址：www. gdgjs. com. cn

佛山市浩文彩色印刷有限公司印刷

890 毫米×1240 毫米　32 开本　10. 75 印张　300 千字

2011 年 5 月第 2 版　2011 年 5 月第 2 次印刷

印数：1 001 ~ 3 000 册

定价：32. 00 元

前记一

黄天骥

中国古代戏曲和古代文学作品，是取之不尽用之不竭的宝藏。华夏子孙，有责任发掘开采，分析整理，让体现着东方文化的瑰宝，在世界民族之林中焕发光辉。自然，我们也不能一味陶醉在祖先遗泽之中，审视它，研究它，弃其糟粕，取其精华，使之有助于祖国精神文明建设，才是我们整理古代戏曲、古代文学的目的。

近几年，广东经济有了飞跃的发展，许多有识之士，认识到在这块热土中弘扬中华文化的重要性。因而采取多种方式，大力推动对中华文化的学术研究。因时际会，“广东中华文化王季思古代戏曲、古代文学研究基金”得以乘风御气，建立起来。有了这个条件，我们就有可能出版丛书，在研究我国传统文化的领域中，做一点力所能及的工作。

我们出版这套丛书，也是为了纪念王季思老师。

王起，字季思（1906—1996），浙江温州人。早岁师从孙诒让、吴梅先生，以《西厢五剧注》名世。20世纪40年代后期，王季思老师到广东中山大学任教，历任中文系主任、古文献研究所所长等职。数十年来，他热爱祖国，热爱中华文化，把全部精力投入到教学和科研的工作中，在古代戏曲、古代文学领域作出了巨大的贡献。“文化大革命”后，拨乱反正，王季思老师被聘为国务院学位委员会第一届学科评议组成员、国家古籍整理出版规划小组顾问，被公认是中国古代戏曲古代文学研究的权威。

王季思老师一生热爱学生，教育青年。他常说：学术乃天下公器。学生和后辈学者向他求教，他从来都认真、热诚地给予帮助。直到七八十岁高龄，他还培养硕士生、博士生，矻矻穷年，不遗余力。他经常强调建设祖国教育和文化事业，要有人继承，渴望薪火相传，让中华文化之光一代又一代照遍大地。

弘扬中华文化，继承王季思老师匡扶后进的精神，是受过他老人家教诲的学生的共同心愿。1993年，广州市政协和中山大学联合主办“庆祝王季思教授从教七十周年大会”。其后，诸位校友像杨资元、赖春泉等学长，深感为促进学术的发展，应做一些更加切实的工作，朱孟依先生积极支持。经过各方面的努力，我们决心出版这一套丛书，希望能实现王季思老师多年的心愿，帮助热心于中国古代戏曲古代文学而又甘心坐冷板凳的学者迅速成长，让学术之花也在生长红棉的土地上盛开。

学术的殿堂是靠一砖一石垒成的，我们希

望扎扎实实地奋工添瓦，不想欣赏海市蜃楼。目前，我们的能力有限，更兼文化建设不可能一蹴而就。因此，我们的想法是：环绕着中国古代戏曲、古代文学的论题，逐年出版有较高水平的学术著作。只要持之以恒，锲而不舍，日积月累，代代相传，我们一定能在祖国学术领域的南天，垒筑起一座丰碑。

王季思老师曾有诗云：

人生有限而无限，历史无情还有情；
薪火相传光不绝，长留双眼看春星。

丛书付梓之际，我们抄录这首诗，作为奠基之石，以明旨意，兼励来者。

1996 年 6 月 16 日于中山大学

前记二

欧阳光　康保成

自1996年广东中华文化王季思学术基金丛书第一种出版以来，迄今已过去了整整十年。十年来，我们根据有限的财力，精心甄选入围选题，在广东高等教育出版社的大力支持下，以每年一到两种的节奏，已陆续出版了13种著作。

看着眼前这套积少成多渐成规模的丛书，不禁让人深深感慨。这套丛书的作者基本上都是中山大学中文系的中青年学者或博士学位获得者，选题以古代戏曲研究为多，同时也涵括了古代文学研究的其他领域。这些著作也许算不上什么鸿篇巨制，我们也没有像时尚所热衷的那样对它进行包装和宣传，在当今热闹非凡的学术著作出版大潮中，它甚至显得有些冷清和落寞，但这些著作都是对有关领域作了艰苦细致的研究之后的心得之作，或对有关研究领域有所开拓，或推动了有关研究向纵深发展，自有其难以掩盖的学术价值。丛书从总体上展现了中山大学中文系中青年学者的风采，也体现了中山大学中文系沉潜、严谨、包容、开放的良好学风。

最近，珠海市民营企业家李平秋先生捐资设立黄天骥学术基金，用于支持我系古代戏曲和古代文学等学科的发展。李平秋先生1983年毕业于中山大学中文系，之后投身于市场经济大潮，艰苦创业，努力打拼，取得了事业的成功；在事业有所成就的时候，却不忘回报社会。他有感于母系的培育之恩，倾心敬佩黄天骥先生的师德人品，因而出资设立以黄天骥先生命名的学术基金，其拳拳赤子之心，殷殷校友之情，令人感佩。

这样一来，我们除了王季思学术基金之外，又有了黄天骥学术基金。两个基金虽然命名不同，其宗旨则是一以贯之的，即为传承和弘扬我国优秀传统文化推进古代戏曲、古代文学的研究而添砖加瓦，略尽绵薄。根据这一宗旨，我们将把两个基金的增值部分合并在一起使用。其中继续资助出版中青年学者高质量的研究成果，帮助中青年学者在学术上更快地成长，仍然是两个基金的主要工作。

王季思先生是中山大学中文系古代戏曲、古代文学学科的开拓者、奠基人；黄天骥先生是继王季思先生之后中山大学中文系古代戏曲、古代文学学科的领军人物，在海内外学术界享有崇高的威望。两位先生的共同特点是不仅重视学术的创造，同时也注重学术的传承，他们都倾力培养后学，提携奖掖不遗余力，这也正是中山大学中文系古代戏曲、古代文学学科能够生生不息，始终充满活力，并不断有创造性成果涌现的原因。

学术的发展离不开传承，也离不开积累，我们所做的正是传承和积累的工作。这一工作也许一时半会儿看不出明显的效果，但正如黄天骥先生在本丛书的“前记一”中所说的：“只要持之以恒，锲而不舍，日积月累，代代相传，我们一定能在祖国学术领域的南天，垒筑起一座丰碑。”

让我们以此互勉。

2006年11月16日于中山大学

目　录

绪　论

一、论题的确立

纵览时人前贤的著述，笔者发现，对古代文人及其作品的研究主要集中在名家名作或者是有影响的文学流派上，对不知名或者根本无名的文人则关注得不够。出现这种现象，当然有其客观原因：一是名家名作在当时或后世都较为人注意，遗留下来的材料纵使零散但相对齐全，便于研究；二是他们在文学发展过程中，通常起着引领作用，是一段历史时期或一个朝代的文学丰碑，研究他们，等于抓住了文学的主流或核心，有提纲挈领之意义。

鉴于此，笔者打算去研究那些不甚知名文人的生存与创作情况。之所以有这种想法，首先，是自己才疏学浅，不敢去“炒现饭”，怕弄不出什么新东西来，陷入拾人牙慧的尴尬境地。其次，不知名文人尽管在“科名”或“艺苑”上默默无闻，但他们及其作品毕竟存在过，是一种“历史的真实”，通过研究，或许可以认识、了解他们，进而揭示出某些规律。再次，是他们既然存在过，多少会留下些相关的文献，无论是蛛丝马迹般的只言片语，还是整章整篇的记载，都值得去搜集、归纳乃至做系统的研究。至于能搜集多少材料、研究到什么程度，这既取决于客观文献的存在情况，又取决于个人的主观努力。

带着以上想法，经反复思考，笔者最终确定以晚明社会底层文人的生存状况及其谋生诗文作为自己的研究范畴。之所以选择晚明下层文人，基于以下考虑：

先是晚明下层文人的数量多。一个社会，文人的多少与当时的人才选举制度、教育规模、经济状况、价值取向等诸多因素有关。科举制度自隋唐建立以来，沿袭到明清，一直是中国社会举荐人才的主要途径，而为这种选举制度大量提供储备人才的学校教育制度，却是在明代发展、完善起来的。据《明史·选举志一》记载：

> 洪武二年，太祖初建国学，谕中书省臣曰："学校之教，至元其弊极矣。上下之间，波颓风靡，学校虽设，名存实亡。兵变以来，人习战争，惟知干戈，莫识俎豆。朕惟治国以教化为先，教化以学校为本。京师虽有太学，而天下学校未兴。宜令郡县皆立学校，延师儒，授生徒，讲论圣道，使人日渐月化，以复先王之旧。"于是大建学校，府设教授，州设学正，县设教谕，各一。俱设训导，府四，州三，县二。生员之数，府学四十人，州、县以次减十。师生月廪食米，人六斗，有司给以鱼肉。学官月俸有差。生员专治一经，以礼、乐、射、御、书、数设科分教。务求实才，顽不率者黜之。十五年颁学规于国子监，又颁禁例十二条于天下，镌立卧碑，置明伦堂之左。其不遵者，以违制论。盖无地而不设之学，无人而不纳之教。庠声序音，重规叠矩，无间于下邑荒徼、山陬海涯。此明代学校之盛，唐、宋以来所不及也。

"无地而不设之学，无人而不纳之教。庠声序音，重规叠矩，无间于下邑荒徼、山陬海涯"，足以说明当时朝廷对学校教育的重视及其繁盛状况。这种重视及采取的相应措施，在明太祖之后，遂成为一种制度沿袭下来，迟至明覆亡也没发生什么大的改变。要说变化，只有入学名额上的增减，且一般是增得多、减得少，这点从生员名称的变化与增加上看得出来，如前期有廪生、增广生、附学生，中叶以后又有纳马纳粟捐银而出现的辽生、饷生、赞生之类。尽管后来张居正推行改革时，对学校生员名额有所裁减，但由于堵塞了士人仕进之路而遭到普遍反对，最终也是人亡政息。

学校教育的繁盛，一方面体现出士人地位独尊的传统和社会现实，另一方面与明代"科举必由学校"的规定有极大的关系。宣德以前，科举之外尚有税户、吏员、征辟等用人途径，以后则专用科举，这必然迫使天下士人纷纷进入学校；再则，进入学校成为生员（主要指廪生）后，既有机会科举入仕，又可领取朝廷规定的廪膳银、享受减免徭役等优待。因此，入庠序读书是许多士子必须走并甘愿走的道路，这种情况在明代中后期尤为明显。由于商品经济比较发达，一般家庭在积聚了相应的财富后，都设法培养自己的子孙后代读书、做官，当时的许多官员都出身商贾之家，如王世贞、汪道昆、黄省曾、张翰、李梦阳、何良俊、曹学佺、屠隆、顾宪成、田汝成、袁宏道兄弟、张献翼兄弟等，举不胜举。一些富庶地区，由此形成了重读书的风气，这里可引张岱与归有光的话为证：

> 余姚风俗，后生小子无不读书，及至二十无成，然后习为手艺。①
>
> 吴为人才渊薮，文字之盛，甲于天下。其人耻为他业，自髫龀以上，皆能诵习举子应主司之试。居庠校中，有白首不自已者。江以南，其俗尽然。每岁大比，棘闱之外林立。京兆裁以解额，隽者百三十五人。故虽方州大邑，恒不能三四数。②

明清以来吴越两地文人辈出，跟当地经济富庶、推崇读书的文化风尚存在着某种必然联系。读书人之多，又见于具体数字，顾炎武在估计明末的生员人数时，说："合天下之生员，县以三百计，不下五十万人。"③

读书人如此之多，可是仕进之路却只有科举一途，中式名额又有限，势必使多数读书人无法仕进而滞留于社会下层。当时，许多有识之士和被淘汰的生员曾纷纷撰文指出这一现象，并尝试提出解

---

① 张岱：《琅嬛文集》卷一，49页，杭州，浙江古籍出版社，1985。

② 归有光：《震川先生文集》卷九，191页，上海，上海古籍出版社，1981。

③ 顾炎武：《顾亭林诗文集》文集卷一《生员论上》，21页，北京，中华书局，1959。

决的办法。如屠隆的设想是："制科之外，当别开一途，或备德行，或负奇才，或学识足备顾问，或辞赋足润太平，名流郡国，取信乡闾，而为制科所遗者，许有司特荐以闻，天子临轩，集公卿大夫亲试，果有可采，令得与制科士一体擢用。如遇非常之人，则待以不次之位，无狃常格。以制科罗英贤，以特荐网遗逸，庶可免明镜盖卮，腰镰刈葵之患乎？"① 屠隆的办法，实质是在制科之外增加举荐或征召的形式，以搜罗乡野遗贤，愿望是好的，可是行不通。

为什么行不通？因为有些制度一旦沿袭长久，便难以打破，即便打破，增加一些新形式，往往也不为人重视，可能流于形式。这从《明史·选举志三》的记载可得到印证："自（永乐）后科举日重，荐举日轻，能文士率由场屋进以为荣，有司虽数奉求贤之诏，而人才既衰，第应故事而已。宣宗尝出御制《猗兰操》及《招隐诗》，赐诸大臣，以示风励。实应者寡，人情亦共厌薄。"时人王鏊指出了荐举日轻乃至废弃的原因："古者用人，其途非一，耕钓渔盐版筑饭牛皆起为辅弼，而刍牧贾竖，奴仆降虏，亦皆得为世用。我太祖太宗之世，亦时时意外用人，若郁新、严震直之流，皆以人才至尚书，取之非一途，故才之大小，纷纷皆得效用于时。降及后世，一唯科目是尚。夫科目诚可尚也，岂科目之外，更无一人乎？有人焉不独不为人知，即举世知之而不见用，非不欲用，不敢用也。一或用焉，则群起而咻诸，亦且自退缩，前后相戒，谨守资格……是故下多遗贤，朝多旷事，仕法之过，端至上哉！"② 从中可知，后世在科目之外，不敢另设他途用人，是畏于群言，怕毁了祖宗旧制和破坏既有的公平形式，这在情理上说得过去。

但是，另有一个可能易被忽视的原因：科举制度只是一种官吏

---

① 屠隆：《鸿苞》卷五"用人"条，《四库全书存目丛书》子部第88册，766页，济南，齐鲁书社，1997。

② 王鏊：《王文恪公文集》卷二十三《容庵葛君家传》。见吴晗：《明代的新仕宦阶级，社会的政治的文化的关系及其生活》，《明史研究论丛》第五辑，7~8页，南京，江苏古籍出版社，1991。

选拔制度，并非用来扩大生员就业的制度，通过考试挑选出来用以任命官职的人自然相对有限。在特定的历史阶段，譬如明代中后期，当生员大量增加，而官员的名额如果相对保持稳定或变化不大时，以竞争形式淘汰下来的人数无疑会显得特别多，更何况万历朝又出现了皇帝怠政、官员空缺不及时补员的情况。所以说，单纯地批评制度的机械刻板有时毫无意义，根本无助于问题的解决。这也是虽然许多士人屡屡指责科举取士途径过于狭窄单一，但终究无法改变既存事实的重要原因。

分析明代后期众多文人士子滞留社会下层的客观原因之后，接下来探讨他们的经济状况和可能的出路。陈宝良先后有数篇谈论明代生员的文章，这里就相关的内容和观点作简要引述：在《明代生员及其相关概念辨析》一文中，陈宝良指出生员是绅士、士大夫、文人的一员，并认为自明代中期以后，由于生员人数的不断增加，生员已从绅士、士大夫中分离出来，成为一个相对独立的社会阶层。《明代生员层的仕进之途》一文，陈宝良则从科举入仕、廪贡出学、纳马纳粟入监以及荐举与保举四个方面，对明代生员层的仕进之途进行了初步的考察，认为明代生员层仕进之途（正路）相当狭窄，这是绝大部分生员流向社会的主要原因。而在《明代生员层的经济特权及其贫困化》一文中，陈宝良对明代生员层在经济上的诸项特权进行了具体考察，并对晚明生员层的相对贫困化也进行了一些勾勒，表明生员既是绅士层的一员，又与绅士层的上层在经济状况上存在较大的差距。陈先生在论述这些内容时，史料翔实，说服力很强。

不过，由于研究的侧重点不一样，笔者在此想补充一些看法。一是文人与生员本身属于两个概念，是从不同的角度去定义的，文人不一定有生员资格或其他名衔，生员也不一定都可以冠上文人之名，二者是一个交叉概念，但文人多半是最初进过各级学校读书的生员，这是常识。二是生员的贫困问题，生员是“科名”，是走向仕途的最初通行证，拥有它虽然可以得到某些经济和政治上的特权，但离位尊多金、封妻荫子等人人追逐的“功名”还有一段很远的距离，他们当中有一部分人起初家境就并不十分富裕，又加上进学、考试、人际应酬等花掉了不少费用，如果没有通过中举做官或其他途径获得收入进行补偿，则更易陷入贫困境地，这在古今都一样。晚明贫困生员之多，陈宝良在《明代生员层的经济特权及其贫困化》一文中作了阐述："生员中贫生数量的渐趋增多，则是明代的基本趋势。即以贵州一省来说，至晚明，其贫生总数已达810名。这仅仅是官方有册籍登载者，其数量之大已不可等闲视之，而实际的贫生数量，则当远远超过此数。"三是生员仕进之途相当狭窄，贫困的生员相当多，他们如何维持生计？这是一个重要的话题，陈宝良的文章及其他学者对此均未涉及，因而激发笔者欲从文人以文治生的角度进行深入细致的探讨。

从这一角度进行研究是否行得通？这让人十分困惑。笔者在翻阅文献过程中，逐渐发现，明代后期许多不遇士子都有"卖文为活"或代人笔耕的现象，这些人凭借一己之文才，或出入戎幕，或寄身藩府、大学士府，或在市井佣作诗文，或编印书刊……凡此种种，都是以文谋生的表现，知名者如郑若庸、吴扩、谢榛、卢柟、王稚登、俞安期、俞允文、王叔承、徐渭、陈继儒等，他们有的被称为"相门山人"、"布衣之杰"、"江湖诗人第一流"，有的是享誉一时的名士，有的"擅词翰之席者三十余年"，有的被列入"后七子"、"广五子"、"四十子"……这些称号足以表明他们在当时词坛的不平常地位，以至有人说"诗在布衣"。再则，这一类人有何共同特征？谋生时的心态有什么不同？用以谋生的诗文与一般的吟咏性情之作有何区别？以文谋生何以能实现？以文谋生行为对文学创作本身起了怎样的作用？文人以文治生现象的出现对当时文坛有什么影响？在文学发展史上的意义何在？这些都是值得思考和探讨的问题。

另外，之所以选择晚明这个历史阶段，是因为当时社会正处于大变化时期：纲纪废弛，朝廷的律令和传统道德对人的约束日益松弛，文人可能做出一些不循常规的举动；大城市和许多市镇的经济相对发达，商品交流频繁、金钱地位增加，对文人以文谋生的思想与行为或许有所推动和更易得到人们的认可；而心学流行，个性张扬，士绅圈子里兴起的任性情、尚愉逸的风气及由此营造出的文化氛围，相应地也给文人谋生提供了某种宽松的环境。社会上的这些变化，对身处其中的文人肯定带来或多或少的影响，而文人的谋生活动势必从各个侧面折射出时代的变化。再有就是以八股文考试为特征的科举制度，经过前期的孕育发展，到此时已逐渐暴露其诸多弊端，这与那些怀才不遇文人的遭遇及其谋生行为的产生根源，必然存在某种联系。

种种因素表明，从以文治生的角度对晚明社会下层的文人及其文学创作进行探讨、研究，应当是件很有意义的事。

二、研究困难与方法

确定了研究范围与主旨，接着介绍前贤与今人在这方面的筚路蓝缕之功。由于各人兴趣与关注点不一样，专门研究“晚明文人以文治生”及相关主题的论文和专著很少见，这里就涉及这一内容的研究成果进行简要陈述。

先说论文。对于从科场上败北下来或不屑于仕进的文人的生存状况比较关注的多是史学研究者，如陈宝良的《晚明生员的弃巾之风及其山人化》、日本学者金文京的《晚明山人之活动及其来源》、赵轶峰的《山人与晚明社会》、冯保善的《山人小史——兼论明清山人知识群体的生成》等，这些文章均探讨了晚明山人的由来及其在社会上的活动情况，内容上相互交叉又各有侧重点，有助于了解山人的来源和谋生方式。文学研究者重在论述个别或某类文人的作品内容、艺术特色、文论主张等，大都没有将视线放在谋生的角度上，为数众多的研究徐渭、谢榛、陈继儒等人的诗文、戏曲、剧论、绘画、书法的文章，如李圣华的《晚明山人与山人诗》、张德建的《隐逸图景的建构与演变——论山人的隐逸诗》等，均表现出这种特点，此处不细举。不过，就文人之“文”进行的本体研究，在某种意义上则进一步证明了文人能以“文”治生的前提所在。另外，几篇论古人“润笔”现象的文章，简要地提到了文人以文沽利的现象，如彭勇的《明代士夫追求润笔现象试析》、杨朝霞的《古代润笔漫谈》、唐明辉与李丽萍的《古代文人的“润笔”及支付形式》等，提供了明代个别文人恃文获利的零碎信息。

再说专著。到目前为止，笔者尚未发现专门研究文人如何以文治生的作品，常见的情况是在著作中有部分章节介绍文人的生活状况，这方面工作做得最多的是张德建的《明代山人文学研究》。该书重在研究山人群体及其文学创作，第二章《山人的生存方式与文化品格》中的第一节“山人的‘入幕’活动”和第二节“山人的卖文笔耕与文化经营活动”论述了山人的谋生活动，给笔者提供了不少文献材料方面的帮助。书中将山人界定为“以诗书画为工具，干谒权贵，并不断流动，以获得‘幕脩’或赠与为最主要目的的一个士人群体”，既包括了无功名的隐士、不遇生员、书贾及其他平民，又涉及中过举人、进士的大小官员，如屠隆、梅鼎祚、黄省曾等，概念似乎过于宽泛，反倒不容易把握这一士人群体的特质及其文学创作的特点。再有就是台湾学者陈万益的《晚明小品与明季文人生活》一书中间有论及文人的卖文行为。其他的则很少见。

研究文人以文治生的著述及学者为什么不多？仔细想来，主要应当有这样一些因素：一是存留下来的相关资料太少，因为不是每一个以文谋生的文人都能记下自己的谋生活动，即使能将之形诸文字，也未必能遗留并保存下来，原因很多，如家贫无力刻印、艺术性不高而未予刻印或在流传的过程中散佚等；二是受“君子喻于义、小人喻于利”思想的影响，有意隐去有关谋生的描述，或是在具体作品避免提及钱财一类的不雅之词，如，在文人生平传记中屡有“以文请者不虚月，以诗请者不虚日”、“购文者日益多，君又皆猝猝应之”、“四方贽文者履满户外”等一类描述，而实际上在集子中却较少能见到相应的作品或具体描述。

一方面是存留下来的文献资料可能不多，另一方面是文人可能有意识地避开相关内容的记载，这无疑会增加研究的困难。要解决这些问题，只有多花时间去细读现存的原始文献，多查找当时及后代的笔记杂俎、方志，下力气从中稽钩相关材料。另外在研究过程中，力求做到知人论世，避免以今律古、以己律人，要用尊重、理解的眼光看待古人古事，而不是任意挞伐。

最后，对论文中的主要名词进行界定。首先是“晚明”这一概念，它起于何时，止于何时，划分的依据是什么？历来争议颇多。笔者不是专门从事史学研究的，无法给出精确定义，姑以嘉靖初年至崇祯末年称之，原因是世风和士风的变化均始于嘉靖初年，兹引数例为证：

李维桢说：“盖自嘉、隆以来，寓内所著录山人弥道踵地矣。上者闭户谈道，藜羹短褐不厌死而已；次者操觚掞藻，寄适于山川花月，时时游大人以成名。大人亦喜延揽，见为能下士，互相评目而山人滋重。”①

沈德符载：“山人之名本重，如李邺侯仅得此称。不意数十年来出游无籍辈，以诗卷遍贽达官，亦谓之山人，始于嘉靖之初年，盛于今之上岁。”②

钱谦益云：“本朝布衣以诗名者，多封己自好，不轻出游人间。其挟诗卷、携竿牍，遨游缙绅，如晚宋所谓山人者，嘉靖间自子充始，在北方则谢茂秦、郑若庸，此后接迹如市人矣。”③

类似的材料，毋庸遍举。因为文中提及的文人，有的身历数朝，为了论述的方便，所以在论述时，只求有一个相对确定的历史段，不在意时间上的精确划分。

其次是“文人”一词。论文中所讲的晚明文人主要指一批无

① 李维桢：《大泌山房集》卷二十二《潇湘编序》，《四库全书存目丛书》集部150册，781页，济南，齐鲁书社，1997。

② 沈德符：《万历野获编》卷二十三“山人”条，623页，北京，文化艺术出版社，1998。

③ 钱谦益：《列朝诗集小传》丁集上“吴山人扩”条，454页，上海，上海古籍出版社，1983。

仕籍身份的下层士人，包括隐士、不遇生员、弃去衣巾的生员和其他平民，他们的主要特征是贫困、以诗文谋生。虽然有些官员偶尔也会替人笔耕，收受钱财，但毕竟不是主要的治生途径，且不至于贫困到要以文谋生的程度。官员们的经济状况，下面的描述可窥一斑：

尝见青衿子，朝不谋夕。一叨乡荐，便无穷举人。及登甲科，遂钟鸣鼎食，肥马轻裘，非数百万则数十万，试思此胡为来哉？①

夫今城衢之内，有门将堂观煌煌而穷极土木之丽者，必进士之家也；郊遂之间，青畴万井而柳埼百里肆其畎亩之辟者，必进士之家也；役奴下走文衣麂履泛鹢浮马，贱妾愚妇翠髻瑗冠，一珠千金，拱如后妃，出则象舆者，必进士之家也。②

这里描述的是举人与进士的生活情形，说明多数官员一般不会落到贫不能自存的地步。而且官员的职责是处理政务、做好本职工作，而不是花精力去笔耕谋利。

此外，有些士人虽然未能或不屑出仕做官，但家境富裕，用不着四处游走觅食，仍能过着安逸清闲的生活，所以也不作为研究对象。如孙仲可、朱邦宪：

洞庭渔人者，华容孙宜仲可也，逾冠烩于乡，凡五上而五困公车。因罢，不复应制，而自以家洞庭，更号洞庭渔人，人呼之渔人则应，他呼之则不应。……渔人既有家世禄羡，尽斥为园圃台馆亭榭之属，购异书名画古器实其中，而奇卉怪木环之。素嗜酒，乃益酿酒，客来过从者，毋问贵贱辄留饮，饮辄醉，醉亦不问客所向。而其遇佳辰

① 计六奇：《明季北略》卷十二《陈启新疏三大病根》，194页，北京，中华书局，1984。

② 黄宗羲：《明文海》卷九《仕意篇》，903页，北京，中华书局，1987。

夕，奉母兄，从女弟，燕游花竹间，怡怡如也。①

朱氏为上海著姓，世世受经至同知，佑而以位显，一传而提举曜，再传而太守豹，益贵重有名。……（朱邦宪）补邑诸生，高第为太学生，一再试不利，辄束所售业而谢之，曰："风月吾自晓，不以揶汝。"益读秦古文家言，旁及百氏，诗书之业灿然矣。邦宪白皙飘须，善谈笑而特好饮。客至，不复问，辄呼酒数行，蓁蛾曼睩，秦声燕丝，杂伎竞进。邦宪所举舭舩累十客，人人酹也，啸歌慷慨，意若无足当者，乃竟酒，退让逡巡矣。②

在这些人当中，一些经济状况尚好的文人有时也撰写文章，收取酬劳，虽有图利的一面，但通常不是当作谋生手段，只是一种爱好或为扬名而已，当然不应归入以文谋生者的行列，却可以补充说明以文谋生的现象确实存在。

又为何选择以诗文谋生的文人而不选写小说、戏曲的文人作为研究对象呢？首先，在社会生活中，诗文于小说、戏曲而言，更具有实用性，是人情往来、官场应酬常用的文化工具；其次，小说、戏曲尤其是小说在当时还不为许多正统文人所接受，因此许多作者在染指此类文体时往往不愿署上真姓名，只是落上一些模棱两可的名号，结果让时人及后人难以索引，更不用说去研究了。如明代的传奇作家，据郭英德辑录的《明清传奇综录》卷一至卷三（成化初年即1465年至南明永历五年即1651年）统计，有姓名的共128位，其中"生平不详"或"生平事迹不详"者多达74人。而一些知道姓名的作家，偏又多是些达官贵人，他们写剧自然不是因生计所迫，而主要是为歌舞娱乐或抒发胸臆罢了。如明代杂剧作家，按日本学者八木泽元在《明代剧作家研究》一书检出的结果，计有

① 王兆云辑：《皇明词林人物考》卷十"孙仲可"条，531～534页，台北，明文书局，1991。

② 王兆云辑：《皇明词林人物考》卷十一"朱邦宪"条，659～650页，台北，明文书局，1991。

藩王 3 人，尚书兼大学士 4 人，尚书 3 人，卿 2 人，侍郎 1 人，少卿 2 人，其他 18 人，合计 33 人。其中进士及第者，至少有 30 人，以状元及第者 3 人，榜眼及第者 2 人，少卿以上的显官也有 12 人之多。这些情况表明，要从“生平事迹不详”的剧作家或小说家中，搜罗出以文谋生的文人进行研究，就笔者目前的学术水平与物质条件而言，恐非易事。

第一章　文人辨析及明以前文人治生概况

在探讨晚明文人以文治生之前，须先对“文人”这一概念的由来及明以前文人的谋生状况作一鸟瞰，以明确论文所要论述的对象及以文治生的历史概况。

第一节　文人辨析

“文人”这一术语的出现及其所指对象的确定有一个历史过程，它的含义由最初的笼统至后来的清晰，对象由最初的泛指至最终的特指，一方面是社会发展的结果，另一方面也表明人们对事物特质的认识和把握经历了由浅到深的变化过程。

一、文人概念的确立及布衣文人的由来

在西周，由于“学在官府”，只有贵族及其子弟才有享受教育的权利，此外能接触到文化知识的多是些掌管祭祀、礼仪、占卜、记事等活动的文职官员。到了春秋时期，孔子等人举办私学，文化知识才逐渐传播到民间。这一变化有力地促进了包括手工业劳动者、破产的农民、没落的贵族等社会成员在内的“士”阶层的形成，这一阶层以四处流动为特征，往往奔走于各诸侯国，纷纷宣传自己的治国思想、外交主张及战争策略等。文人乃是当时士人中的一部分，有特定的含义，通常是指“文德之人”，具有崇高的道德人格。

秦汉的统一，结束了士人四方奔走的情形，将他们中的多数人

相对地固定在某些职位上。在具体的政务活动中，由于文牍的大量使用，文辞的优劣与否开始受到士大夫及帝王的重视。如，王充在《论衡·超奇》中说："诏书每下，文义经传四科，诏收斐然，郁郁好文之明验也。……陆贾之书未奏，徐乐、主父之策未闻，群诸瞽言之徒，言事粗丑，文不美，润不指，所谓文辞淫滑，不被涛沙之谪，幸矣，焉蒙征拜为郎中之宠乎？"这表明汉人有意识地重视文书、章奏的辞采之美，而铺摛辞藻、讲求形式美的汉赋能兴盛一时，与这种审美倾向也不无关系。

除文职官吏要大量接触文字外，当时另有一群以阐释、讲授"先王之道"和圣人经文的儒生也要与文字打交道，这自然跟官方及社会重视经学，使经学成为一时的显学有关。《论衡·书解》中说："世儒说圣人之经，解贤者之传，义理广博，无不实见，故在官常位；位尊者为博士，门徒聚众，招会千里，身虽死亡，学传于后。"世儒只是就经说经，并无多大的创造性，故不为王充看重，他所推崇的是另一类人——文儒，因为他们能够"发胸中之思，论世俗之事，非徒讽古经、续故文也；论发胸臆，文成手中，非说经艺之人所能为也"①。文儒表现出来的个人才思与创造性，自然非鹦鹉学舌的世儒所能比拟。此外，《后汉书》中所载祢衡为刘表起草章奏一事，也能反映能文之士受重视的情况："刘表及荆州士大夫先服其才名，甚宾礼之，文章言议，非衡不定。表尝与诸文人共草章奏，并极其才思。时衡出，还见之，开省未周，因毁以抵地。表怃然为骇。衡乃从求笔札，须臾立成，辞义可观。表大悦，益重之。"②

上述材料表明，至少在东汉时，人们已经认识到文人与一般儒生的差异，且有逐渐分流的趋势。到了魏晋时期，这种现象就非常明显了。如，魏文帝对元城令吴质说："观古今文人，类不护细

---

① 王充：《论衡·佚文》卷二十，313页，上海，上海人民出版社，1974。

② 范晔：《后汉书》卷八十《祢衡传》，2 657～2 658页，北京，中华书局，1965。

行，鲜能以名节自立。"① 表明"文"与"德"在文人身上的分离。在《典论·论文》中，曹丕指出"七子"学识渊博，创作时驰骋己意，有各自的风格特色，并将文章分为奏议、书论、铭诔、诗赋等四科，分别指出它们的不同特点。西晋时，陆机在《文赋》中对文人的创作心理、过程及文体分类等相关文学问题作了更细的描述。综观这些，不难看出，当时对文人与文学的特质、创作规律的认识已经达到了相当的高度，某些阐述甚至不亚于当代人的认识水平。鲁迅对此评价说："用近代的文学眼光看来，曹丕的一个时代可说是文学的自觉时代，或如近代所说是为艺术而艺术（Art for Art's sake）的一派。"② 也可以这样说，文人及文学的概念至此已经确立起来了。

魏晋以后，随着社会和文学自身的发展、科举取士制度的推行，人们对文人及文学的认识进一步深化，其特质也更加丰富。以下史料可资佐证：

> 南朝时的宋人范晔云："吾少懒学问，年三十许，始有尚耳。自尔以来，转为心化，至于所通处，皆自得之胸怀。常谓情志所托，故当以意为主，以文传意。以意为主，则其旨必见。以文传意，则其辞不流。然后抽其芬芳，振其金石耳。"③
>
> 《南齐书》撰者认为："文章者，盖情性之风标，神明之律吕也。蕴思含毫，游心内运，放言落纸，气韵天成。莫不禀以生灵，迁乎爱嗜，机见殊门，赏悟纷杂。若子桓之品藻人才，仲治之区判文体，陆机辨于《文赋》，李充论于《翰林》，张视擿句褒贬，颜延图写情兴，各任怀抱，共为权衡。属文之道，事出神思，感召无象，变化

---

① 陈寿：《三国志·魏书》卷二十一《阮瑀传》，602页，北京，中华书局，1959。

② 鲁迅：《而已集》，100页，北京，人民文学出版社，1980。

③ 李延寿：《南史》卷三十三《范泰传附孔熙先传》，854页，北京，中华书局，1975。

不穷。”①

南朝时的陈吏部尚书姚察说：“魏文帝称古之文人，鲜能以名节自全。何哉？夫文者妙发性灵，独拔怀抱，易邈等夷，必兴矜露。大则凌慢侯王，小则傲蔑朋党，速忌离忧，启自此作。若夫屈、贾之流斥，桓、冯之摈放，岂独一世哉？盖恃才之祸也。群士值文明之运，摛艳藻之辞，无郁抑之虞，不遭向时之患，美矣。”②

类似于此的史料还有很多，无须赘举。

将列举的史料及文人记载的相关材料联系起来，可以得出结论：在魏晋南北朝时期，文人的概念已基本明晰，主要指那些以文字为工具、擅长表述个人见解的士人，其核心特征是富于创造性。文人有狭义与广义之分，一如钱钟书所言：“所谓文人也者，照理应该指一切投稿、著书、写文章的人说。但是在事实上，文人一个名词的应用只限于诗歌、散文、小说、戏曲之类的作者，古人所谓‘词章家’、‘无用文人’、‘一为文人，便无足观’的就是。至于不事虚文，精通社会科学与自然科学等专家，尽管也洋洋洒洒发表着大文章，断乎不屑以无用文人自居——虽然还够不上武人的资格。”③ 本文讨论的对象主要指从事虚文的“词章家”一类，或者说在经济上，不靠制度保障而以文作为谋生工具、自求生路的人。

纵观历史上的文人，以有无入仕做官为标准，大致的可分为两类：仕籍文人和布衣文人。仕籍文人是生前担任过一定官职的能文之士，布衣文人包括各种平民身份的能文之人，如隐士、商贾、终生未仕的生员、缁流、羽客乃至一些手工业者，等等。这样划分，显然过于宽泛，譬如，有的人在科举路上长期拼闯，直至年迈时才有幸做了短时间的官员；有的人虽然很早有了官职，但没多久就罢

① 萧子显：《南齐书》卷五十二《文学传·贾渊传》，907页，北京，中华书局，1974。

② 姚思廉：《梁书》卷五十《文学传下·颜协传》，727～728页，北京，中华书局，1973。

③ 钱钟书：《写在人生边上》，74页，北京，中国社会科学出版社，1990。

了职，且此后再未起用；也有的人做官时断时续，为官的时间少，为民的日子多……将这些人纳入仕籍文人，当然有点生硬，但为了表述的方便只能笼而统之了。

文人入仕或者说文人治国，是中国古代政治的一大特色，在推行科举取士制度的唐、宋、明、清诸朝表现得尤为明显。这里面的原因很多，有文人是文化知识的掌握者，便于教化的缘故；有因为文人文弱，不像武人那样容易率兵夺权、挑起内乱的考虑；也有帝王雅好文词，喜爱君臣唱和的因素，如此等等。不过文人入仕做官，能文不是其唯一原因，只能说是一个重要因素或者是选举制度侧重的结果，其他如个人的德行、对国家律令的熟悉程度、治政理政能力都是不可或缺的考察因素。再者，文人一旦入朝为官，处理政事是其本职工作，是“正业”，而撰写词章只是施政的辅助手段，是“副业”。严格说来，这部分人不能称之为文人，更确切的说法当是擅文的官吏而已。

布衣文人的出现，主要有不肯入仕和不能入仕两种原因。按常理揆析，后者的人数更多些，尤其在学校教育发展到一定规模时，读书人多而入选名额有限的情况下，更是如此。根据现知的历代文人状况也可证实这一点：从秦汉至唐以前，世人公认的文人多有仕籍，而布衣身份者很少见，或者说，布衣文人的人数和名望远未到引人注目的程度；唐宋以来，原先由门阀世家把握的人才选举制度代之以有利于平民参加的科举制度，使许多寒门子弟有机会加入到读书人的行列里来，书生队伍的扩大，无疑会促成布衣文人的相对增多。如，唐代诗人遍布于社会各阶层，胡应麟指出这一现象时说：“甚矣，诗之盛于唐也！……其人，则帝王、将相、朝士、布衣、童子、妇人、缁流、羽客，靡弗预矣。”① 诗文的好坏与官职的大小及社会地位的高低，实在无必然联系，但国家借助与诗文关联紧密的科举制度将其中佼佼者搜罗进入统治阶层，却是一个不争的事实。另外，官僚阶层在时间与物质上的相对充裕，有利于对诗

① 胡应麟：《诗薮》外编卷三，163页，上海，上海古籍出版社，1979。

文进行加工提高，这些因素使得高水平的文人主要集中在仕籍阶层，从而表现出古代官吏似乎更有天然的文人性质。

但是，当社会形势和科举考试的内容发生巨大变化时，布衣文人的数量及成就相应会起变化。日本学者吉川幸次郎在描述南宋后期与元代的布衣文人状况时，说：

> 这些诗人的出身，或是城里的商人，或是乡下的地主，大多数是平民，不是官吏。从此以后，通过元、明、清各代，文学艺术的欣赏、创作、整理或保护等活动，便由少数的书生官僚阶级，转入所谓布衣阶段的手里，逐渐在民间普遍起来，假如用奇特的说法，南宋末期就是文学活动民主化的开始。
>
> “文人”一词早已有之。不过用“文人”二字来称呼这一类型的人物，恐怕始于元朝末年。他们既然与政治无缘，便只好专心致力于文学或艺术的创作。他们甚至要求自己不进官场，以便保持平民的身份。而且为了做“文人”艺术家，他们在日常生活里，往往故意矫情任性，显示与众不同，所以在言行上，难免有不合常理常情的荒诞作风。①

将布衣文人的产生和兴起归结于社会政治的变化，当然是一种合理的解释，但不是全部原因，因为这势必会忽视文学自身的发展变化、民众对文学艺术的参与和接受、文人自身对文学艺术的选择等因素。事实上，明清两代实行的八股文取士制度，显然不利于文学的发展及文人的培育，许多有文才的士人因此被拒仕途之外，也使文学的话语权日渐下移到布衣文人手中。

二、明代文人概说

“文人”的概念确立既久，且一直呈现出与官吏合而为一的特

---

① 吉川幸次郎：《元明诗概说》。见吴承学、李光摩编：《晚明文学思潮研究》，476页，武汉，湖北教育出版社，2002。

点。但到了明代，这种结合却有分离的趋势。原因很复杂，既有文人自身"不护细行，鲜能以名节自立"的因素，又有科举制度与文学发展规律相偏离的原因，也跟官方对文人的轻视有关。

明之前能文之士之所以普遍受到重视（元代是少数民族统治，情况略有不同），一个重要原因是文士与科举中第紧密联系在一起，个人若具有非凡的才华和文名，则意味着日后可能飞黄腾达。这种敬重文士的社会心理，在许多小说的描写中有充分的反映。可是在明代，由文才而中举做官的既有模式遭到挑战，甚至失败，许多才重一时的文人偏偏落第或者屡经挫折到最后才可能得个小官，那些烂记程文、胸无点墨者倒能中高第，做大官。这种情形使不少才俊之士屈居下流，也让世俗不得不看重善做、善背程文之人。当然，话得说回来，科举制度就其本质而言，乃是一种官吏选拔制度，不是诗文比赛，它看重的是参选者的治才、吏才以及能否遵照帝王与朝廷旨意办事的服从意志。在这种用人标准下，轻视文才、鄙薄文人的事在各个朝代时有发生，则是再自然不过的事了。如：

> （东）晋罗友家贫，乞禄于桓温，虽以才学遇之，而谓其肆诞，非治民之才，许而不用。①
>
> （唐文宗时，郑覃）不喜文辞，病进士浮夸，建废其科，曰："南北朝所以不治，文采胜质厚也。士惟用才，何必文辞？"又言："文人多佻薄。"帝曰："纯薄似赋性之异，奚特进士？且设是科二百年，可易？"乃止。②
>
> （宋神宗、哲宗年间，刘）挚嗜书，自幼至老，未尝释卷。家藏书多自雠校，得善本或手抄录，孜孜无倦。少好《礼》学，其究《三礼》，视诸经尤粹。晚好《春秋》，考诸儒异同，辨其得失，通圣人经意为多。其教子孙，先行实，后文艺。每曰："士当以器识为先，一号为

---

① 曹臣：《舌华录》卷六《讽语第十二》，163 页，合肥，黄山书社，1999。

② 欧阳修等：《新唐书》卷一百六十五《郑珣瑜传附覃传》，5 067 页，北京，中华书局，1975。

文人，无足观矣。”①

唐宋两代虽然有轻视文人的现象，那只是少数，与推行诗赋取士、策论取士的制度及由此形成的社会普遍重文的风气相比，算不了什么，动摇不了文人受推崇、乐仕进的社会事实。

在明代，文人却在制度和价值观上遭遇拒绝、轻视。首先是表现为科举内容对于文学和文人的背离。八股文取士制度，最初由太祖朱元璋确定以“四书”、“五经”作为士子修习和仕进的科目，成祖时参以程朱传注，成化、弘治年间逐渐采用并最终确立以“八股”形式应试，之后沿用不改。把儒家经典定为考试内容，初衷或许是想加强文人士子的德行，培养齐家治国平天下的理政能力，这在洪武六年朱元璋下诏停科时说的一番话中可以看出来：“朕设科举，以求天下贤才，务得经明行修、文质相称之士，以资任用。今有司所取，多后生少年，观其文词，若可与有为，及试用之，能以所学，措诸行事者甚寡。朕以实心求贤，而天下以虚文应朕，非朕责实求贤之意也。今各处科举宜暂停罢，别令有司察举贤才，必以德行为本，而文艺次之，庶几天下学者知所向方，而士习归于务本。”②“德行为本，文艺次之”，作为朝廷用人的标准无可厚非，但对文学的发展有一定影响则是无疑的，这是明代科举制度与唐宋不同之处。后来又限用“八股”的套路，更容易束缚士人的思维创新。

再者，从“四书”、“五经”里命题历经百余年，各部分的内容几乎都涉及了，为了不重复就只能出偏题、怪题；而应试的举子呢，也有捷径可走，只要熟读经书，其他一概不闻不问，或者将中式的程文多背几篇，到了考场上胡乱拼凑一通，有时也能中选。情形如杨慎所言：“本朝以经学取人，士子自一经之外，罕所通贯。近日稍知务博以哗名苟进，而不究本原，徒事末节。《五经》诸

① 脱脱等：《宋史》卷三百四十《刘挚传》，10 858 页，北京，中华书局，1974。

② 《明实录·太祖实录》（第三册）卷七十九，台北，“中央研究院”历史语言研究所校印，1 443～1 444 页。

子，则割取其碎语而诵之，谓之‘蠡测’；历代诸史，则抄节其碎事而缀之，谓之‘策套’。”① 这样的教育、学习与考试制度实在无助于国家选才，更不用说有利于文人的仕进和文学的发展了。

其次是价值取向上对文人不重视。这种轻视首先来自帝王和朝廷大臣，史传记载太祖与臣属的一次对话：“（桂彦良）升为晋王府右傅，帝亲为文赐之。彦良入谢，帝曰：‘江南大儒，惟卿一人。’对曰：‘臣不如宋濂、刘基。’帝曰：‘濂，文人耳。基峻隘，不如卿也。’”② 朱元璋的话语中明显流露出对文人的轻视。而宋濂本人呢，也不屑做文人，当有人称其为“文人”时，他竟然大怒，说：“吾文人乎哉！天地之理欲穷之而未尽也，圣贤之道欲凝之而未成也，吾文人乎哉！”③ 可见他的志向是做经世治国的大臣，而非舞文弄墨的文人。这种选择不仅见于明初，又见于盛世时期，阁老岳正死后，其婿李东阳说：“蒙翁才甚高，为文章俯视一世，独不屑为诗。云：‘做诗既要平仄，又要对偶，安得许多工夫？’”为什么不屑为诗？在刻宋濂遗文《类博稿》时，李东阳作了交代：“公少以经济自许，天下亦以此望之。在翰林虽以文显，而非其志。故气节盖天下，功烈震一时，而文章著作，有余力焉。”④

士人这种志在经国，不肯为诗文、做文人的价值指向，大约跟帝王对文人的态度有关，也跟现实利益的考虑有关。在这种风气影响下，就不会是一两个士人不屑做文人，而是一大批了。类似的现象不只发生在明代建国初期，而是贯穿于整个明代了。兹举数例，佐证之：

---

① 杨慎：《丹铅总录》卷十“举业之陋”条，《四库全书》子部855册，428页，台北，台湾商务印书馆，1985。

② 张廷玉等：《明史》卷一百三十七《桂彦良列传》，3 948页，北京，中华书局，1974。

③ 宋濂：《文宪集》卷十一《白牛生传》，《四库全书》集部1 223册，563页，台北，台湾商务印书馆，1985。

④ 钱谦益：《列朝诗集小传》乙集“岳阁老正”条，182页，上海，上海古籍出版社，1983。

伯华（即李开先）与罗达夫、赵景仁诸人，左担右挈，李、何文集，几于遏而不行。雅负经济，不屑称文士。

嘉靖中，阁臣如华亭新郑之流，皆以文翰起家，而志在经世，不求工于声律，若初年张桂诸公，以议礼登庸者，本非词臣，又勿论也。

公（张居正）志在经国，文求通达，奏封之稿，凿凿乎如五谷之疗饥，药石之治病，不为枝叶靡蔓之词。声律之道，非其所先，故不录焉。①

从以上论述可知，明代社会存在许多因素不利于文人仕进，许多文人之所以滞留在社会下层，均有现实的客观原因。

接着，探讨仕进与否对文人生活的影响及其重要性。文士求学应举的动机很多，像儒家学说提倡的经世济民思想及众多文人在诗文中表达出来的“忧黎元”、“济苍生”等个人志向只是部分的原因，这一类言词在官修的史书和文人自辑的文集中反复出现，是因为符合正面宣传的需要。当然，事实上这不可能代表全部的出仕动机，由于个人在现实生活中的物质必需，不可避免地会掺入功利因素，且有可能是最主要的心理动机，只是常人不敢或不愿明言说出来罢了。但也有例外，有的文士实在贫窘得厉害，就敢言为禄而仕，《双槐岁钞》卷四记录了几则这样的事，摘抄如下：

洪武丁卯三月，国子生古朴奏言：“家贫愿仕。冀得禄以养母。”上嘉之，除兵部主事，迎养就京师。永乐丁酉六月，潮阳县儒士郭张善自陈幼孤，赖继母抚教，愿出仕报效。上令翰林院试其文，可取，诏授检讨。观此二事，则知祖宗所以教人孝者至矣。洪熙乙巳十二月，以吕熊为行在兵科给事中，礼部尚书震之子也。震恃靖难时守城功，数于上前陈情恳乞熊官，至于流涕，上不得已而与

① 钱谦益：《列朝诗集小传》丁集上“李少卿开先”条，丁集中“徐少师阶”条、“张太师居正”条，377 页、537 页、539 页，上海，上海古籍出版社，1983。

之，大为士论所鄙。宣庙之宽仁如此。①

撇开帝王的宽仁不说，就这三人乞仕的动机而言，前二人是迫于家贫，后者虽没明说，但为名为禄而请则不言而喻。对于人的求利本性，李贽曾一针见血指出过："自朝至暮，自有知识以至今日，均之耕田而求食，买地而求种，架屋而求安，读书而求科第，居官而求尊显，博求风水以福荫子孙。种种日用，皆为自己身家计虑，无一厘为人谋者。"② 这里的求名求利，当然是指正当的合理的谋利行为，排除那种不受任何道德规范约束、无情谋取财富的现象。此外，又有不敢明说却通过曲折方式表明对功名利禄的渴求，典型的如唐传奇《南柯太守传》与《枕中记》中所描述的淳于棼、卢生两人那种出将入相、尽享荣华富贵的梦中生活，完全可以看作文士真实心理的写照。

明代人才选拔制度与人的德行学识的偏离，使士人借科举而求名利的实质更加凸显。对此，当时就有许多人指出过，黄省曾在《吴风录》中说："家无担石者，入仕二三年即成巨富，由是莫不以士为贾。而求入学庠者，肯捐百金图之，以大利在后也。"③ 谢肇淛则说得更明白："今人教子读书不过取科第耳，其于立身行己不问也，故子弟往往有登朊仕而贪虐恣睢者。彼其心以为幼之受苦楚，政为今日耳，志得意满，不快其欲不止也。噫，非独今也，韩文公，有道之士也，训子之诗有'一为公与相，潭潭府中居'之句，而俗诗之劝世者，又有'书中自有黄金屋'等语，语愈俚而见愈陋矣。"④文士雅言"以士为贾"，通俗的说法就是当官为了挣份俸禄，甚至为了发财，或者将入仕看作经商发财，这在明代的小说戏曲中多有反映，不用细举。

应举与出仕的目的是为了能获取大利，这仅是对于部分文人而

---

① 黄瑜：《双槐岁钞》卷四《陈情愿仕》，68 页，北京，中华书局，1999。

② 李贽：《焚书》卷一《答耿司寇》，30 页，北京，中华书局，1975。

③ 黄省曾：《吴风录》，《续修四库全书》史部 733 册，790 页，上海，上海古籍出版社，2001。

④ 谢肇淛：《五杂俎》卷十三，260 页，上海，上海书店出版社，2001。

言，但那些不屑做官和拼闯了一辈子未能仕进的贫困文人怎么办？这是论文真正要关注的问题。为了说明中举做官对文士生活及名望的影响和重要性，这里举徐渭的两个友人为例：一是章世植，一是沈炼，沈“始为诸生时，即以文才为时辈所推重”。而“世植君既与沈为好友，独取一管毫之力，以斫其阵而角其锋，与之齐名，一时人称沈必曰君”。但科考之后，两人一中第、一落选，命运就截然不同了：“沈一举于乡，再举于廷，三仕于县，一言事于朝，声名满天下。”章世植呢，“独以穷且老，犹抱其一经，负笈走东西数百里道，以坐人家塾中，一丈之席而不可必得”。撇开二人科考前的家境情况不论，单就后来的不同遭际就令有识者感慨不已了。于此大约深有体会的徐渭不免吁叹：“岂造物者故同其才而独异其命耶？”① 可见科举得失实在是关系着文士的物质生活状况及生前死后的名声。

值得注意的是，纯粹的文艺才能对文人仕进可能起不了决定性作用，但在社会生活中却可以用来谋利，这在遇与不遇的文人身上都可以得到证明。如，山阴人刘绩“教授乡里，不干仕进。家贫，转徙无常地，所至署卖文榜于门，有所得，辄市酒”。内阁大学士李东阳罢相在家时，“购请诗文书篆者，填满户限，颇资以给朝夕。一日，夫人方展纸砥墨，公有倦色，夫人笑曰：‘今日方设客，可使案无鱼菜耶？’遂听然命笔移进而罢，其风操如此”②。类似的事件，《列朝诗集小传》中多有记载，此不冗列。正因为诗文书画，可以作为直接谋利的工具，所以不遇的贫困文人及其他平民身份的文人可以凭此游走四方，或者在市井佣文，通过满足他人的文化需要而达到自己谋生乃至求名的目的。

---

① 徐渭：《徐文长三集》卷十九《送章君世植序》，517页，北京，中华书局，1983。

② 钱谦益：《列朝诗集小传》乙集“刘西江绩”条、丙集“李少师东阳”条，229页、245页，上海，上海古籍出版社，1983。

第二节 明以前文人以文谋利及治生概述

论述晚明文人以文治生之前，先要对明以前的文人尤其是布衣文人的类似行为作一简要回顾。为了论述方便，根据是否推行科举考试，分两个历史段来论析。

一、隋唐以前

先秦以前的下层文士多为“游士”，他们四处流动，或为求学，或为推行自己的政治主张，“文饰”只是作为增强言语、文章的形象感和说服力的一种手段，文学暂未获得独立的品格，所以也就无近代意义上的纯粹文人，这在“诸子百家”及各种擅长鸡鸣狗盗技艺的术士、策士等人的身上有充分的体现。到了汉代，“游士”逐渐向“士大夫”转变，能文之士开始受到关注，最具代表性的莫过于司马相如了。《史记》中记载，他以一篇“侈靡过其实，且非义理所尚”的《子虚赋》博得天子好感而拜为郎官，得官后也不是以终日撰写词章为职，而是出使巴蜀，抚夷安民，做了一番政绩，其身份仍是施政的官员。

这里值得一提的是有关陈皇后“千金买赋”、“复得幸”的故事。宋人王楙《野客丛书》卷十七“作文受谢”条云：“（容斋）续笔曰：作文受谢，自晋宋以来有之，至唐始盛，李邕尤长碑碣，天下多赍金帛求其文。仆谓此亦未之考耳。作文受谢，非起于晋宋，乞米受金，为人作传，不足道也。观陈皇后失宠于汉武帝，别在长门宫，闻司马相如天下工为文，奉黄金百斤，为文君取酒。相如因为文以悟主上，皇后复得幸。此风西汉已然，孙登相如赋曰：长门得赐金。”① 可是查对《汉书·外戚传》中并无陈皇后奉金买赋复得幸的记载，只云“数年后，废后（陈皇后）乃薨”。又，宋

① 王楙：《野客丛书》，195 页，北京，中华书局，1987。

人朱熹明确指出“《汉书·皇后》及《相如传》无奉金求赋复幸事”①；清人顾炎武也说“陈皇后无复幸之事，此文盖后人拟作”②。王楙提出的陈皇后千金买赋一事的真伪，难下结论，但他以此来证明“作文受谢”的现象早在汉代就有，用意则是很明显的，这表明宋人已经在思考文人笔耕与直接的物质回报二者之间的关系了。

魏晋南北朝时期，文学的自觉意识日渐凸显，功用似乎也特别大。曹丕在《论文》中说：“盖文章，经国之大业，不朽之盛事。年寿有时而尽，荣乐止乎其身，二者必至之常期，未若文章之无穷。是以古之作者，寄身于翰墨，见意于篇籍，不假良史之辞，不托飞驰之势，而名声自传于后。”文章可使人的生命得到延续，乃至不朽，这就能解释古人为什么渴望文人为自己立传的原因了。虽然一时不能找到直接的材料证明汉代有“作文受谢”的事实，但根据人情事理推测，这种现象应当有其存在的可能性和合理性。顾炎武在论及蔡邕时曾说到：“蔡伯喈集中，为时贵碑诔之作甚多，如胡广陈实各三碑，桥玄杨赐胡硕各二碑，至于袁满来年十五、胡根年七岁，皆为之作碑，自非利其润笔，不至为此。史传以其名重，隐而不言耳。文人受赇，岂独韩退之谀墓金哉!”③“非利其润笔，不至为此”，应当说可以成为文士为人写碑志的一个重要动机，从后来的唐宋乃至明清文人的实际情形也可印证这一点。

因此说，文章在“经国”、“不朽”的同时，又可作为文士谋取物质利益的工具，这在汉魏时就有萌芽了。到两晋、南北朝时“作文受谢”的现象大约日渐多起来，为社会认可也为史家注意，故在正史有所记载。不妨举二例：

(袁聿修）出除信州刺史，即其本乡也，时人荣之。为政清靖，不言而治，长史以下，爰逮鳏寡孤幼，皆得其

① 朱熹：《楚辞集注·后语》，上海，上海古籍出版社，1979。

②③ 顾炎武：《日知录》卷十九“作文润笔”条，458页，上海，国学整理社，1935。

> 欢心。……及解代还京，民庶道俗，追别满道，或将酒脯，涕泣留连，竟欲远送。既盛暑，恐其劳弊，往往为之驻马，随举一酌，示领其意，辞谢令还。还京后，州民郑播宗等七百余人请为立碑，敛缣布数百匹，托中书侍郎李德林为文以纪功德。府省为奏，敕报许之。①
>
> 世宗、高祖并雅好文学，（庾）信特蒙恩礼。至于赵、滕诸王，周旋款至，有若布衣之交。群公碑志，多相请托。唯王褒颇与信相埒，自余文人，莫有逮者。②

袁聿修为政清靖，州民“敛缣布数百匹”，请人撰文纪其功德，可见当时大约有具贽请文的风气；群公让庾信为自己撰碑写志，既是托请，难免有所馈遗，算得上是两相交换了。这类记载，均可表明“作文受谢”现象存在于当时的实际生活中，不过此时的撰文者和受文者多是贵人，还不可能下移到平常百姓头上。

二、隋唐以后

科举制度自隋朝草创以来，在唐宋两朝一直处于发展、完善的过程中。在此过程中，以中举与否为标志，能文之士很自然地会分流为有官职的文人和布衣身份的文人，前者在经济上有俸禄为基础，不用过分担忧，后者如果没有父辈遗产作保障，则要自寻生路了，由此导致“作文”在他们生活中的作用也不同。

先从唐代文人说起。

唐代文人“作文受谢”的现象，宋人洪迈说“作文受谢，自晋宋以来有之，至唐始盛”③，清人钱泳则概括得更明确：“润笔之说，昉于晋宋，而尤盛于唐之元和、长庆间。”④ 这说明文人作文接受馈遗在唐代是很常见的事。那么他们是撰哪一类文章？对待馈

---

① 李百药：《北齐书》卷四十二《袁聿修传》，565页，北京，中华书局，1972。

② 令狐德棻：《周书》卷四十一《庾信传》，734页，北京，中华书局，1971。

③ 洪迈：《容斋续笔》卷六“文字润笔”条，137页，乌鲁木齐，新疆人民出版社，1996。

④ 钱泳：《履园丛话》卷三“润笔”条，73页，北京，中华书局，1979。

遗的态度又如何呢？看以下例子：

> 初，(李) 邕早擅才名，尤长碑颂。虽贬职在外，中朝衣冠及天下寺观，多赍持金帛，往求其文。前后所制，凡数百首，受纳馈遗，亦至巨万。时议以为自古鬻文获财，未有如邕者。①

> 文宗时，长安中争为碑志，若市买然。大官卒，其门如市，至有喧竞争致，不由丧家。裴均之子，持万缣诣韦贯之求铭，贯之曰："吾宁饿死，岂忍为此哉?"②

由此可知，收纳馈赠的文章多为碑志，嫌酬谢太薄或主动索取馈遗的现象在当时不多，这从文人对待馈赠的态度可以看出来。如，白居易为元稹写墓志得了不少酬谢，至于这些酬谢的去处，他在《修香山寺记》交代说："予早与故元相国微之，定交于生死之间，冥心于因果之际。去年秋，微之将薨，以墓志文见托，既而元氏之老，状其臧获与马绫帛洎银鞍玉带之物，价当六七十万，为谢文之贽来致于予。余念平生分，文不当辞，贽不当纳。自秦抵洛，往反再三，讫不得已，乃回施兹寺。因请悲智僧清闲主张之，命谨干将士复掌治之。"③ 司空图隐居中条山时，"王重荣父子雅重之，数馈遗，弗受。尝为作碑，赠绢数千，图置虞乡，市人得取之，一日尽"④。对于司空图这种"既而有其赠，而受之何居"的行为，顾炎武说是"不得已也"。又如，韩愈撰纪功碑得润笔物一事，据顾炎武考证："韩昌黎撰《平淮西碑》，宪宗以石本赐韩宏，宏寄绢五百匹，昌黎未敢私受，特奏旨取；又作王用碑，用男寄鞍马并

---

① 魏征等：《旧唐书》卷一百九十中《李邕传》，5 043 页，北京，中华书局，1975。

② 洪迈：《容斋续笔》卷六"文字润笔"条，137 页，乌鲁木齐，新疆人民出版社，1996。

③ 白居易：《白居易集》卷六十八，1 441 ~1 442 页，北京，中华书局，1979。

④ 欧阳修等：《新唐书》卷一百九十四《司空图传》，5 575 页，北京，中华书局，1975。

白玉带，亦特奏取旨。”①

无论是出于私情为人作碑志，还是受命为朝廷大事撰纪功碑文，文人们似乎不大愿意或不敢贸然受纳财物，这固然取决于收、授双方的私谊，也与当时鄙夷“作文受谢”的风气有关。以下佚事可见一斑：

> 王缙多与人作碑志，有送润笔者误致王右丞院，右丞曰：“大作家在那边。”②
>
> 河朔间人刘叉，“少尚义行侠，自顾俯仰不能与世合，常破履穿结，筑环堵而居休焉。闻韩吏部（愈）接天下贫士，步而归之，出入门馆无间。时韩碑名独唱，润笔之货盈缶，因持案上金数斤而去，曰：‘此谀墓中人所得耳，不若与刘君为寿。’愈不能止”。③

对于撰文收受润笔的现象及文人，王维与刘叉两人的话中明显流露出不屑和鄙夷。据此推知，“作文受谢”虽然至唐始盛，可它招来的社会讥责也不少，且撰文者多是有官位的文人，所以他们撰文往往是迫于人情，“不得已也”，当然也不排除一些旨在图利者，但决不会发展到以此谋生的程度。

接着说宋代文人。

宋代文人“作文受谢”，获取财物，不像唐人那样遮遮掩掩、躲躲闪闪，而表现出理所当然的姿态，这与朝廷的鼓励乃至形成制度有关，《梦溪笔谈》对此有详细的交代：“内外制凡草制除官，自给谏、待制以上，皆有润笔物。太宗时，立润笔钱数，降诏刻石于舍人院。每除官，则移文督之。在院官下至吏人院驺，皆分沾。元丰中，改立官制，内外制皆有添给，罢润笔之物。”④ 太宗将润

---

① 顾炎武：《日知录》卷十九“作文润笔”条，458页，上海，国学整理社，1936。

② 王谠：《唐语林》，177页，北京，中华书局，1978。

③ 辛文房：《唐才子传》卷五“刘叉”条，87~88页，哈尔滨，黑龙江人民出版社，1988。

④ 沈括：《梦溪笔谈》卷二，18页，北京，蓝天出版社，1998。

笔数降目诏刻石于舍人院，并且“每除官，则移文督之”，可见其对此事的重视。至神宗时，这一做法仍未变，《宋史》卷三百三十一《祖无择传》记载说：“神宗立，知通进、银台司。初，词臣作诰命，许受润笔物。”

不过要注意的是，此时“草制除官”的润笔费不由政府支付，而由升迁者掏腰包，所以收受与否，取决于撰文者本人，如王安石与祖无择同为知制诰，面对送来的财物，一拒一取：“安石辞一家所馈不获，义不欲取，置诸院梁上。安石忧去，无择用为公费，安石闻而恶之。”无择用为公费，不是取为己用，在义理上应当过得去。更有甚者是派人上门去催索，《归田录》记道：

> 王元之（禹偁）在翰林，尝草夏州李继迁制，继迁送润笔物数倍于常。然用启头书送，拒而不纳。盖惜事体也。近时舍人院草制，有送润笔物稍后时者，必遣院子诣门催索，而当送者往往不送。相承既久，今索者、送者皆恬然不以为怪也。①

“索者、送者皆恬然不以为怪也”，说明拟制文诰收取润笔的现象已广为人接受，并不存在义理上的是非争论。不过到了元丰年间，支付形式已由私人变成朝廷，从而成为一种官立的制度。

朝廷官员草制文书，按制度可以收纳财物，这一做法必然延及私人领域，进而促成民间“作文受谢”风气的形成乃至兴盛，使以文谋利（包括书画）的行为被社会接受。真实情况是否如此呢？从以下两则趣事中，可以推知大致情形：

> 欧公作王文正墓碑，其子仲仪送金酒盘盏十副，注子二把，作润笔资。公辞不受，戏云：“正欠捧者耳。”仲仪马即遣人如京师用千缗买二侍女，并献。公纳器物而却侍女，答云：“前言戏之耳。”盖仲仪不知薛夫人严而不

① 欧阳修：《归田录》卷二，10页，北京，中华书局，1981。

容故也。①

孙仲益（觌）每为人作墓碑，得润笔甚富，家益丰。有为晋陵主簿者，父死，欲仲益作志铭，先遣人达意于孙，云："文成，缣帛良粟各当以千濡毫也。"仲益欣然落笔，且溢美之。既刻就，遂寒前盟，以纸笔龙涎建茗代其数，仲益极不堪。②

欧阳修、孙仲益两人作墓碑，各自得了不少润笔物。当人送上这些馈赠时，他们不像唐人那样显得扭扭捏捏，难为情理，而是坦然受之，并以轻松、调侃的语气谈论润笔所得。由此推知，当时社会大约能宽容地对待作文纳资的行为，而迟至宋高宗时的大臣孙觌为人作墓志碑铭，"得润笔甚富，家益丰"，似乎更能证明这一现象的普遍性。当然，可用来佐证的材料远不止这些，如《石林燕语》中记载："王禹玉作庞颖公神道碑，其家送润笔、金帛外，参以古书名画三十种，杜荀鹤及第时试卷亦是一种。"③ 也是例证。

文人不仅通过替人撰文可以获得润笔，他们的诗文有时还可以直接卖钱。如《湘山野录》中记载欧阳修的事：

欧公撰石曼卿墓表，苏子美书，邵竦篆额。山东诗僧秘演屡督欧俾速撰。文方成，演置石于相蓝，砻讫白欧公，写石之日，为具召馆阁诸公。观子美书毕，演大喜曰："吾死足矣。"饮散，欧、苏属演曰："镌讫且未得打。"竟以辞翰之妙，演不能却。欧公于定力院见之，问寺僧，僧曰："半千买得。"欧怒，回诟演曰："吾之文乃与庸人半千鬻之。"演徐语欧曰："学士已多他三百八十三矣。"欧愈怒曰："是何言？"演曰："公岂不记省元时，庸人竞摹新赋，叫于通衢，复更名呼曰：两文来买欧阳某

① 丁傅靖辑：《宋人轶事汇编》卷八"欧阳修"条，384页，北京，中华书局，1981。

② 丁傅靖辑：《宋人轶事汇编》卷十六"孙觌"条，859页，北京，中华书局，1981。

③ 叶梦得：《石林燕语》卷十，152页，北京，中华书局，1984。

省元赋。今一碑五百，价多矣。”欧因解颐，徐又语欧曰：“吾友曼卿不幸早逝，因欲得君之文，张其名，与日星相磨。而又穷民售之，颇济其乏。又非利乎?”公笑而无语。①

诗文作品能到卖钱的程度，肯定是知名文人的事，无名小辈自然不会被人推崇如此。不过，诗文卖钱现象的出现和相应氛围的营造，客观上有利于底层文人的谋生活动。

以上讨论的是宋代仕籍文人撰文获利的情况，那么布衣文人的情况怎样呢？此处以南宋末年江湖诗人为例进行分析。江湖诗人是一个庞杂的群体，现存可考知的多达一百多人，主要分为三类：一是中下层官吏，二是浪迹天涯的游士，三是避尘俗的隐士。这里讨论的是第二类人，为了论述方便，下面选择几个有代表性的诗人为例。

先是姜夔。他是最为著名的江湖诗人之一，长期过着寄人门下的生活：在湖南、湖州是萧德藻，来往苏州是范成大，寓居杭州时相依最久的是张鉴。萧德藻、范成大、张鉴等人都是当时的知名人物，与他们交往过从，姜夔凭的是自己的出众才学。诗人陈造是其朋友，在部分酬答诗中透露了他的谋生方式，如《次尧章饯南卿韵二首》其一说：“姜郎未仕不求田，依赖生涯九万笺。捆载珠玑肯分我，北关当有合肥船。”其二说：“诗传侯王家，翰墨到省寺。姜郎灿然文，群飞见孔翠。论交辱见予，卢马果同异。念君聚百指，一饱仰台馈。我亦多病过，忍口严酒戒。终胜柳柳州，吐水赋《解祟》。”② 所谓“诗传侯王家，翰墨到省寺”，说的是姜夔寓身张鉴府、上《大乐议》至尚书省等事，“姜郎未仕不求田，依赖生涯九万笺”、“念君聚百指，一饱仰台馈”则点明了他是以文字谋生计。姜夔在权贵府中，不是靠笔札之役作为谋生手段，而是凭着

① 丁傅靖辑：《宋人轶事汇编》卷八“欧阳修”条，384页，北京，中华书局，1981。

② 夏承焘：《姜白石词编年笺注》，335~336页，上海，上海古籍出版社，1981。

个人才名，以诗文曲乐为交游工具，得到权贵礼遇而解决衣食问题。想做到这一点，须有很高的艺术修养，非常人所能企及。

布衣出身的江湖诗人中，能像姜夔一样长期栖身于贵人府第的人毕竟是少数，更多的还是四处游走、干谒的诗人。如，戴复古终身布衣，“落魄江湖四十年，白头方办买山钱”。在南来北往的四十年中，他是怎样维持生计呢？在诗文中，他屡有提及：寓居泉州时，《园亭即事十首》描述了自己的生活，第九首云：“寄迹小园中，忽有乌衣至。手中执圆封，州府特遣馈。罗列满吾前，礼数颇周致。四邻来聚观，若有流涎意。呼童急开樽，四邻同一醉。”从诗中反映的情况看，官府送来的东西很多，具体物品虽然没交代，但可以确定的是除了食物外，应当还有钱粮等，本诗第三首“县官送月粮”一句可以为证。其他如在闽中时，王使君给予他资助，《谢王使君送旅费》一诗云：“岁里无多日，闽中过一年。黄堂解留客，时送卖诗钱。”游扬州时，侍郎赵葵对他也是厚爱有加，一首题为《见淮东制帅赵南仲侍郎，相待甚厚，特送买山钱，又欲刊石屏诗，置于扬州郡斋，话别叙谢》的诗，可窥一斑。从这些诗中可以知道，作为一名谒客，戴复古辗转于各地时，曾得到不少官员与朋友的馈遗，且数目不小。①

各地官员或朋友为何会如此优待戴复古一类的江湖诗人？当与官员们自身爱好诗文、偏重能文之士，努力保持和他们诗文往来的社会风气有关，这从许多诗人用诗文做干谒工具也可见证。另一个原因则主要与诗人本身的才情及善恭维的言行有关，譬如刘过，《游宦纪闻》中记载了他两次获得厚贶的经过，摘抄如下：

> 黄尚书由帅蜀，中阁乃胡给事晋臣之女。过雪堂，行书赤壁赋于壁间。改之（刘过，字改之）从后题一阕，其词云：“按辔徐驱，儿童聚观，神仙画图。……白玉堂深，黄金印大，无此文君载后车。挥毫处，看淋漓雪壁，真草行书。”后黄知为刘过所作，厚有馈贶。

① 费君清：《南宋江湖诗人的谋生方式》，《文学遗产》，2005（6）：52～62。

寿皇锐意亲征，大阅禁旅，军容肃甚。郭杲为殿岩，从驾还内，都人昉见，一时之盛。改之以词与给郭云："玉带猩袍，遥望翠华，马去似龙。……威撼边城，气吞胡虏，惨惨尘沙吹北风。中兴事，看君王神武，驾驭英雄。"郭馈刘，亦逾数十万钱。①

两首词的思想和艺术水平如何暂且不论，单就刘过的干谒行为和词的内容看，明显的是在为黄夫人与郭杲大唱赞歌，这很容易让当事人产生喜欢之情，从而厚贶撰者。

对于南宋江湖诗人及其用来干谒权贵，谋取钱物的现象，钱谦益有过一番评价，说："诗道之衰靡，莫甚于宋。南渡以后，而其所谓江湖诗者，尤为尘俗可厌。盖自庆元、嘉定之间，刘改之、戴石屏之徒，以诗人启干谒之风。而其后钱塘湖山，什伯为群。挟中朝尺书，奔走阃台郡县，谓之阔匾，要求楮币，动以万计。当时之所谓处士者，其风流习尚如此。彼其尘容俗状，填塞于肠胃，而发作于语言于文字之间，欲其为清新高雅之诗，如鹤鸣而鸾啸也，其可几乎！"② 从人品到诗品，几乎是不遗余力地指责了一通。

当然，对诗人干谒，要有一个客观的认识，由于社会地位不对等及谒者本身有财货需求等因素，像刘过一类的文人在撰文干谒时，诗词中掺杂迎合乃至谄媚的字句，大约是人情所难免，这是历代干谒诗的一个特点。此外，也不能因此否定他们诗歌的艺术成就。譬如，作为"辛派词人"主要成员之一的刘过，其词的峻拔风格深为辛弃疾欣赏，他们在一起饮酒赋诗，切磋技艺，虽时有馈赠，但那只是友人之间的礼谊，而不是世俗人眼中的纯粹干谒求利行径，因此不大会影响诗词的格调，反倒会促进创作水平的提高。《桯史》中的一段文字，即能说明这一事实：

嘉泰癸亥（1203）岁，改之在中都。时辛稼轩弃疾帅

① 张世南：《游宦纪闻》卷一，4页，北京，中华书局，1981。

② 钱谦益：《牧斋初学集》卷三十三《王德操诗集序》，946页，上海，上海古籍出版社，1985。

越，闻其名，遣介招之。适以事不及行，作书归辂者。因效辛体《沁园春》一词，并缄往，下笔便逼真。其词曰："斗酒彘肩，醉渡浙江，岂不快哉！被香山居士，约林和靖，与苏公等，驾勒吾回。……蓬莱仙阁访稼轩未晚，且此徘徊。"辛得之大喜，致馈数百千，竟邀之去。馆燕弥月，酬唱亹亹，皆似之，逾喜。垂别，赒之千缗，曰："以是为求田资。"改之归，竟荡于酒，不问也。①

就总的情形看，四处奔走的江湖诗人虽然用诗文干谒权贵，但并未栖身权贵府第，仅用自己的文才为其行笔耕之役，或者直接代人捉管，以换取相应的物质报酬。他们干谒的方法主要是献诗献词，希冀权贵赏识而获得馈遗。

此外，简要谈谈元代文人的情况。元代属少数民族统治，对汉人实行歧视政策，加之科举制度推行得较晚，且时断时续，文人的地位极其低下，很多人投身到戏曲创作中，与民间艺人结合在一块，生平事迹大多残缺不齐，所以想要了解他们当中有的人如何以诗文谋生，很不容易。不过替人撰文、收受润笔的风气仍然存在，除正史中有文献记载外，文人笔记里也不乏类似的描述。如，《至正直记》记赵孟頫的事：

松雪颇爱钱，写字必得钱然后乐为写。一日，有二白莲道者造门求字，门子报："两居士求见相公！"松雪怒曰："甚么居士。香山居士、东坡居士耶？个样吃素食的风头巾，甚么也称居士。"管夫人闻之，自内出曰："相公不要恁地焦躁，有钱买得物事吃。"松雪犹不乐。少顷二道者入，袖出钞十锭曰："送相公作润笔，有庵记求书。"松雪大呼："将茶来！与居士吃。"即欢笑逾时而去。松雪入本朝，田产颇废，家事甚贫，所以往往有人馈

① 岳珂：《桯史》卷二，23页，北京，中华书局，1981。

送钱米，必作字答之。然亦未尝以他事求钱耳。①

卖文治生，当然是迫于贫困，这是大多数文人的实际生活状况，并非赵孟頫一人。

以上论述表明，文人以文谋利或治生现象的出现有一个历史的发展过程，到了明代中后期，这类文人大量涌现，以文谋生现象蔚为大观，这当然离不开特定的历史时代和社会条件。

① 丁傅靖辑：《宋人轶事汇编》卷三十“赵孟頫”条，1 047 页，北京，中华书局，1981。

第二章　明代中后期的社会状况

要阐述晚明文人以文治生的情况，先须对当时的社会情况有个了解，关于这一方面的内容，相关学者从各个角度进行过研究，成果甚多，较为一致的看法大致有政治日趋腐败、商品经济相对繁荣、程朱理学的独尊地位遭遇心学的严重挑战、士风颓靡、社会生活崇尚奢侈等。这里，只就与本论题相关的内容，阐述一己看法。

第一节　纲纪弛废和心学流行

一、纲纪弛废

一个社会吏治的好坏，世风是昂扬还是颓靡，可以用国家纲纪来检验。如果令行禁止，则弊端易除，国事兴隆可待；反之，如果律法弛废，士庶僭礼越制，则表明政权失去震慑力和凝聚力，其被替代的日子也就不远了。明朝由盛而衰、直至最后覆亡的过程，尤能证实这一点。

纲纪弛废与否，总是相对而言的。明代中后期，士庶犯禁越制的现象，在官员的奏疏和文人的笔记中几乎俯拾皆是，下面从服饰、车舆、礼仪等方面略加说明。

先说服饰。明初，太祖对社会上各种人员的衣着穿戴及服饰的颜色、用料、尺寸等均有严格规定，这些规定虽然因其子孙继位略有变更，但在中叶以前，士庶有别的等级区分仍然未变。其中，象征帝王的蟒龙与表明公卿大臣官阶差异的飞鱼、斗牛等服饰，禁令更是森严，一旦犯禁，必有重惩。如，正统十二年（1447）二月，英宗谕工部臣曰："官员服饰旧有定制，今闻有僭用织绣蟒龙、飞鱼、斗牛及违禁花样者，尔工部其通谕之：此后敢有仍蹈前非者，工匠处斩，家口发充边军，服用之人重罪不宥。"①

朝廷如此重禁严令，吏士畏法律己，当然莫敢违犯。到了嘉靖(1522—1566)、万历（1573—1620）年间，情形又是怎样呢？且看顾起元的记载：

> 南都服饰，在庆、历前犹为朴谨，官戴忠静冠，士戴方巾而已。近年以来，殊形诡制，日异月新。于是士大夫所戴其名甚夥，有汉巾、晋巾、唐巾、诸葛巾、纯阳巾、东坡巾、阳明巾、九华巾、玉台巾、逍遥巾、纱帽巾、华阳巾、四开巾、勇巾。巾之上或缀以玉结子、玉花瓶，侧缀以二大玉环。而纯阳、九华、逍遥、华阳等巾，前后益两版，风至则飞扬。齐缝皆缘以皮金，其质或以帽罗、纬罗、漆纱、纱之外又有马尾纱、龙鳞纱，其色间有用天青、天蓝者。至以马尾织为巾，又有瓦楞、单丝、双丝之异。于是首服之侈汰，至今日极矣。足之所履，昔惟云履、素履，无它异式。今则有方头、短脸、球鞋、罗汉靸、僧鞋，其跟益务为浅薄，至拖曳而后成步，其色则红、紫、黄、绿，亡所不有。即妇女之饰，不加丽焉。嗟呼！使志五行者，而有征于服妖也。折上之巾，露卯之屐，动关休咎，今之巾履，将何如哉！②

明前期规定的官戴忠静冠、士戴方巾，到了后期演变成了质地不同、式样各异的巾冠。不仅是士庶常用的服饰有违朝廷的禁约，就连用来区分等级差别的帝王龙袍和官员官服，也屡有犯禁逾制的情况。《万历野获编》记道：

> 天下服饰僭拟无等者，有三种。其一则勋戚，如公、侯、伯支子勋卫，为散骑舍人，其官止八品耳，乃家居或

① 余继登：《典故纪闻》卷十一，207页，北京，中华书局，1981。

② 顾起元：《客座赘语》卷一"巾履"条，23～24页，北京，中华书局，1987。

废罢者，皆衣麟服，系金带，顶褐盖，自称勋府。其他戚臣如驸马之庶子，例为齐民。曾见一人，以白身纳外卫者指挥空衔，其衣亦如勋卫，而束以四爪象龙，尤可骇怪。其一为内官，在京内臣稍家温者，车服似蟒似斗牛之衣，名为草兽，金碧晃目，扬鞭长安道上，无人敢问。至于王府承奉，曾奉旨赐飞鱼者不必言，他即未赐者，亦被蟒腰玉，与抚按藩臬往还宴会，恬不为怪也。其一为妇人，在外士人妻女相沿袭用袍带。固天下通弊，若京师则异极矣，至贱如长班，至秽如教坊，其妇外出，莫不首戴珠箍，身被文绣，一切白泽、麒麟、飞鱼、坐蟒，无不有之。且乘坐肩舆，揭帘露面，与阁部公卿交错于康逵，前驱既不呵止，大老亦不诘责，真天地间大灾孽。①

衣冠服饰由正统、弘治时的禁严令密，之所以能发展成为嘉靖、万历以来的争妍斗奢、逾礼越制，一是由于经济发展，物质丰富，二是朝廷律令疲软，失去了昔日的威慑与制约功用。

次说车舆。同服饰的规定一样，官员级别不同，所用车马舆轿的式样、品类、数量及饰物等也不一样。在《四友斋丛说》卷三十五“正俗”与《五杂俎》卷十四“事部”中，何良俊、谢肇淛两人分别将祖宗旧制与自己的见闻进行对比，道出了嘉靖、万历年间车舆方面的逾礼越制现象。他们的见闻虽然属于个别现象，但足以管窥当时世风，《万历野获编》对此则有全面的概述，如《词林·四品金扇》云：

故事：京朝官词林坊局五品即得用大金扇遮马，其他须三品乘轿始用之。故太仆、光禄皆得金扇，左右佥都虽雄贵，以尚四品，张黑扇如他官。近年丁未以后，佥都忽自制金扇，每出，皆属目讶之。逾年则左右通政与大理寺左少卿亦用之，盖以同为四品大九卿也。言官、礼官无敢

① 沈德符：《万历野获编》卷五“服色之僭”条，157页，北京，文化艺术出版社，1998。

纠正之者，习见既久，今且以为固然矣。①

士庶出行，如果撇开政治上的强制规定与经济上的富贫不均等不论，单从工具的舒适、美观与否来说，步行自然不如骑驴，驴马不如可以遮风挡雨的舆轿，黑扇不如金扇的引人注目。在律令失效的情况下，僭越礼制、图求愉逸的作风必然蔓延至整个社会，《客座赘语》记道："嘉靖十年（1531）前，富厚之家，多谨礼法，居室不敢淫，饮食不敢过。后遂肆然无忌，服饰器用，宫室车马，僭拟不可言。"② 富厚之家，在饮食起居方面肆然无忌，敢于僭拟公侯，一方面说明了强制性的等级区分有所松动，另一方面也折射出当时经济发展，民众的生活水平有了很大变化。无视这些发展变化，一味强调政令的贯彻执行，不免机械、保守。

再说礼仪。士庶之间历来存着一条人为的鸿沟，在政治、经济上，士大夫阶层享有诸如犯律从轻惩处、减免赋税等特权。如，洪武十年（1377）二月丁卯，诏令说："食禄之家，与庶民贵贱有等。趋事执役以奉上者，庶民之事。若贤人君子，既贵其身而复役其家，则君子野人无所分别，非劝士待贤之道。自今百司见任官员之家有田土者，输租税外，悉免其徭役。著为令。"③ 又《大明律·名例》明文规定："文武官职，举人监生，生员，冠带官，义官，知印，承差，阴阳生，医生，但有职役者，犯赃犯奸，并一应行止有亏，俱发为民。"有职役者犯赃犯奸，俱发为民，这就抵消了刑律上的部分处罚；若是无职役者的百姓犯赃犯奸了呢？自然没有这一制度上的保护。

除了这些特权外，士庶及品阶不同的官宦相处时，又有许多礼仪规定，基本要求是下不能犯上，庶不能凌士。由祖宗制订下来的严分尊卑贵贱的礼仪，万历年间怎样呢？看《客座赘语》与《云

① 沈德符：《万历野获编》卷十，289页，北京，文化艺术出版社，1998。

② 顾起元：《客座赘语》卷五《建业风俗》，170页，北京，中华书局，1987。

③ 《明实录·太祖实录》（第三册）卷一百一十一，1 847页，台北，"中央研究院"历史语言研究所校印，1967。

间据目钞》中的相关记载：

> 嘉靖中年以前，犹循礼法，见尊长多执年幼礼。近来荡然，或与先辈抗礼，甚至有遇尊长乘轿不下者。①
>
> 士风之弊，始于万历十五年（1587）后，迹其行事，大都意气之所激，而未尝有穷凶极恶存乎其间，且不独松江为然，即浙直亦往往有之。如苏州，则同心而仇凌尚书；嘉兴同心而讦万通判；长洲，则同心而抗江大尹；镇江，则同心而辱高同知；松江，则同心而留李知府，一时蜂起，不约而同，亦人心世道之一变也。第吾松江，近来士子，举措互有得失，识者无不异议耳，姑举一二言之。如东乡富民费仲，扛打生员陆龙基；西乡富民马可观，扛打生员刘致和。以此强暴凌孤寒诸生，声之有道，从重问遣，何壮也。②

庶众攻讦长官，富民扛打生员，虽说是“大都意气之所激，而未尝有穷凶极恶存乎其间”，但亦可见禁令约束之无力。下不敬上、卑不奉尊的风气又见于官场，《万历野获编》卷十三“旧制一废难复”条对此有详细交代，兹不赘举。

明代中后期，除服饰、车舆、礼仪三方面出现了严重的越制现象外，其他如饮食、住室、器用、科考、婚嫁等方面也无不存在着犯禁行为，这表明国家纲纪已处于弛废状态，日渐失去约束作用。在旧制遭蔑弃、新纲纪未确立的时候，整个国家不免显得礼崩乐坏，许多士大夫不免忧时嗟世，而很少去思考其发生的根由。引发纲纪弛废的原因中，执权柄者自身的违禁犯制行为是关键，所谓“乱自上作”。理由有二，一是作为制度的制定者和实施者，他们逾越禁制的条件最为方便，且得利最厚，容易逃脱或免除惩罚，而

① 顾起云：《客座赘语》卷五《建业风俗》，169～170页，北京，中华书局，1987。

② 范濂：《云间据目钞》，《笔记小说大观》第十三册，114页，扬州，江苏广陵古籍刻印社，1983。

平民百姓一旦违禁，则难逃律令的制裁；二是执权柄者社会地位高，人人敬奉，他们的行为具有示范性质，如《大学》所说的那样："所谓平天下在治其国者：上老老而民兴孝，上长长而民兴弟，上恤孤而民不倍，是以君子有絜矩之道也。"① 士大夫能够做到修身律己、风人劝上，当然是好事，问题在于如果"上"不老老、不长长、不恤孤，不恪守礼制，那将会怎样？结果不言自明。

二、心学流行

在纲纪弛废的同时，一种新的哲学思想即心学也在士大夫阶层传播，并迅速在社会上流传开来，使原来占统治地位的程朱理学遭受严重挑战。

明初，为了收拾世道人心，配合专制政权，官方把程朱理学作为统治思想而强力推崇。如，太祖"即位之初，首立太学，命许存仁为祭酒，一宗朱氏之学。今学者非五经、孔孟之书不读，非濂、洛、关、闽之学不讲"。成祖益张而大之，特命儒臣胡广、杨荣、金幼孜等人纂修《四书大全》、《五经大全》、《性理大全》，汇集宋元时期以来各家理学之说，颁行天下，定为士人科举入仕和官员修身的必读书目，其他不合程朱思想的学说书籍均视为异端，加以禁毁。"饶州儒士朱季友诣阙上书，专诋周、程、张、朱之说，上览而怒曰：'此德之贼也。'命有司声罪杖遣，悉焚其所著书"②。在此思想高压氛围里，谁人还敢轻言异端邪说？因此，"明初诸儒，皆朱子门人之支流余裔，师承有自，矩矱秩然。曹端、胡居仁笃践履，谨绳墨，守儒先之正传，无敢改错"③。

朝廷规定四书五经及程朱作的笺注作为科举考试的内容，意在于加强思想统治和提高士人的道德修养，但到了后来，却变成了猎

---

① 朱熹：《四书集注》，13页，长沙，岳麓书社，2004。

② 陈鼎：《东林列传》卷二《高攀龙传》，135～136页，台北，明文书局，1991。

③ 张廷玉等：《明史》卷二百八十二《儒林传》前序，7 222页，北京，中华书局，1924。

取功名富贵的工具，道德修养反倒成了次要的东西，于是渐渐出现了“口谈道德而志在穿窬”的假道学，再加上早先潜伏的社会问题随着时间的推移日渐暴露出来，程朱理学无法适应或改变这些变化，因而一种新的学说悄然产生。

史传“学术之分，则自陈献章、王守仁始”。陈、王二人的学说重在加强个人修养，保持心态平和，以应对纷变的外物。陈献章没中过进士，又屡荐不起，不太为人注意，所以对当时人的影响不大，真正建立心学庞大理论体系并对后世产生广泛影响的人是王守仁（故心学又称王学），他的学说主要涉及“良知”说与“致良知”两方面的命题。“良知”说强调“心外无物，心外无理”，认为天理普遍存在于人的内心，是非善恶的衡量，不必盲从大众或圣贤先哲的标准，而应当从人的内心去寻找精神本体，“夫君子之论学，要在得之于心，众皆以为是，苟求之心而未会焉，未敢以为是也；众皆以为非，苟求之心而有契焉，未敢以为非也”①。王守仁的“良知”说，虽然包含了众多纲常伦理之类的东西，但其中所蕴藏的反身外权威、不以圣贤经典里的是非为是非的思想火花，对其后学的启发与指引不可轻视。“致良知”是就实践而言，提倡知行合一，知行并重，反对坐而论道的空谈风气与口是心非、表里不一的假道学。在程朱理学处于相对衰落的时代，心学的出现不免有“救济人病，裨补时阙”的色彩，因而能流行一时，“宗守仁者曰姚江之学，别立宗旨，显与朱子背驰，门徒遍天下，流传逾百年，其教大行”②。

嘉靖、隆庆以来，政治更加窳败，随着市镇经济的发展及金钱在社会生活中的作用进一步提高，朝野逾礼越制的行为日益普遍，心学在其演变过程中也分裂为不同的流派，其中影响最大的是泰州

---

① 王守仁：《王文成公全书》卷二十一《外集》三《壬午答徐成之》，《四库全书》集部1 265册，97页、610页，台北，台湾商务印书馆，1985。

② 张廷玉等：《明史》卷二百八十二《儒林传》前序，7 222页，北京，中华书局，1974。

学派。黄宗羲概述这一流变情形时，说：“阳明先生之学，有泰州、龙溪而风行天下，亦因泰州、龙溪而渐失其传。泰州、龙溪时时不满其师说，益启瞿昙之秘而归之师，盖跻阳明而为禅矣。然龙溪之后，力量无过于龙溪者，又得江右为之救正，故不至十分决裂。泰州之后，其人多能以赤手搏龙蛇，传至颜山农、何心隐一派，遂复非名教之所能羁络矣。顾端文曰：‘心隐辈坐在利欲胶漆盆中，所以能鼓动得人，只缘他一种聪明，亦自有不可到处。’羲以为非其聪明，正其学术也。”① 泰州学派“所以能鼓动得人”，自与其思想观点有关。王守仁初创心学时，目的在于寻求巨大的精神支柱，以便将自己或他人炼造成真儒名贤，所谓“皆可以成尧舜”、“满街都是圣人”、“人心中各有个圣人”。而泰州学派中的王艮、颜山农、何心隐等人的思想直指百姓生活实际，提出“百姓日用即是道”的著名观点，主张“安身立本”，认为一己之身才是“齐家治国平天下”的根本所在，并倡言人的物质欲望的合理性。这些观点，当然“复非名教之所能羁络”，所以顾宪成（端文）说“心隐辈坐在利欲胶漆盆中”。正因为心学后传能够突破程朱理学里的诸多纲常伦理教条，显示出强烈的平民色彩，因而出现“嘉、隆以后，笃信程、朱，不迁异说者，无复几人矣”② 的局面。

纵观明代思想领域的发展变化，不难得出这样一个结论，即前期占主导地位的程朱理学被后来流行的心学所替代，前期士人崇奉的修齐治平、德业功勋变为后来的率性任诞、自适受用。这种改变与时代政治、经济的变化不无关系，所以当社会上出现一些奇言异行时，甚至一些不循常规的行为时，诸如以诗卷为贽干谒公卿，追逐财富，焚弃儒衣冠等，人们也就见怪不怪，能宽容地去看待和接纳它们了。

---

① 黄宗羲：《明儒学案》卷三十二《泰州学案》一，733 页，台北，明文书局，1991。

② 张廷玉等：《明史》卷二百八十二《儒林传》前序，7 222 页，北京，中华书局，1974。

第二节　市镇经济发达与尚利的世风

早在唐宋，城市的商业经济就比较发达了，不过那时主要集中在为数不多的名城大都，与政治关系紧密。如宋代民谣“欲得官，杀人放火受招安；欲得富，赶着行在（指皇帝住所）卖酒沽”后半句所描述的那样，要想经商致富，得往达官贵人集中的地方去，那里的皇族公卿及各级官员生活奢侈，挥霍无度，商贾才有大利可图。明代后期的城市与唐宋相比，既有相似之处，又存在很大差异，主要表现为：除政治性的大都市经济发达外，其他由乡村发展起来的、与政治不甚牵涉的市镇经济也非常繁荣。

一、市镇经济发达

由于战乱，明前期重农抑商，以恢复经济、稳固政权。洪武十四年（1381），太祖朱元璋加意重本抑末，“下令农民之家，许穿绸纱绢布；商贾之家，止许穿布。农民之家，但有一人为商贾者，亦不许穿绸纱”①。为了发展农业生产，太祖及其继承人又奖励垦荒，兴修水利，提倡多种，“凡农民田亩，五亩至十亩者，栽桑、麻、木棉各半亩；其田多者率以是差”②。经过一百多年的休养生息，海内清平，物力丰裕，为中后期商业的发展，提供了良好的物质基础。

嘉靖（1522—1566）、万历（1573—1620）年间，随着“一条鞭”法的推行、海禁放松及神宗好货等因素的变化，手工业迅速发展，商业空前繁荣，“燕、赵、秦、晋、齐、梁、江、淮之货，日夜商贩而南；蛮海、闽广、豫章、楚、瓯越、新安之货，日夜商

① 徐光启：《农政全书》第一册卷三《国朝重农考》，43 页，上海，商务印书馆，1930。

② 顾炎武：《日知录之余》卷四《栽桑枣》，903 页，上海，国学整理社，1936。

贩而北”①。北京与南京的情形是：“京师负重山，面平陆，地饶黍谷驴马果蓏之利，然而四方财货骈集于五都之市。彼其车载肩负，列市贸易者，匪仅田亩之获；布帛之需，其器具充栋与珍玩盈箱，贵极昆玉、琼珠、越翠。凡山海宝藏，非中国所有，而远方异域之人，不避间关险阻，而鳞次辐辏，以故畜（蓄）聚为天下饶。……沿大江而下，为金陵，乃圣祖开基之地。北跨中原，瓜连数省，五方辐辏，万国灌输。三服之官，内给尚方，衣履天下，南北商贾争赴。”② 这两个城市是全国的政治中心，繁华热闹有其必然性，与历代的都城相比没什么大的差异。

明代后期商业经济的一个亮点是市镇经济的繁荣，这些市镇原本是一些人口不密的村庄，由于手工业与商业的发展，后来才渐变成货物骈集、商贾往来的市镇。清代乾隆年间的《震泽县志》卷四记载了震泽县境内震泽镇、平望镇、双杨市、严墓市、擅丘市、梅堰市、盛泽镇、吴江县市、黎里镇、八斥市、庵村市十一个市镇在明代的变化情况。在明初，这些市镇大多是“居民数十家”、“初以村名”的僻远乡村，到了嘉靖年间，发展成为“居民日增，货物齐备”、“方巷开络，栋宇鳞次，百货俱集，通衢市肆以贸易为业者往来无虚日”的市镇。③ 这些市镇的繁忙热闹，不是由于官员富室多，而是因为商品交换频繁的缘故，其情形见于文学描写：

> 这苏州府吴江县离城七十里有个乡镇，发名盛泽，镇上居民稠广，土俗淳朴，俱以蚕桑为业。男女勤谨，络纬机杼之声，通宵彻夜。那市上两岸绸丝牙行，约有千百余家。远近村坊织成绸匹，俱到此上市。四方商贾来收买的，蜂攒蚁集，挨挤不开，路途无伫足之隙；乃出产锦绣

① 谢国祯选编，牛建强等校勘：《明代社会经济史料选编》下册，23页，福州，福建人民出版社，2004。

② 张瀚：《松窗梦语》卷四《商贾纪》，81~83页，北京，中华书局，1997。

③ 谢国祯选编，牛建强等校勘：《明代社会经济史料选编》下册，43~44页，福州，福建人民出版社，2004。

> 之乡，积聚绫罗之地。江南养蚕所在甚多，惟此镇处最盛。①

小说中的描写不免有点夸张，让人生疑。但清人的笔记可作旁证："盛泽镇，在二十都，去（吴江）县治东南六十里，居民以绸绫为业。明初以村名，嘉靖间始称为市。迄今民齿日繁，绸绫之聚，百倍速于昔，四方大贾辇金至者无虚日。每日中为市，舟楫塞港，街道肩摩。盖其繁阜喧盛，实为邑中诸镇冠。"② 二者的描述几乎雷同，可见盛泽镇的繁华事实乃属不诬。

江南地区水运便利，物产富饶，所以商业发达的市镇特别多。北方地区知名的市镇虽不如南方多，但也有一些规模较大的，如陕西的三原、山东的清源：

> 陕以西称壮县曰泾阳、三原，而三原为最。沃野百里，多盐策高资贾人，阛阓骈比，果布之凑，鲜车怒马者相望太仓。若蜀给四方镇饷，岁再三发轫，若四方任辇车牛，实绾毂其口。盖三秦大都会也。③
>
> 清源初无城，正统己巳（1439）北边多事，始成清源城，俗所谓旧城也。其后生齿日繁，南北商贾，舟车百货，辐辏并至。嘉靖癸卯（1543），北方又有儆乃城，外城谓之新城。太学生李子休征家于二城间，南距新城三里，北距旧城五里，道当阛阓，门外车毂击、人肩摩，商旅往来，日夜无休时。④

正是这些星罗棋布的市镇与名城大都汇在一起，壮大了明代后

---

① 冯梦龙：《醒世恒言》卷十八《施润泽滩阙遇友》，359 页，北京，人民文学出版社，1956。

② 谢国祯选编，牛建强等校勘：《明代社会经济史料选编》下册，7 页，福州，福建人民出版社，2004。

③ 谢国祯选编，牛建强等校勘：《明代社会经济史料选编》下册，39 页，福州，福建人民出版社，2004。

④ 周思兼：《周叔夜先生集》卷五《二城记》，《四库全书存目丛书》集部 114 册，410 ~ 411 页，济南，齐鲁书社，1997。

期的城市商业经济。

商业的发展，商贾的蜂攒蚁聚，离不了商品的生产与原材料的供应。受此影响，农民往往根据获利的厚薄选择作物，同时也有部分农民因此变成手工业生产者，加入到市民队伍的行列。如，“蚕桑之利莫甚于湖。大约良地一亩，可得叶八十个（每二十斤为一个）。计其一岁垦锄壅培之费，大约不过二两，而其利倍之”①。蚕桑之利大于种粮，加之松、嘉、湖等地的气候、土质适宜种桑，因此农民趋之若鹜，没条件种植的则纷纷从事棉纺织袜，“松江棉花布，衣被天下。东乡种木棉者（松江产棉花，俗呼木棉，其实草棉）居十之三，俗呼花地；惟西乡土性不宜，而女红自针黹外，以布为恒业。金泽无论贫富者，无不纺织”②。在生计与利益的双重驱使下，四乡居民朝往暮归，在集市与家庭之间来回穿梭，其繁忙情形如《盘龙镇志》描绘的那样：“（青浦盘龙镇）俗务纺织，里妪抱布入市，易木棉以归，明旦复然。织者率日一匹，有通宵不寐者。”③ 嘉兴的棉纺者也是：“侵晨入市易棉花而旭归，仍治而纺之，明旦复持以易，无顷刻间。纺者日可得纱四五两，织者日成布一匹。燃脂夜作，男妇或通宵不寐。”④ 仅此一斑，就可窥见江南市镇棉纺织业的发达。

二、尚利的社会风气

大城市和中小市镇商业及手工业的发达，冲淡了先前“重农轻商”、“以农为本”等传统观念；商贾的富奢，金钱作用的日益凸显，势必冲击旧有的尊卑观念并影响人们的价值观。所有这些，在明代后期有明显的表现。

先是财富分配的变化。在士、农、工、商界域分明的小农经济社会里，士阶层权大禄厚，生存最容易得到保障，所以读书人的目

①②③ 谢国祯选编，牛建强等校勘：《明代社会经济史料选编》下册，2、8、9页，福州，福建人民出版社，2004。

④ 《浙江通志》卷一百零二《物产二》，1 833 页，上海，商务印书馆，1934。

的多在出仕做官，谋求一份俸禄，此外又有机会通过合法或非法的手段，猎取更多，因此在历代社会中，各级官员所获得的财富份额最大，这也是官本位思想历久不衰的原因。但到了明代中后期，由于城市商业的繁荣，士阶层的这种优势面临着严重挑战。试看富商大贾的财富："三晋富家，藏粟数百万石，皆窖而封之，及开则市者坌至，如赶集然，常有藏数十年不腐者。""富室之称雄者，江南则推新安，江北则推山右。新安大贾，鱼盐为业藏镪有至百万者，其他二三十万则中贾耳。"① "平阳、泽、潞豪商大贾甲天下，非数十万不称富。"② 其他如广东行商、江淮盐商、闽粤海商、山东绸商、山西缎商、浙江丝商等亦都以税资巨万而名闻天下。富商资财如此雄厚，中小商贾虽赶不上，但多少会比一般的手工作业者要强吧。

又来看官员的薪俸。《廿二史劄记》卷三十四"明官俸最薄"条，赵翼通过列举各级官员的俸禄数目，意在印证《明史食货志》的说法："自古官俸之薄未有若此者。"③ 这些官俸，是各级官员的法定收入，属正当收入，其他私人请托或贪赃当然不包括在内。撇开物价因素和各朝官俸的调整变化不论，今有人折算，一个正一品的官员年俸还不到二百两银子。如果官员清廉不贪污，要想维系自己和家人的生活，不免有点捉襟见肘，以下事例可见一斑：

> 正统元年（1436）副都御史吴讷言：洪武年间京官俸全支，后因营造减省，遂为例。近小官多不能赡。如广西道御史刘准，由进士授官，月支俸米一石五斗，不能养其母妻子女，贷同道御史王裕等、刑部主事詹谟等俸米三十余石，去年病死，竟负无还，乞下廷议增俸。④

---

① 谢肇淛：《五杂俎》卷四《地部二》，71页、74页，上海，上海书店出版社，2001。

② 王士性：《广志绎》卷三《江北四省》，61页，北京，中华书局，1981。

③ 赵翼：《廿二史劄记》卷三十四"明官俸最薄"条，750～751页，北京，中华书局，1984。

④ 郑晓：《今言》卷一，44页，北京，中华书局，1984。

南坦刘公罢嘉兴太守，发蒙以自给；远庵李公罢江西副史，殊无活计，教授生徒于高淳、溧阳之间。夫官至太守矣、副史矣，位亦尊矣，尚一贫如此哉！人品可知也。①

这些事件，反映出的不仅是官员廉洁，还有俸禄之薄。周顺昌做官后，为家中债务所困，写信向人诉说："读来札知诸亲友之索债者，填门盈户，甚至有怒面相詈者。弟自笑曰：'做秀才时艰苦备历，反能以馆谷怡二人，当大事，未尝乞一文斗粟于亲知，而且能以束脩之所余者，偿先人之旧逋，无大累也。今以滥叨之故，做一不干净人，五年宦游不能还诸债主，官之累人也多矣。'"②

明初，经济受到战乱损坏，物质贫乏，生活水平普遍低下，官俸微薄，在情理上人心也能接受；可是在弘治以后，手工业和商业迅速发展，社会财富有了巨大增加，还株守旧制，就不免有些落后了。现实中，商贾的巨富与朝廷的俸薄两相对照，当然就有"满路尊商贾，穷愁独缙绅"③ 之叹，当然这种嗟叹只是就部分人而言，因为官员会利用手中所掌握的权利，合法或非法地去增加收入，于是又有"缙绅仕夫多以货殖为急"④ 的现象。

其次是金钱的作用加强，等级制度受到冲击。自古以来，只要商品交换存在，金钱的地位就很重要，有了它，人们才可以"乐岁终身饱，凶年免于死亡"，才可以甘食美服，饰骑连辔。但是，在本不该以金钱为标准的领域里如果换用金钱作标准，无疑会畸形地增加金钱作用的分量。景泰元年（1450），边急频繁，为增加军费开支，下令天下生员纳粟上马者，许入国子监，称为例监，自此

---

① 周晖：《金陵琐事》卷三"官贫受徒"条，199页，北京，商务印书馆，1959。

② 周顺昌：《忠介公烬余集》卷二《与吴公如书二》，《四库全书》集部1 295册，422页，台北，台湾商务印书馆，1985。

③ 孙枝蔚：《溉堂后集》卷四《过仪真有感》。见吴仁安《明清江南望族与社会经济文化》，283页，上海，上海人民出版社，2001。

④ 黄省曾：《吴风录》，《续修四库全书》史部733册，791页，上海，上海古籍出版社，2001。

开捐粟入监的大门。后来沿用不改，又有辽生、饷生、赞生等称谓，《南中纪闻》载道：“自军饷烦兴，开辽生之例。每名输银百两有奇，给授衣巾，愿考试者学臣一体黜陟，不与考者青衿终身，尚有限制也。楚中协济黔饷，别有饷生之例，每名仅二十两，亦滥极矣。武陵桃源间又有所谓赞生，纳银五六两，县给札付，专司行香拜贺赞礼，服色与诸生同，混见道府州邑，称谓起居，一如诸生礼节，昂步街市，人不敢呵，此亦学宫一玷也。”① 监生或生员资格的获得，本是通过考试，择优录取，重的是才智和学识，朝廷公然倡以金钱，那么私下进行的买官鬻爵行为则更不用提了，由此看出金钱在社会生活中的地位，所以有人说“金钱之神，莫甚于今之时矣”②。

金钱的作用被强化，商人的地位必然随之提高。位在四民之末的商人在明初不许穿绸纱，不许与士流华胄联姻，官绅见了他们不用施以礼仪，到了纲纪弛废、商业繁荣的后期，情形起了大变化。在松江，“富商巨贾，操重资而来市者，白银动以数万计，多或数十万两，少亦万计，以故牙行奉布商如王侯”③，“竹与漆与铜与窑，贱工也。嘉兴之蜡竹，王二之漆竹，苏州姜华雨之莓箓竹，嘉兴洪漆之漆，张铜之铜，徽州吴明官之窑，皆以竹与漆与铜与窑名家起家，而其人且与缙绅先生列坐抗礼焉”④。商贾因财富不仅受到庶人的尊重，更受到贵室的青睐，名族高门纷纷与之缔结姻缘，这在等级森严的明初是很难想象的，如《明太祖实录》卷一百五十九，记载李宜之一事：“洪武十七年（1384）二月甲申，降江西布政使李宜之为广西思恩县主簿。时，宜之在任，以小隶为婿。事闻，故降用之。”而在万历年间，就出现了“今世流品，可谓混淆

① 包汝楫：《南中纪闻》，12 页，北京，商务印书馆，1936。

② 黄宗羲：《明文海》卷九十二《仕意篇》，903 页，北京，中华书局，1987。

③ 叶梦珠：《阅世编》卷七《食货五》，157～158 页，上海，上海古籍出版社，1981。

④ 张岱：《陶庵梦忆》卷五《诸工》，59 页，杭州，西湖书社，1982。

之极，婚嫁之家，惟论财势耳”的现象，“有起自奴隶，骤得富贵，无不结姻高门，缔眷华胄者。余尝谓彼固侯景、李建勋之见，而为名族者，甘与秦晋而不耻，何无别之甚也?”① 这表明向来以血统、门第为标志的等级制度此时已受到金钱的猛烈冲击。

再就是价值观的变化。财富分配的变化、金钱作用的加强及由此导致的商人地位提高，均是外在的表现，发达的城市经济所带来的深刻变化体现在人们的价值观上，这种变化包括“农本商末”的重新审视和人生“正途”的改变。

俗称“万般皆下品，唯有读书高”、“仕而优则学，学而优则仕”、“书中自有黄金屋，书中自有颜如玉”，这些精简的格言反映出小农经济社会里人们普遍的一种人生价值观，读书、做官、发财的固定路子，不仅是大多数士子心中的奋斗目标，也是大众敬重、企羡士子的原因。这种价值观自隋唐以来几乎没什么改变，直到商业繁荣的明代中后期才起变化，嘉靖年间歙人汪道昆说：“古者右儒而左贾，吾郡或右贾而左儒。盖诎者力不足于贾，去而为儒；嬴者才不足于儒，则反而归贾。”② 汪道昆自己出生商贾家庭，后来中举做官，故有此一说。可见，经商是一条不亚于读书做官的出路，甚至文学作品中也有“以经商为第一等生业，科第反在次着”的说法，《二刻拍案惊奇》卷三十七描绘徽地民情说：“徽人因是专重那做商的，所以还是商人归家，外而宗族朋友，内而妻妾家属，只看你所得归来的利息多少为重轻。得利多的，尽皆爱敬趋奉；得利少的，尽皆轻薄鄙笑；犹如读书求名的中与不中归来的光景一般。”③ 这种描述，与文言底本《辽阳海神传》中的“徽俗，

① 谢肇淛：《五杂组》卷十四《事部二》，291页，上海，上海书店出版社，2001。

② 汪道昆：《太涵集》卷五十四《明故处士溪阳吴长公墓志铭》，《四库全书存目丛书》集部117册，650页，济南，齐鲁书社，1997。

③ 凌濛初：《二刻拍案惊奇》卷三十七，600～601页，上海，上海古籍出版社，1996。

商者率数岁一归，其妻孥宗党，全视所获多少为贤不肖而爱憎焉”①，几乎没出入，可信度应当很高。无论科举还是经商，从本质上讲都是求利，都是为生存而努力，个人根据自身才情和生活实际选择可行的路子，这种选择也只有在晚明才可能得以实现。

两条出路的选择，为士人的发展提供了更宽松的环境，使他们不必株守科举一途，死命地去挤那千万人竞奔的“独木桥”。如，江苏洞庭山消夏湾举人蒋某，“屡试春官不第”，便另图“垄断之术”，结果“不数年儿高赀矣”；皖南休宁的张洲“少潜心举业，蜚声马均”，后来却“数奇弗偶，抱玉未售”，便“挟资游禹航”，结果也是家业“日隆隆起也”。② 商贾不受到歧视，地位与儒生相提并论，从前引士商通婚的事例中也可得到印证。士族所以看重商贾，与之联姻，一方面是商贾财雄，另一方面是商贾积累了一定的财富后，会转而致力于儒业，在科举上图作为，因为长年累月的读书、应试，要耗费很多的钱财，并不是一般家庭能承受得了的，所以有“古者士之子恒为士，后世商之子方能为士，此宋元明以来变迁之大较也”③ 的说法。

既然社会提供了逐利的环境，尚利的思想观念又能为人接受，富奢的世风和好享受的天性必然使人想方设法去谋取财富，不正当的敲诈勒索或倚势霸占自不必说，众多的正常经商、放贷、办作坊等商业活动也可看出明后期尚利风气的浓厚。先是缙绅士大夫，何良俊说：“宪孝两朝以前，士大夫尚未积聚……至正德间，诸公竞为营产谋利，一时如宋大参恺、苏御史恩、蒋主事凯、陶员外骥、

---

① 谢国祯选编，牛建强等校勘：《明代社会经济史料选编》下册，33 页，福州，福建人民出版社，2004。

② 吴仁安：《明清江南望族与社会经济文化》，291 页，上海，上海人民出版社，2001。

③ 沈垚：《落帆楼文集》卷二十四《费席山先生七十双寿序》，《续修四库全书》集部 1 525 册，664 页，上海，上海古籍出版社，2001。

吴主事哲，皆积至十余万。”① 徽州地区“即阀阅家，不惮为贾”②。士大夫的本职工作是政务，分精力于商业，既有俸薄的因素，又有商业利厚诱人的缘故。次是商贾，由于经商能获得其他行业所不具有的厚利，明中后期从商的人特别多，苏松地区“昔日逐末之人尚少，今去农而改业为工商者，三倍于前矣”③。浙江西安（今衢州）“谷贱民贫，恒产所入，不足以供赋税，而贾人皆重利致富，于是人多驰骛奔走，竞习为商，商日益众”④。而以地域为标志的徽商、晋商等商帮也就是在此时形成的。

官员竞为营产谋利，商贾奔来跑去于各市镇繁，手工业者通宵达旦地劳作，其核心都是逐利。针对这种情形，隆庆初年的山西巡府靳学颜，在应诏陈理财时曾指出说：“天下之民皇皇以匮乏为虑者，非布帛五谷不足也，银不足耳。”⑤ 而流行万历年间的散曲《题钱》，也能反映当时社会士庶嗜钱的心态：“人为你跋山渡海，人为你觅虎寻豺，人为你把命倾，人为你将身卖。细思量多少伤怀，铜臭明知是祸胎，吃紧处极难布摆。（其一）人为你名亏行损，人为你断义辜恩，人为你失孝廉，人为你忘忠信。细思量多少不仁，铜臭明知是祸根，一个个将他务本。……”⑥财物是人生存的基础，重视它无可厚非，但过了头，弄到“名亏行损”、“把命倾”，也就值得反思了。

城市经济的发达，普遍尚利的社会风气，必然对儒家向来宣扬的“君子喻于义，小人喻于利”等观念产生侵蚀。文士在公开场

---

① 何良俊：《四友斋丛说》卷三十四《正俗一》，312页，北京，中华书局，1984。

② 唐顺之：《荆川先生文集》卷十五《程少君行状》，四部丛刊初编本，315页，上海，商务印书馆，1936。

③ 何良俊：《四友斋丛说》卷十三《史九》，112页，北京，中华书局，1984。

④ 《浙江通志》卷一百《风俗》卷下，1 792页，上海，商务印书馆，1934。

⑤ 张廷玉等：《明史》卷二百一十四《靳学颜列传》，5 669页，北京，中华书局，1974。

⑥ 薛论道：《林石逸兴》卷五，《续修四库全书》集部1 739册，142页，上海，上海古籍出版社，2001。

合不敢言利、以言利为耻的做法正悄然改变，这时不仅出现了代人笔耕谋生的事，甚至还出现了公然卖文的现象，试想，若无相应的社会环境，文人要迈出这一步该要多大勇气？另一方面，经济的繁荣，市民财富的相对增加，使他们的文化需求和消费成为可能，从而有利于文人的以文谋生。

第三节　士风的变化

晚明士风的变化，这里主要从士人的日常生活入手，进行分析，以此来说明士风与文人以文谋生之间存在的联系。

一、任诞与重利

由于纲纪弛废，原有的律令对庶民的威慑作用不断减弱，社会上出现了许多不受礼法约束、行为任诞放纵的文士。这些奇言异行，非但未被排斥，反而受人逢迎，甚至崇慕，誉为名士风流。当然，名士的风流韵行也只能发生在明代中后期，此处摘录一些片断以窥其大概：

德涵（康海）既罢免，以山水声妓自娱，间作乐府小令，使二青衣被之弦索，歌以侑觞，西登吴岳，北陟九嵕，南访经台、紫阁，东至太华、中条，停骖命酒，歌其所制感慨之词，飘飘然辄欲仙去。居恒征歌选妓，穷日落月。尝生日邀名妓百人，为百年会，酒阑，各书小令一阕，登送至诸王邸，曰：“此差胜锦缠头也。”杨侍郎廷仪过浒西，留饮甚欢，自起弹琵琶劝酒。杨言：“家兄在内阁，殊相念，何不以尺书通问？”德涵发怒，掷琵琶撞之，杨走，追而骂曰：“吾岂效王维，假作伶人，借琵琶讨官做耶？”归田三十余年。其殁也，以山人服巾殓，遗囊萧然，大小鼓却有三百副，其风致可思也。①

幼于（张献翼）早擅才，见赏于文徵仲。读书上方山治平寺中，撰周易约说杂说臆说，及读易纪闻，读易韵考，不失为儒生。后乃狂易自肆，与所善张孝资检点故籍，刺取古人越礼任诞之事，排目分类，仿而行之。两人为俦侣，或歌、或哭、或紫衣挟伎，或白足行乞。孝资生日，自为尸，幼于率子弟缌麻环哭，上食设奠，孝资坐而飨之，翼日行卒哭礼，设妓乐，哭罢痛饮谓之收泪。又有刘会卿典衣买歌者，俄而病卒，幼于持絮酒就其丧所，哭之以诗。复令会卿所狎胡姬为尸，仍设双俑，夹侍作使，伶人奏琵琶，再作长歌酹焉。其放浪亦甚矣。②

类似的言行，当然不止发生在少数人身上，而是大面积出现在士人群体当中，赵翼《廿二史劄记》说："明史文苑传，吴中自祝允明、唐寅辈，才情轻艳，倾动流辈，放诞不羁，每出名教外。……此等恃才傲物，跅弛不羁，宜足以取祸，乃声光所及，到处逢迎，不特达官贵人倾接恐后，即诸王亦以得交为幸，若惟恐失之。可见世运升平，物力丰裕，故文人学士得以跌荡于词场酒海间，亦一时盛事。"③ 祝允明等人恃才傲物，跅弛不羁，言行"每出名教外"，本该取祸，实际却为达官贵人所逢迎、光扬，赵翼将其归于"世运升平，物力丰裕"的缘故，这是合理的诠释。如果说成是纲纪疲软、人伦不振也未尝不可。

文士的放浪不羁行为，有的是性情的自然流露，有的是压抑苦闷的变相发泄，也有的是矫言饰行以沽名钓誉，不能笼统地一概视之为名士风流。康海、张献翼、唐寅、王廷陈等人是由于在科举试

① 钱谦益：《列朝诗集小传》丙集"康修撰海"条，312～313页，上海，上海古籍出版社，1983。

② 朱彝尊：《静志居诗话》卷十三"张献翼"条，380页，北京，人民文学出版社，1990。

③ 赵翼：《廿二史劄记》卷三十四"明中叶才士傲诞之习"条，783～784页，北京，中华书局，1984。

中遭遇不公正待遇，或者在仕途上受到打击，愤愤不平，需要借助一些在常人看似怪诞不经的行为来抒泄愤懑，消磨壮志。譬如，唐寅才高，却被无端地卷入科举舞弊案中，结果被黜为吏；张氏兄弟三人同时参加会试，主考官认为同列进士会让人产生嫌疑，便裁其一，厄运不幸落到张献翼头上；康海为救李梦阳，屈身与宦官刘瑾结交，后来刘瑾事败，康海竟因此落职……诸如此类的事，发生在富有才情、自视甚高的士人身上，怎能让他们不愤懑？胸中郁闷于是一泻为愤世嫉俗的言行，情形如袁中道所言："才人必有冶情，有所为而束之，则近正，否则近邪。丈夫心力强盛时，既无所短长于世，不得已逃之游冶，以消垒块不平之气。古之文人皆然。"①

由此而知，文士饮酒、征妓、好衣绯衣、收泪等，并不是真正好而为之，实在是想借此来耗磨壮心，发泄苦闷，暂作精神的镇痛剂。这种自我减痛、自我解脱的方法，袁中道在《殷生当歌集小序》中讲述得很清楚：

> 人心如火，世缘如薪。可爱可乐之境当前，如火遇燥薪，更益之油矣。若去其脂油，洒以清凉之水，火亦渐息。吾尝见人阅除书，则进取之念愈炽；睹广柳，则谋生之意少灰。乃知心随境变，可用吾斡旋之法。是以修行之人，常处逝多林中，借其无常之水，以消驰逐奔腾之火，此亦调心第一诀也。②

文士借何物来抚平精神创伤，因人而异，因境况而定。柳永科举失利，"忍把浮名，换了浅斟低唱"，辛弃疾壮志难酬，"却将万字平戎策，换得东家种树书"。相对于宋人的平和隐忍而言，明代后期的士人做法似乎更激烈些，更有点自暴自弃的意味，所以给人留下怪诞的印象，如杨慎伏阙哭谏被谪戍，"在泸州尝醉，胡粉傅

---

① 袁中道：《珂雪斋集》卷十《殷生当歌集小序》，472 页，上海，上海古籍出版社，1989。

② 袁中道：《珂雪斋集》卷十《苦海序》，473 页，上海，上海古籍出版社，1989。

面，作双丫髻，插花，门生舁之，诸伎捧觞，游行城市，了不为为怍”。“王廷陈削秩归，益自放，达官贵人求见者，多蓬首垢足囚服应之，间衣红纻窄衫，跨马或骑牛，啸歌田野间，人多望而避者”①。

除因失意而放浪不拘，消磨壮心外，也有文士豪放嗜酒，偏爱声色。如，徐渭入胡宗宪幕府前就约定，须以宾礼待己，非时辄得出入。当幕中有急需时，召渭不得，夜深仍开戟门待之，而徐渭不能来的原因是“方大醉嚎嚣”；臧懋循在南京做国子监博士时，“每出必以棋局、蹴球，系于车后，又与所欢小史衣红衣，并马出凤台门”②。这些嗜好，源于内心，是真性情。一般文士受温良恭俭让儒风的熏陶，不敢任诞放达，不能真实地表现自己的需要，当然也与各个时代的社会环境有关，不能一言概之。

另有一种情况是矫言饰行，假作迂诞，冒充名士以行个人之私。如，闽人黄白仲：“惯游秣陵，以诗自负，僦大第以居，好衣盛服，蹑华靴，乘大轿，往来显者之门。一日拜客归，橐中窘甚，舆者请雇钱，则曰：‘汝日扛黄先生，其肩背且千古矣，尚敢请钱耶？’舆夫曰：‘公贵人也，无论舁五体以出，即空舁此两靴，亦宜酬我值。’彼此争言不已，观者群聚。有友过其门，闻而解之曰：‘一荣其肩，一尊其足，两说皆有理，各不受赏可也。’舆夫掩口而去。”③《涌幢小品》中，“一山人多酒过骂人，辄自命曰：浮云富贵。余曰：且与汝细讲圣人言语，切不可截了头尾轻用，只如此句上有不义二字，故他是浮云；下有于我二字，故我可浮云。他若富贵而义，则彼是卿云，又对我者是我，我者孔夫子也，不是孔夫子，亦何可浮云？其人嘿然，第曰：道学先生也”④。这些文

① 焦竑：《玉堂丛语》卷七《任达》，246页、245页，北京，中华书局，1981。

② 钱谦益：《列朝诗集小传》丁集上“臧博士懋循”条，465页，上海，上海古籍出版社，1983。

③ 沈德符：《万历野获编》卷二十三“山人愚妄”条，625～626页，北京，文化艺术出版社，1998。

④ 朱国祯：《涌幢小品》卷十七《截头尾》，398页，北京，中华书局，1959。

士奇言诡行，俨然世外高人，其实与招摇撞骗之徒无异，当虚伪面目被揭穿后，不得不悻悻然。

因此说，在同样看似出于名教之外的言行中，有自然流露与矫情造作之别，不能因部分人的假清高而全然否定文士的风流雅韵。问题在于：在崇尚真性情，以任诞放达为自豪的文士圈子里，如何区分是真实的禀性还是刻意的做作？在纲纪弛废，价值观多元化的晚明社会，尤其不易区分。譬如，向来被视为人生正途的科举此时出现异化现象，有不少士子在取得生员资格后，又焚弃儒衣冠，形成一股生员弃巾的风气；以诗文知名的布衣山人本来多封已自好，不肯轻出游人间，而嘉靖朝之后，挟诗卷、携简牍，遨游缙绅者接迹如市人……士人的这些行为，如果全部冠以任诞、放浪，或者世俗、堕落之词，未免失之公允。

这涉及士风变化的另一个原因，为了说明此问题，可参照顾大绍叙述隆万前后名士不同作风的一段话：

> 余生于晚近，然隆万间之风俗犹及见焉，维时之所号为名士者，必其翘然不为世俗之行者也；所号为名士之文者，必其卓然不为世俗之文者也。苟降志而为世俗之行，友必疏焉；苟贬调为世俗之文，友必摈焉。其立已也固，其持论也严，其师匠必高，其声气必寡。盖隆万时犹然，而前此可推也。今则不然：复进之所奉为师匠者，不论其人其文，而惟取其名位之尊、形势之盛；先达之所引为声气者，亦不论其材其品，而唯取其请谒之勤，酒食之腆。论其人，即闾巷之俗子，犹弗取也，而忽曰名士矣；课其文，上不足以欺有司，下不免于侪偶之笑，而忽誉之曰名士之文矣。问其友，少者以百计，多者以千计，盖有面目未觌，而多兰之簿已登；之无未识，而国门之书已布者矣。然则前之所谓名士，不近于暗然而日章乎？后之所谓名士，不近于的然而日亡乎？相去几何年，而今昔人不相及如此，又况乎而今而复者哉！交道之丧也，斯文之坠也，世运之颓也，诗所谓：其何能淑，载胥及溺。有识者

能不为之寒心乎?①

文中说隆万年间的名士必有翘然不为世俗之行，文章必有卓然不为世俗之文，此后衡量名士的标准是名位之尊、形势之盛，名士推引后进看重的不是对方的才情与操行，而是请谒之勤、酒食之腆。

这表明，士风的转变很大程度上是沿着实利的方向发展，而事实也未尝不如此。试看何良俊的描绘：

> 吾松士大夫一中进士之后，则于平日同堂之友，谢去恐不速。里中虽有谈文论道之士，非唯厌见其面，亦且恶闻其名。而日逐奔走于门下者，皆言利之徒也，或某处有庄田一所，岁可取利若干；或某人借银几百两，岁可生息若干；或某人为某事求一覆庇，此无碍于法者，而可以坐收银若干，则欣欣喜见于面，而待之唯恐不谨。盖父兄之所交与而子弟之所习闻者，皆此辈也。②

士大夫以职位之便捞取利益自不必说，文人墨客用诗文贽谒权贵，曲为谋利，也屡屡有之，被李贽指为“山人而心同商贾，口谈道德而志在穿窬”的黄生③、元日赋诗奉怀分宜相公而遭人奚落的吴扩④均是这一类人。对于不重操守、一意求利的士子，郎瑛曾叹息说：“古人以诚意正心观人，今观人于利上明白者，可谓君子矣。予见数友，利心一发，则虽父子兄弟，素厚朋友，即反心而不顾。呜呼哀哉！末世何人心之不古耶!”⑤

不过，当时文士重利的心理与行为要辩证地看。生存是以物质

---

① 顾大绍:《钱尔弢麓读斋稿序》。见吴承学、李光摩编:《晚明文学思潮研究》，480页，武汉，湖北教育出版社，2002。

② 何良俊:《四友斋丛说》卷三十四《正俗一》，312～313页，北京，中华书局，1984。

③ 李贽:《焚书》卷二《又与焦弱侯》，49页，北京，中华书局，1975。

④ 钱谦益:《列朝诗集小传》丁集，482页，上海，上海古籍出版社，1983。

⑤ 郎瑛:《七修类稿》卷四十七“利”条，197页，北京，文化艺术出版社，1998。

为前提的，如果生存都无法保障而去奢谈伦理道德，无疑不切实际（当然不排斥特殊时期不计名利的牺牲精神），所谓“饥寒至身，不顾廉耻”、“仓廪实而知礼节，衣食足而识荣辱”。因而说，良好的社会风气不是反对追逐名利，而在于引导人们在法令和伦理范围内去追求正当的名利，尤其是对尚处于生存困境中而设法谋生的士人，不宜以“世俗”二字简单论之，因为他们的压力首先来自物质的贫乏，其次才是个人的发展或自我价值的实现。为此，陈确明确提出学者要以治生为本，他说：“仰事俯育，决不责之他人，则勤俭治生洵是学人本事”，“确尝以读书、治生为对，谓二者真学人之本事，而治生尤切于读书”，“唯真志于学者，则必能读书，必能治生，天下岂有白丁圣贤、败子圣贤哉！岂有学为圣贤之人而父母妻子之弗能养，而待养于人者哉！”① 这一观点，对以文谋生的贫寒士子极为适用，也能解释他们何以纷纷以诗卷干谒公卿，或卖文于市井。

二、求自适的生活倾向

士人的另一变化是对政治失去热情，转而寻求闲适享乐的个人生活。嘉靖、万历两朝先后出现的“大礼议”、“争国本”事件，给许多正直士大夫造成很大伤害；又世宗好斋醮致使大权旁落，佞臣严嵩擅政二十余年；神宗怠政，党争纷起，官员的升迁缺补不是依据实干才能，凭的是从竹筒里随意掣出来的一根簏签……诸如此类的事件，无疑给满怀进取之心的士子和官员泼了一盆冷水。在仕途上找不到出路，罢职、失意或赋闲在家的士大夫以及一些无功名的文士，势必在其他领域里去寻找精神上的寄托。

先是参禅悟道。佛教自魏晋传入中原以来，因其能从精神上给人以安慰，历来受士庶喜爱。文人士子谈禅，兴趣不是出于佛门清规戒律式的修行，是源自其中的心性之说，意欲从中找到解决人生

① 陈确：《陈确集》卷五《学者以治生为本论》，158～159页，北京，中华书局，1979。

难题的方剂，而禅的功用之一即在此。身处政治不良、世风日变的晚明士人，眼见诸多社会与人生问题找不到合理解释时，自然会去寻求一片可以慰藉自我灵魂的精神家园，以“空”、“无我”为主旨的佛学恰好能当此重任，所以士人普遍参禅论佛，风气顿浓。

有材料表明，明代中后期的许多文士，如汤显祖、徐渭、陆树声、李贽、汤宾伊、陈继儒、钟惺、谭元春、邹迪光、冯梦龙、曹学佺、王思任、公安三袁等人，都与当时知名或不知名的僧人有过交往。部分文士在佛学方面的造诣很高，写过不少著述，如陆树声的《禅林余藻》，袁宏道的《宗镜摄录》、《西方合论》、《檀经删》，陶望龄的《宗镜广删》，钟惺的《楞严如说》，曹学佺的《蜀中高僧记》，萧士伟的《起信论解》等。

文士们参禅的一个重要产物，是催生了大量带有劝世、出世倾向的清言小品。如，洪应明的《菜根谭》，屠隆的《婆罗馆清言》、《续婆罗馆清言》，李鼎的《偶谈》，吴从先的《小窗自纪》，董斯张的《朝玄阁杂语》，陈继儒的《岩栖幽事》、《太平清话》。这些格言式的文字，辞采丰赡，哲理隽永，大不同于僧人和道学家的粗陋、枯燥，所以当时很流行。

其次是嗜好茶酒花石，喜营园林精舍。饮食、器玩、居室除去其实用上所具有的舒适娱人外，又可以作为一种文化形式存在，这在中国是源远流长的。晚明士大夫既在政治上看不到什么出路，又受享乐世风的影响，便把很大部分精力和兴趣转移到对此类事物的清赏清玩上来。与世俗的重口舌耳目之乐不同，文士们追求的是一种情趣，一种艺术化的生活，重品味，重境界，崇尚人心与外物的和谐统一。姑择数端如下，以资参证：

> 香茗之用，其利最溥。物外高隐，坐语道德，可以清心悦神。初阳薄暝，兴味萧骚，可以畅怀舒啸。晴窗拓帖，挥麈闲吟，篝灯夜读，可以远辟睡魔。青衣红袖，密语谈私，可以助情热意。坐雨闭窗，饭余散步，可以遣寂除烦。醉筵醒客，夜语蓬窗，长啸空楼，冰弦戛指，可以佐欢解渴。品之最优者，以沉香岕茶为首，第焚煮有法，

必贞夫韵士乃能究心耳。①

酒中风味，大约太醉近昏，太醒近散，非醉非醒，如憨婴儿。胸中浩浩，如太空无纤云，万里无寸草。华胥无国，混沌无谱，梦觉半颠，不颠亦半，此真酒徒也。毕忘盗，未忘瓮；刘忘埋，未忘锸。俗人治生，道人尝死。圣贤之教，生荣而死哀，是皆犹有生死耳，然则将何如？乐天不云乎："吾尝终日不食、终日不寝以思，无益，不如且饮。"②

南大理卿陈玉叔先生性癖好石，不啻米襄阳之下拜也。尝过北门桥访上舍嘉定李生，见其几上英石郁然森秀，先生数目属之。李生曰："公得毋爱此石乎？当畀以送公。"公欣然曰："果见诒，何待送！"即命命皂隶以手巾络之，系于轿杠，乘而归。③

在当时文人士大夫的嗜好远不止这些，品目繁多，简直千奇百怪，难以详举。

沉溺于这些玩艺儿中，难免遭到视经济仕途为正路的一派人的蔑视和责骂，但文士们不管，他们有自己的人生见解与主张，张岱说："人无癖不可与交，以其无深情也；人无疵不可与交，以其无真气也。"④ 在文人看来，人的嗜癖乃是真性情的表现，勇于流露、追求真性情的人，才可以与之交往，做朋友。这话很有道理，也表明在心学流行、个性张扬的时代背景下，才可能出现一部分敢于背弃正统人生轨道、追求一己自适生活的士人，出现儒士异化现象。

在生活上，文士嗜好茶酒花石，喜营园林精舍，无形中营造了一种清赏、清谈的文化氛围。他们相互往来，交流心得与体会，留

① 文震亨：《长物志》卷十二《香茗》，《四库全书》子部872册，86页，台北，台湾商务印书馆，1985。

② 陈继儒：《白石樵真稿》卷二十二《书酒颠》，《四库禁毁书丛刊》集部66册，381页，北京，北京出版社，2000。

③ 顾起云：《客座赘语》卷六《好石》，196页，北京，中华书局，1987。

④ 张岱：《琅嬛文集》卷四《五异人传》，175～176页，长沙，岳麓书社，1985。

下了许多单篇作品或专著。茶方面的，如陆树声的《茶寮记》，夏树芳的《茶董》，陈继儒的《茶董补》，田艺蘅的《煮泉小品》，屠本畯的《茗笈》；酒方面的，如袁宏道的《觞政》，徐炬的《酒谱》，陈继儒的《酒颠补》，冯时化的《酒史》；花石方面的，如袁宏道的《陈眉公重订瓶史》，郁濬的《石品》、王路的《花史左编》，张谦德的《瓶花谱》，杨循吉的《菊花百咏》；园林精舍方面的，多是写游玩园林后的感受或为朋友和自己新建精舍所撰写的杂记，如陈继儒《白石樵真稿》中的《德星堂记》、《来章堂记》、《宝窗堂记》、《陆宫保适园记》、《陆君策畸墅记》、《逸圃记》，袁中道的《杜园记》、《荷叶山房销夏记》、《篔筜谷记》等等，不一而足。

再是搜集异书，荟萃成编。谢国桢概述嘉靖以后野史笔记的撰写情况说："由于王（世贞）、胡（应麟）、焦（竑）三家的提倡，当时的士人闻风竞起，著述林立。"① 此说不妄，众多的现存野史作品可以证之，但除此之外的养生、品鉴、处世、读书、收藏等分类撰写或编辑的集子，也不应该游离在我们的视阈之外。这时期撰书者之多，从《续说郛》提要中可窥一斑："正嘉以上，淳朴未漓，犹颇存宋元说部遗意。隆万以后，运趋末造，风气日偷。……著书既易，人竞操觚，小品日增，卮言叠煽，求其卓然蝉蜕于流俗者，十不二三。"② 著书甚易、人竞操觚的原因，离不了当时士人喜好异书，从中刺取琐言僻事，杂萃成书的习气。试看吴中士人的这种嗜好：

> 余（陈继儒）犹记吾乡陆学士俨山、何待诏柘湖、徐明府长谷、张宪幕王屋皆富于著述，而又好藏稗官小说，与吴门文、沈、都、祝数先生往来，每相见，首问近得何书，各出笥秘，互相传写，丹铅涂乙，矻矻不去手。

① 谢国桢：《明末清初的学风》，96页，北京，人民出版社，1982。

② 《四库全书总目》卷一百三十二，1 124页，北京，中华书局，1965。

其架上芸裹缃袭，几及万卷，签率类是，而经史子集不与焉。①

非但他人喜好搜集异书，史载陈继儒本人也是“博闻强识，经史诸子、术伎稗官与二氏家言，靡不较核。或刺取清言僻事，诠次成书，远近争相购写”②。在《古今粹语序》中，他自称：“余遁峰泖间，如秋蝉翳叶，无四方之观，又家少秘典，仅于残书中蠹游三十余年，未尝一食神仙字。”③ 陈继儒弃去诸生资格后，隐居四十余年，名声却倾动寰宇，与他能迎合、利用当时士风与社会风气，编撰数十部杂著，不无关系。

于吴中士人外，其他如浙人陈良卿，“性嗜异书，年逾立，即释儒服，谢学使者。隐沙水竹树之间，与吟翁野衲往还，遇有奇书隐牒，不惜破产购之。江南故家遗帙，搜抉殆遍”④。徽人梅鼎祚，“好聚书，尝与焦弱侯、冯开之暨虞山赵玄度订约搜访，期三年一会于金陵，各书其所得异书逸典，互相雠写”⑤。晚明士人喜欢搜罗异书，辑而成编的风气，又可从四库馆臣的评价中看出。此类评价特别多，这里只摘引几例，略证之：

闵元衢《增订玉壶冰》提要云：“山人墨客，莫盛于明之末年，刺取清言，以夸高致，亦一时风尚如是也。”

周履靖《夷门文牍》提要云：“是编广集历代以来小种之书，并及其所自著，盖亦继儒秘笈之类。”

王象晋《清寤斋欣赏编》提要云：“是书分六类，曰

① 陈继儒：《陈眉公集》卷五《藏小说萃序》，《续修四库全书》集部 1 380 册，63 页，上海，上海古籍出版社，2001。

② 张廷玉等：《明史》卷二百九十八《隐逸列传》，7 631 页，北京，中华书局，1974。

③ 陈继儒：《白石樵真稿》卷一，《四库全书丛刊》集部 66 册，35 页，北京，北京出版社，2000。

④ 李日华：《紫桃轩又缀》卷三，《四库全书存目丛书》子部 108 册，126 页，济南，齐鲁书社，1997。

⑤ 钱谦益：《列朝诗集小传》丁集“梅太学鼎祚”条，627 页，上海，上海古籍出版社，1983。

葆生要览，曰儆身懿训，曰佚老成说，曰涉世善术，曰书室清供，曰林泉乐事。皆摭明人说部为之，犹陈继儒诸人之习气也。”①

这些著作，因为是采集异书，杂编而成的，所以四库馆臣多以“未免择之为精焉”、“掇拾残剩，割裂饾饤”、“杂采小说家言，凑集成编，而不著所出，既病冗芜，亦有讹舛”、“杂采而成，颇无伦次，时亦舛讹”等词句论之，由此亦可见出当时“著书既易，人竞操觚”的社会风气。

以上所列，是士人在社会生活中的一部分嗜好，其他如听歌看曲、宴酒酬诗、游山玩水、甘食美服、收藏古玩字画等，就不一一列举了。不过值得注意的是，当士大夫追求这种愉悦性情的生活时，他们也在营造一种清雅的文化消费氛围，为用诗文谋生的文人提供了一个相对有利的环境，如陈继儒，则是其中的佼佼者。

① 《四库全书总目》卷一百三十二，子部，杂家类存目九，1 125 页；卷一百三十四，子部，杂家类存目十一，1 137 页；卷一百三十二，子部，杂家类存目九，1 124 页；北京，中华书局，1965。

第三章　社会上的诗文消费需求

明代中后期，政治、经济和思想等领域里发生的种种变化，为社会各阶层的奇言异行的出现，提供了一个相对宽松的环境。而科举无望或无意于科举的士人，想要凭自己的文艺才能去谋生，光有这样的外部环境还不够，他们的才能和作品能为大众接受，得有相应的文化消费市场。

第一节　民间尚文风气

自南宋起，因为经济重心南移以及迁都等原因，江南地区的文化空前繁荣，不仅文人士大夫的雅文化荟萃于此，民间文艺诸如说话、南戏等通俗文学也普遍兴盛起来。明中叶以来，经过前期的休养生息，江南经济不但得以恢复且比以前更加繁盛，最引人注目的是市镇商品经济壮大，投身于商品生产与商品流通的人数迅速增加，换而言之，即市民手中掌握着相当部分的社会财富。经济的发展，自然会促进文化消费，这时民众对文化的需求与宋元时相比，出现了较大变化，即除了对小说、戏曲等娱乐性质的通俗文艺的需求外，他们对实用性较强而此前主要为公卿士大夫所拥有的寿序墓铭也表现出强烈的消费欲望。

这一文化风尚的出现，颇耐人思考，下面试从吴越地区说起。

一、市民财阜与文化需求

明中叶以来，江南各地市镇兴起，经济繁荣，这已是不争的事实。为了更形象地说明这一事实，这里以吴中震泽县部分村镇在嘉靖前后的变化为例，说明城市经济的发展，以图借一斑窥全豹。清代乾隆年间的《震泽县志》卷四记载：

震泽镇　在十都。元时村镇萧条，居民数十家。明成化中至三四百家，嘉靖间倍之，而又过焉。

平望镇　在二十四都。明初居民千百家。自弘治以后，居民日增，货物齐备。而米及豆麦尤多，千艘万舸，远近毕集，俗以枫桥目之。

双杨市　在十一都。在县治西南五十里。明初居民止数十家，以村名，嘉靖间始称市，民至三百余家，货物略多，始自成市。

严墓市　在十七都。明初以村名，时已有邸肆，而居民止百余家，嘉靖间倍之。货物颇多，乃成为市。

擅丘市　在十八都。去县治西南五十里。明成化中，居民四五十家，多以铁冶为业。至嘉靖数倍于昔。凡铜铁木圬乐艺诸工俱备。

梅堰市　在十九都。去县治西南六十五里。明初以村名，嘉靖间居民止五百余家，自成市井，乃称为市。

盛泽镇　在二十都。明初以村名，居民止五六十家，嘉靖间倍之。以绫绸为业，始称为市。

黎里镇　在二十三都。明成、弘间为邑巨镇，居民千百家。百货并集，无异城市。自隆庆迄今（乾隆）货物贸易如明初，居民更二三倍焉。

吴江县市　自县治达于四门内外。元以前无千家之聚，明成、弘间居民乃至二千余家，方巷开络，栋宇鳞次，百货俱集，通衢市肆以贸易为业者往来无虚日。嘉、隆以来，居民益增，贸易与昔不异。

八斥市　在三都。明初居民仅数十家，嘉靖间乃至二百余家，多设酒馆，以待行旅，久而居民辐辏，百货并集。

庉村市　在二十七都。明初以村名，有前后二村。嘉靖间始称为市。时居民数百家，铁工过半。①

仅一县之内，就有如此多人口集中、商业兴盛的城镇，那么吴越地区其他各地的情形，据推测亦可知其大概。有学者经研究统计认为，江南地区的市镇特别多，它们密如繁星，不可计数，其中吴越一带著名的有苏南木渎镇、吴县周庄镇、常熟县练塘市、昆山县角直镇、吴江县同里镇、嘉定县南翔镇、浙江桐乡县皂林市、德清县塘栖镇、平湖县乍浦镇、乌程县南浔镇、石门县石门镇、归安县乌镇等十多个。

吴越地区的这些市镇都是大大小小的商品集散地。这里百货并集，商贾辐辏，熙熙攘攘，热闹非凡，居于此的不仅有本地的商贾细民，还有其他地区的商贾，譬如盛誉一时的徽商，称之为徽商，并不是因其行商坐贾于徽地，而是其户籍在徽地，因为“徽之山大抵十之五，民鲜田畴，以货殖为恒产”，所以在异地经商的人特别多，其中以迁移吴越者居多。如，“嘉定南南翔，大聚也，多歙贾，君遂居焉。亦时时贾临清，往来江淮间，间岁还歙。然卒以嘉定为其家”②。入住吴越市镇的商贾当然不止徽州一地，还有其他地方的商贾，这从各地方志和吴越文人文集中相关的墓文碑志也可以得到证实，如万历年间的扬州城，“聚四方之民，新都（徽州）最，关中（陕）、山西、江右（江西）次之。大都士较沮洳五之一，田畯较贾十之一，土著较游寓二十之一”③。

市镇的兴起，外地商贾的融入，无疑将增加吴越商贾的人数，与此同时，由于经商较农耕工造更易获厚利，也会激发更多的人加入到商贾行列中来，上引《扬州府志》所言“田畯较贾十之一”，可见商贾之多。商贾人多，经济状况怎么样呢？万历年间张瀚说：

① 谢国桢选编，牛建强等校勘：《明代社会经济史料选编》下册，43～44页，福州，福建人民出版社，2004。

② 归有光：《震川先生集》卷十八《例授昭勇将军成山指挥使李君墓志铭》，457页，上海，上海古籍出版社，1981。

③ 《扬州府志》卷一。见《明清江南望族与社会经济文化》，282页，上海，上海人民出版社，2001。

“余尝总览市利，大都东南之利，莫大于罗、绮、绢、纻，而三吴为最。即余先世，亦以机杼起，而今三吴之以机杼致富者尤众。”① 松江布市上，“富商巨贾操重资而来市者，白银动以数万计，多或数十万两，少亦以万计”②。富商巨贾资财如此雄厚，作为一般的商贾细民，手中钱财即便不多，养生送死大约不成问题。

商贾细民有了钱财，除了追求声色犬马享受外，当然还会有文化消费上的需求。学者谈到这一问题时，多重在探讨市民阶层对小说、戏曲等文艺样式的繁荣所起的推动作用，而几乎未注意到细民商贾对墓表行状、寿序题扇之类先前几乎为文人士大夫所垄断的文艺样式的消费需要，且因此而起到的促进作用。商贾细民是否有此需求呢？吴中唐顺之给王遵岩的回信中，说到这一问题：“屠沽细人有一碗饭吃，其死后则必有一篇墓志。”③ 嘉靖年间的张嘉孚也说过：“世人生但识几字，死即有一道遗文，生但余几钱，死即有一片志文。”④ 太仓陆容在《菽园杂记》中载道：“今仕者有父母之丧，辄遍求挽诗为册，士大夫亦勉强以副其意，举世同然也。……甚至江南铜臭之家，与朝绅素不相识，亦必夤缘所交，投贽求挽。”⑤ 仕者父母之丧，辄遍求挽诗，举世同然，可见这是一种世风，而且也传到了屠沽细人以及江南铜臭之家。

二、文士以文谋利治生

有明一代，吴越地区文运昌隆，名士荟萃，这大约归功于地方的经济基础，也与深厚的文化积淀有关。因为一个家庭的良好经济能力可以支持士子专心乃至反复参加科考，而深厚的文化传统则可

---

① 张瀚：《松窗梦语》卷四《商贾纪》，85页，北京，中华书局，1985。

② 叶梦珠：《阅世编》卷七《食货志》，157～158页，上海，上海古籍出版社，1981。

③ 唐顺之：《荆川先生文集》卷五《答王遵岩书》，《四库全书》集部1 276册，308页，台北，台湾商务印书馆，1985。

④ 朱国祯：《涌幢小品》卷六《耻志文》，131页，北京，中华书局，1959。

⑤ 陆容：《菽园杂记》卷十五，189页，北京，中华书局，1985。

鼓励士子以能文为高，形成尚文读书的风气，张岱曾言："余姚风俗，后生小子无不读书，及至二十无成，然后习为手艺。"① 比张岱略后的董含概括吴地风俗时，也说："三吴人文，甲于远近，家弦户诵，不必世家。"② 良好的读书风气自然培养出了一大批官宦和文化名流，诸如徐渭、张岱、归有光、唐顺之、"娄东四王"、"吴中四子"、"云间三子"之类，耳熟能详。

读书士子多，风气浓，这对一个地方知名度的提升当然有帮助，但对于求取功名的士子来说，未必是好事。因为，士子读书多为参加科考，求仕进，人多竞争就激烈，况且明代进士的录取，自仁宗朝以来一直实行南北"分地而取"的原则，吴越地区读书的士人多，名额却有限，自然就会造成大批文士科第无门，滞留下层，他们的生计也就成了问题，像上面张岱提到的读书"二十无成，然后习为手艺"。综观当时不第文士的出路，不外乎弃儒从商、入幕授馆、卖诗文书画为生三途，而吴越地区商品经济发达，市民又有文化消费的需求，诗文书画恰是文士所长，这正好给他们提供了用武之地，唐寅、文征明等人卖字卖画的故事广为人知，无须赘举。再看两个无名文士：

> （陈昂）无所依，仍卖卜秦淮，或自榜片纸于扉，为人佣作诗文。其巷中人，有小小庆吊，持百钱斗米与之，辄随所求以应。无，则又卖卜，或杂以织屦。③
>
> 周伯器（周鼎）往来吴中，常以文自卖。平生所作，盖将千篇，开卷视之，自初至终，非堂记则墓铭耳。甚至有庆寿哀挽之作，亦纵横其间。然伯器之才，特长于此。每为人作一篇，必有所得，多或银一两，少则钱一二百文耳。伯器每诺而许之，一日作数篇不竭，精粗间出，在乎

---

① 张岱：《琅嬛文集》卷一《夜航船序》，49页，杭州，浙江古籍出版社，1985。

② 董含：《三冈识略》卷十《三吴风俗十六则》，224页，沈阳，辽宁教育出版社，2000。

③ 钟惺：《隐秀轩集》卷二十二《白云先生传》，335页，上海，上海古籍出版社，1992。

得者遇之。然伯器稍举笔，便得成章，细字正书，虽趁草亦然，不见其劳也。①

文士不第，如果没有更好的谋生途径，像陈昂、周伯器那样撰文治生，不失为一条路子，甚至可以一边卖文，一边应考。

也有官员罢职后，陷于贫困，迫不得已而卖文的。如，《明史》载屠隆被人攻讦，遭黜回家，"道青浦，父老为敛田千亩，请徙居。隆不许，欢饮三日谢去。归益纵情诗酒，好宾客，卖文为活"②。屠隆卖文为活之事在正传中一笔带过，《鄞县通志》却详细记载了他撰文治生的情况：

有御史行部，遣吏白旦日早临。家人请修具，然隆实无一钱，且偃卧榻上，家人不敢复请。日向昃，适西陵某公遣使者来购文，以白金具礼为寿。隆即起，召使者入问，发缄，立撰文，并作报书。遣使出门，日景未尽，即以金付家人，不启视。③

像屠隆这样的名士，穷到生计都成问题，只好卖文糊口了。明末清初的名士钱谦益也是如此，病危时有人请他写三篇文章，他强留前来探望自己的黄宗羲代笔，事后得银三千两。数目是否有这么多，当然可以存疑。

除了贫困文士以文治生外，另有一部分官宦也参与到代人笔耕的活动中来。当然，他们有官俸，不至于穷落到要靠卖文谋生的地步。他们替人作文，有的是受人拜请，推脱不过，如严嵩为汉阳知府马公作的墓志铭，情形是："适予北上，道嘉兴，其季弟锐、从子、郡学生淮奉状拜请铭。嘉守徐侯子谦亦为之请，曰：此邦之长

① 杨循吉：《苏谈》"桐村（周鼎号）健文"条，清·王文濡辑《说库》。杭州，浙江古籍出版社，1986。

② 张廷玉等：《明史》卷二百八十八《文苑列传·徐渭列传附屠隆列传》，7 388页，北京，中华书局，1974。

③ 《鄞县通志》卷一百三十九。见徐朔方：《晚明曲家年谱》第二卷，388页，杭州，浙江古籍出版社，1993。

者也，愿无靳于铭。予诺焉。”① 严嵩是朝廷命官，为地方长者作墓志铭，有助于教化，大约也可以看作是一种义务。有的却是谋利，如文靖公魏骥为南京礼部侍郎时，“尝积求文银百余两”②。明中叶以后，与义务作文相比，纳财代笔的现象更普遍。

文士纳财代笔乃至公然售卖诗文，这中间经历了一个士风转变的过程。为了说明此问题，先从两则轶事谈起，《水东日记》卷一“翰林文字润笔”条载：

> 三五年前，翰林名人送行文一首，润笔二三钱可求，事变后（指土木堡之变）文价顿高，非五钱一两不敢请，迄今犹然，此莫可晓也。尝记一日过钱原溥翰检第，强予宿，初不知其意。黎明起，而其夙所约张士谦先生来，一相者亦来，相者目先生良久，首曰：“此人平生不得弟兄气力。”先生大笑而却之，曰：“吾永乐中为进士、庶吉士、中书舍人，时年向壮，有志文翰，旦夜为人作诗写字，然未尝得人一叶茶，非如今人来乞一诗，则可得一贽见帨帕。向非吾弟贸易以资我，我何以至今日耶？”繇此观之，当时润笔亦薄已。③

与叶盛同时的王锜，也有文字记载张士谦的事：“张士谦学士作文，不险怪，不涉浅，若行云流水，终日数篇。凡京师之送行、庆贺，皆其所作，颇得润笔之资。”④

叶盛记张士谦之事，旨在说明正统之前的润笔价廉；王锜的记载，重在交代张士谦代笔所得丰厚，这应当是天顺、成化年间的事。张士谦由少壮时作文“未尝得人一叶茶”到后来的“颇得润笔之资”，反映出当时士风的转变。这一转变，与后来俞弁在《山樵暇语》卷九中记载的天顺、成化、正德三朝翰林院学士代人撰

① 严嵩：《钤山堂集》卷三十《汉阳知府马公墓志铭》，《续修四库全书》集部1 336册，258页，上海，上海古籍出版社，1995。

② 陆容：《菽园杂记》卷十五，187页，北京，中华书局，1985。

③ 叶盛：《水东日记》，3～4页，北京，中华书局，1980。

④ 王锜：《寓圃杂记》卷四“张学士”条，33页，北京，中华书局，1984。

文所收银两数的变化情况，可以相互印证。社会上一种风气的流行，往往是由上而下，渐至于后来的全面盛行，明代士风的变化也概莫能外。

接下来，看吴越地区文士与商贾的交往。《二续金陵琐事》中，有一则题为“蝇聚一膻”的佚事，记载了吴中名士王世贞与徽人詹景凤的对话。兹录如下：

> 凤洲公（王世贞）同詹东图（詹景凤）在瓦官寺中，凤洲公偶云：新安（徽州）贾人见苏州文人，如蝇聚一膻。东图曰：苏州文人见新安贾人，亦如蝇聚一膻。凤洲公笑而不答。①

文人与商贾之间的交往，因所站角度不同，表述的观点也不一样。文人写商贾，是商贾喜与文人结交，如歙县黄明芳，资雄懋迁，“好接斯文士，一时人望如沈石田、王太宰、唐子畏、文征明、祝允明辈皆纳交无间”。歙县鲍简锡，经商浙东，“结纳四方名士，缟纻往还，几无虚日”②。换成商人来看文人，则是文人乐与商贾交游，由于商贾的行状、墓铭等多是文人撰写，所以现在很难直接见到此类例证，但从有些文人的文集中，我们还是能找到这方面的信息，如文征明的孙子文元发慨叹隆庆、万历年间(1567—1620）的士风时，说：“昔之士大夫每持风节，不屑与非类交游，不似今之人视铜臭之夫，如蝇之集膻也。”③ 乾隆《濮镇纪闻》记载清初湖州商人濮淙，所交“皆拔俗名流，清风高节，皎皎出群之彦，咸藉诗篇为结纳之资”④。文士“咸藉诗篇为结纳之资”，当然是在主动接近商贾了。

---

① 周晖：《二续金陵琐事》上卷，1 022 ~1 023 页，北京，商务印书馆，1955。

② 张海鹏、王廷元主编：《明清徽商资料选编》，86 页、144 页，合肥，黄山书社，1985。

③ 文元发：《学圃斋随笔》。见吴承学、李光摩编：《晚明文学思潮研究》，498 页，武汉，湖北教育出版社，2002。

④ 释本黄：《濮澹轩先生集》，乾隆《濮镇纪闻》卷三《记传》。见范金民《明清江南商业的发展》，282 页，南京，南京大学出版社，1998。

综观上述材料，无论是贾人见文人，还是文人见贾人，其情形都如“蝇聚一膻”，只不过受传统士商思想和重农抑商政策的影响，人们轻商的观念没有彻底转变过来，但明中叶后，商人的地位在社会上实际大大提高，所以当詹景凤说“苏州文人见新安贾人，亦如蝇聚一膻”时，王世贞“笑而不答”，不是不答，而当视作在事实面前无话可答。

文士与商贾及“生但有余钱”的屠沽细民之间的交往，因为各有所需，又相互能从对方那里得到自己需要的东西，所以这种交往能长期存在，以致形成一种风气，这在经济较为发达的吴越地区显得更为突出。文士与商贾交游，显然主要在于图利；商贾结交文士，一则欲借其播扬名声，化俗商成雅士，甚至有利于生意，二则为建立一定情谊，以便自己寿辰或殁后能得几篇序铭；屠沽细民的目的更直接，就是希望花钱能买到文士的寿序墓铭。而晚明世风与士风的变化，使文人从“义利之辩”的观念中走出来，再加上本身贫困等原因，他们不仅为商贾、细民代撰诗文，还公然出卖诗文，这在明以前是少有的。这些因素合在一起，相互作用，晚明吴越地区民间才出现了浓厚的尚文风气，这在文学史上当是一个较为引人注目的现象。

三、墓铭寿序大盛及其弊端

商贾细民向文人和士大夫请求诗文，主要为寿序、哀祭文、行状和墓碑文，这也与市民通常表现出的尊生重死的社会心理一致。

寿序是用来庆贺寿辰的序文，吴越地区人过中年后，有逢十祝寿的习俗，归有光在介绍这一地方风俗时，说：“吾昆山之俗，尤以生辰为重。自五十以往始为寿。每岁之生辰而行事，其于及旬也则以为大事，亲朋相戒毕至庆贺。玉帛交错，献酬燕会之盛，若其礼然者，不能者以为耻。富贵之家往往倾四方之人，又有文字以称道其盛。”① 清人方苞也说“以文为寿，明之人始有之”②。民间生辰宴会上的寿序多是受人托请而写，充满溢美、应酬性的话语，这可从徐渭、陈继儒等人撰写的寿文中看出来，这里不细论。先重点论析行状、墓碑文、墓表等。

哀祭文、行状、墓表、墓志铭等文体样式，主要是亲属用来纪念丧者、表达哀情，或者向朝廷请求谥号、为丧者旌功立传。撰写这类文章，要求丧者须有功行可纪，或撰文者与丧者交情深厚，义不可推卸，而且撰文者往往也不是为了图取钱财，在唐宋这是一种风气，为士大夫们所称赞。南宋洪迈在《容斋随笔》中，记载了类似的几件事，其文为：

> ……（唐）穆宗诏萧俛撰成德王士真碑，俛辞曰：“王承宗事无可书，又撰进之后，例得贶遗，若黾勉受之，则非平生之志。”帝从其请。文宗时，长安中争为碑志，若市买然。大官卒，其门如市，至有喧竞争致，不由丧家。裴均之子，持万缣诣韦贯之求铭，贯之曰：“吾宁饿死，岂忍为此哉？”白居易《修香山寺记》曰：“予与元微之，定交于生死之间。微之将薨，以墓志文见托，既而元氏之老，状其臧获、舆马、绫帛洎银鞍、玉带之物，价当六七十万，为谢文之贽。余念平生分，贽不当纳，往反再三，讫不得已，因施兹寺。凡此利益功德，就归微之。”柳玭善书，自御史大夫贬泸州刺史，东川节度使顾彦晖请书德政碑。玭曰：“若以润笔为赠，即不敢从命。”本朝此风犹存，唯苏坡公于天下未尝铭墓，独铭五人，皆盛德故，谓富韩公、司马温公、赵清献公、范蜀公、张文定公也。此外，赵康靖公、滕元发二铭，乃代文定所为

① 归有光：《震川先生集》卷十二《默斋先生六十寿序》，282页，上海，上海古籍出版社，1981。

② 方苞：《方苞集》卷七《张母吴孺人七十寿序》，206页，上海，上海古籍出版社，1983。

者。在翰林日，诏撰知枢密院赵瞻神道碑，亦辞不作。曾子开与彭器资为执友，彭之亡，曾公作铭，彭之子以金带缣帛为谢。却之至再，曰："此文本以尽朋友之义，若以货见投，非足下所以事父执之道也。"彭子皇惧而止。①

萧俛、苏东坡等不轻易为人撰铭，是因为要求被撰写的对象有德行可纪，白居易、曾子开替友人作铭，是因为朋友之间情意深挚。唐宋文人坚守这些原则，撰者往往又才盛文美，所以留下了不少文事相称、情真动人的墓铭与祭文。但是必须看到，这时期的墓碑文主要是替文臣武将、名士贤流撰写，或者由于情义所驱，给自己的亲友撰写，几乎很少会下移到社会底层的小人物身上。这种作风，在明代前期依然存在。焦竑《玉堂丛语》中，记载了成化年间名臣丘濬的事："丘濬文章雄浑壮丽，四方求者沓至。碑铭志序记词赋之作，流布远迩。然非其人，虽以厚币请之不与。"同书卷四，又记载了吴希贤的一件小事："吴希贤拜检讨，预修英庙实录。有贵家子寇姓者，密以贿丐希贤致口词于其父，希贤拒之曰：'苟为此，他日何以见董狐于地下？'"② 如果"非其人"，"虽以厚币请之"，丘濬也"不与"，吴希贤"预修英庙实录"，不以财贿而虚美贵家大姓，都是唐宋遗风的表现。

但是如上文所述，明代世风在弘治、正德年间已经在变化，少数人重义轻利、凛守气节，却无法改变趋利、谋利的士风，吴人黄省曾概述嘉靖年间的士风时，说"至今吴中缙绅士夫，多以货殖为急"③。

文人士大夫趋利，商贾细民以贽求文，两相汇合，最终促成了民间浓厚的尚文风气，正如陆容《菽园杂记》所记载的那样：士

---

① 洪迈：《容斋随笔》卷六"文字润笔"条，137页，乌鲁木齐，新疆人民出版社，1996。

② 焦竑：《玉堂丛语》卷一《文学》、卷四《纂修》，23页、130～131页，北京，中华书局，1981。

③ 谢国桢选编，牛建强等校勘：《明代社会经济史料选编》下册，42页，福州，福建人民出版社，2004。

大夫、江南铜臭之家“有父母之丧，辄遍求挽诗为册”，“人人务为此举”①。市井小民又何尝不是如此？前引陈昂为人佣作诗文，“其巷中人，有小小庆吊，持百钱斗米与之，辄随所求以应”。周伯器往来吴中，以文自卖，“平生所作，盖将千篇，开卷视之，自初至终，非堂记则墓铭耳。甚至有庆寿哀挽之作，亦纵横其间”。权贵富商求乞的对象，自然多为才士名流，而屠沽细民，则多是像陈昂、周伯器一类的无名文人了。才士名流与无名文人，不管是为了沽名还是为了谋利，他们合在一起，为晚明社会上形形色色的人撰写了大量的墓碑文，数量之多，是明以前任何一个朝代所无法比拟的。

看一组数字：同是才士名家，《韩昌黎全集》从卷二十二至卷三十五为哀辞、祭文和碑志，其中除纪功的石碑、庙碑外，以人为撰写对象的文章共100篇；苏东坡撰的墓铭，一共是7篇；《弇州四部稿》从卷八十六至卷一百零五为墓志铭、墓表、诔、行状和祭文等，有149篇，《弇州四部续稿》另有242篇，几近韩文的四倍，又有寿序77篇；在松江主要靠佃文谋生的名士陈继儒，其《白石樵真稿》中卷八为祭文，有54篇，卷六、卷七是寿序，有28篇。当然，在此只能简单地列举，不可能也没必要对所有文人文集中的行状、墓志铭数量去作统计，但只要打开晚明文人的集子，哪一本不会有数篇乃至数十篇多少不等的庆寿哀挽之作？留传至今日的尚有如此之多，那么完全可以想象当时明人撰写祭文、墓铭等当有多盛！这些篇什，在艺术质量上也许赶不上唐宋文人的同类作品，但它们记录了当时大量知名与不知名人物的生平事迹，这为后人了解或研究吴越地区乃至整个社会的生活状况、明人思想面貌，提供了许多正史所不能替代的材料，其作用不可估量；在文学史上，民间尚文风气及相应篇章的出现，则表明了先前贵族式的寿序、墓铭，此时已经平民化，遍布市井里巷。

上面谈过，唐宋文人撰写墓铭主要遵循情与义的原则，明代文

① 陆容：《菽园杂记》卷十五，189页，北京，中华书局，1985。

人却重在图利，内驱力不一样，致使撰文时的态度以及撰写出来的文章也就有差异。唐宋文人态度严肃认真，后人基本上没什么异议，而晚明文人借此谋利治生，若过于敷衍、草率，肯定不会受人乞请，所以大多数撰文者很认真，也很辛苦。譬如，王穉登向钱平甫描述自己代写祭文时的情形，说："归听谯鼓已之声，急持高枕欲卧，乃为人索祭文，苛于虎。剪西窗下烛，伸纸攒眉，宛似儿时习公车业，畏苜蓿先生槚楚状。"① 自幼随父迁居永嘉的何白在写给朋友的信中及顾章志为昆山人俞仲蔚撰的行状中，分别提到了他们为人笔耕的辛劳情状。此外，文士既然是替人作文，难免会与被撰对象不熟悉，有时会写出一些人、文不合甚至分离的谀墓篇章，而且也有文士只是为求利，根本不顾实际情形，对前来乞索者敷衍了事。这些，必然会对晚明的墓碑文产生负面影响，试看《菽园杂记》中的有关记载：

> ……甚至江南铜臭之家，与朝绅素不相识，亦必夤缘所交，投贽求挽。受其贽者不问其人贤否，漫尔应之。铜臭得此，不但裒册而已，或刻石墓亭，或刻板家塾。有利其贽而厌其求者，为活套诗若干首以备应付。及其印行，则彼此一律，此其最可笑者也。②

无论是"受其贽者不问其人贤否，漫尔应之"，还是"利其贽而厌其求者，为活套诗若干首以备应付"的作风，都与唐宋或明前期的撰文者大相径庭，也与行状、墓铭等文体的最初用途和求文者的本意相偏离。但由于尚文风气浓厚，求索诗文的人太多，文士尤其是一些不重操守的文士在应付不过来时，为了使来者不空手而归，也为了自己不损失获得赀财的机会，采取"漫尔应之"或"为活套诗若干首以备应付"的态度，大约也是情理之中的事。此种现象的出现，折射出了晚明文人代笔行为的商业性质，也使撰写

---

① 王穉登撰，屠隆评释：《屠先生评释〈谋野集〉》卷一《与钱平甫》。见张德建：《明代山人文学研究》，122 页，长沙，湖南人民出版社，2005。

② 陆容：《菽园杂记》卷十五，189 页，北京，中华书局，1985。

出来的诗文染上了一层商品色彩，这对于传统的立言不朽的价值观无疑会产生很大的冲击。当然，这是另一个话题了。

第二节　士绅的诗文消费及文人代耕

明代文学，除了诗歌、散文在继续发展外，戏曲与小说获得了长足的发展，尤其是章回体小说，最富有时代特色，它与唐传奇、宋话本界域判然，从而成为文学史上的一个亮点，学界对此论述颇多。但是，对于此前就存在，主要用于文人士大夫阶层的赠诗、赠序、挽诗、墓志、诗文集序等应用性诗文和明代所独有的寿诗、寿序，却关注较少。殊不知，这些诗文在明代中后期广泛使用，并形成一种消费风尚。

一、应用性诗文盛行

诗文，通常被看作个人用来抒写情志的一种载体，但随着时代的发展，它的功用逐渐分化、扩大，变成日常生活中人情应酬的工具，这种变化在明代中后期尤为明显、普遍。下面分类论之。

先说赠诗、赠序。文人离乡远足或官员赴异地任职时，往往设宴饯别，宴席上饮酒赋诗，诗成后常作序，表示惜别、祝贺或劝勉之意，不过有时虽无饯别聚会，也会赠以诗文。这种以诗文相赠的送别方式，当然主要发生在关系密切或彼此熟识的文士中间。

到了明代中后期，它演变成一种社会性的风气，当人离别尤其是官员离任、赴任、致仕或者归乡省亲时，不管双方是否交好，送行者理所当然地赠以诗文，俨然不可违背。由于应酬多，送行者有时写不出这么多诗，或不擅长此事，只好请人捉笔，这在当时很普遍。以文治生的徐渭，对此深有体会和感触，说：

> 某自稍知操笔以来，当郡邑诸公于去来赠饯间，靡不来以管毫授者，曰：礼则然也。然礼然而心未必然者，固

亦不能无矣，盖彼虽不言而某固阴察其然也。①

在郡邑，诸公于来去之间，地方士绅照例以诗文相送，这是地方风气，其实也是社会风气，因为一种风气的形成，往往是由上及下，京城自然也概莫能外。山阴人金君谋食于锦衣卫，因功授职无锡，徐渭记道："君行有日，乡戚中宦且旅于京师者，故事皆乞言以赠行。"②

《水东日记》卷一"翰林文字润笔"条，也提到景泰、成化年间京城人具赀求翰林名人写送行文一事。以文送行，在当时是"故事"、"礼则然也"，不仅见之于官员的去来，也见之于无名士庶的别离，可见风气已经形成，而请人代写的现象也由此而生。为了说明诗文赠别风气的浓盛，此处可举数字来说明。据统计，《韩昌黎全集》中的赠序共30篇，文中直接点明为赠诗的有16篇，《柳河东全集》中的赠序共29篇，赠诗10篇；《徐渭集》中除去代撰的送行诗外，自写的赠诗有178首；《震川先生集》中的赠序54篇。这些赠诗、赠序数目上的悬殊，也许是因各人收录标准、刻印条件有异所致，但时代风气的影响，却不能不包含在内。

再说寿诗、寿序。人逢生辰，设酒宴款待前来庆贺的亲朋是传统习惯，但没有以文为贽的做法，到了明代，以文贺寿却是一种风俗。在知书识字的士绅家里，这一风气当尤为突出。归有光曾多次提及，如《默斋先生六十寿序》说：

> 吾昆山之俗，尤以生辰为重，自五十以往始为寿。每岁之生辰而行事，其于及旬也，则以为大事，亲朋相戒毕致庆贺。玉帛交错，献酬燕会之盛，若其礼然者，不能者以为耻。富贵之家往往倾四方之人，又有文字以称道其盛。考之前记，载吴中风俗，未尝及此。不知始于

① 徐渭：《徐文长三集》卷十九《送山阴公序》，563页，北京，中华书局，1983。

② 徐渭：《徐文长逸稿》卷十四《送金君之无锡序》，911页，北京，中华书局，1983。

何时。①

清人方苞也说“以文为寿，明之人始有之”②。这种以文贺寿的风气，不仅盛行于吴中，在京城、在闽中也莫不是如此，下引归有光和曹学佺的话为证：

> 余（归有光）居乡，见吴郡风俗，大率于五礼多阔略，而于寿诞独重其礼，而又多谒请文辞以夸大之。以为吴俗侈靡特如此，而至京师，则尤有甚焉。而余同年进士，天下之士皆会于此，至其俗皆然。③
>
> 予（曹学佺）闽中风俗，父母年五六十以上，其亲戚、通亲、子侄率科敛为轴，上下四旁刺绣缘金……而货文字于饾饤之家，冒大老衔而用之，计乞文之费，不能敌制轴百之一。④

汇聚于京师的天下之士，“其俗皆然”，可见风气之普遍，其中差异，大约在于宴饮场面的隆重与否、寿文的多少而已。“谒请文辞”或“货文字于饾饤之家”来庆寿，说明寿文有的是亲朋自己写的，有的是亲朋请他人写的。

寿文既然是为生辰而作，常人可能误为多是些宴饮酬酢的场面描述，其实不然，因为文章是事前写好，到庆贺时才带过去，所以绝大多数寿文是记载寿主的懿言令行、生平家世等事迹，这相当于人在世时的传记。因此，归有光说：“余尝谓今之为寿者，盖不过谓其生于世几何年耳，又或往往概其生平而书之，又类于家状，其非古不足法也。”⑤翻阅明人的集子，可以看到寿文记载的人物及相应事迹，上至王公贵族，下及市井细民，无不有之。

接着说挽诗与墓志，这类为纪念或哀悼死者而写的诗文，通常

---

① 归有光：《震川先生集》卷十二，282页，上海，上海古籍出版社，1981。

② 方苞：《方苞集》卷七《张母吴孺人七十寿序》，206页，上海，上海古籍出版社，1983。

③⑤ 归有光：《震川先生集》卷十二《李氏荣寿诗序》，306页，上海，上海古籍出版社，1981。

④ 曹学佺：《曹学佺集》，761~762页，南京，江苏古籍出版社，2003。

是请能文之士撰写的。纵观明以前要请文人为之撰写挽诗墓志的，主要是王侯将相、官宦名贤及其眷属，几乎没有市井小民，到了明代中后期，由于城市经济的发展，市民群体也大量参与到挽诗墓志的消费中来。这种变化，《菽园杂记》中说：

> 古人诗集中有哀挽哭悼之作，大率施于交亲之厚，而其情不能已者，不待人之请也。今仕者有父母之丧，辄遍求挽诗为册，士大夫亦勉强以副其意，举世同然也。……而人之爱敬其亲如此，以为不如是，则于其亲之丧有缺然矣。于是人人务为此举，而不知其非所当急。甚至江南铜臭之家，与朝绅素不相识，亦必賫缘所交，投贽求挽。①

陆容生于正统元年，卒于弘治九年，材料中所写的情形当是其生前所见。“有父母之丧，辄遍求挽诗为册”的现象，又可从渭南进士张嘉孚临终前的话中得到印证：“世人生但识几字，死即有一道遗文，生但余几钱，死即有一片志文。吾耻之，否德不足辱明公笔，自题姓名、官位、家世、岁月，纪诸称。”②

陆、张的话表明挽诗墓志在士绅生活中极其常用。两人对此种现象非常鄙薄，并加以斥责，姑不论他们的态度是否可取，但现存的明人文集中收有大量的挽诗与墓志却是事实。这些挽诗、墓志，多属为达官贵人、名士乡贤撰写，也有替“铜臭之家”、“屠沽细人”等下层民众代笔的。为了证实明代中后期墓志的繁多，仍旧可以举数字来说明，同是名家：《韩昌黎全集》中的墓志铭是 64 篇，《苏轼文集》中有 7 篇，《弇州四部稿》和《弇州四部续稿》中多达 250 余篇。数字相差那么大，固然有撰者对墓志铭的态度原因，但社会风气的浸染作用，也不宜低估。

最后说诗文集序与亭台杂记。因为推行“科举必由学校”，明代的读书人很多，到了中后期，由于城市经济和出版印刷业发达的缘故，他们或其子孙有机会将诗文集辑成册，刻印相赠，这使存世

---

① 陆容：《菽园杂记》卷十五，189 页，北京，中华书局，1985。

② 朱国祯：《涌幢小品》卷六“耻志文”条，131 页，北京，中华书局，1959。

的文集特别多。

文集之多，首先可从唐顺之的话中见出来，在给友人的信中，他说："仆居闲，偶想起宇宙间有一二事，人人见惯而绝是可笑者。其屠沽细人有一碗饭吃，其死后必有一篇墓志；其达官贵人与中科第人稍有名目在世间者，其死后则必有一部诗文刻集，如生而饮食死而棺椁之不可缺者。幸而所谓墓志与诗文集者皆不久泯灭，然其往者灭矣，而在者尚满屋也。若皆存在世间，即便以大地为架子，亦安顿不下矣。此等文字倘家藏人畜者，尽举祖龙手段作用一番，则南山煤炭竹木当尽减价矣。可笑，可笑。"①

其次，由于官场存在馈赠黄白之物时兼以书贽为副的风气，所以官员喜欢刻印前贤或自己编纂的文集，清人蒋伯超在指出这一现象时说："明世苞苴盛行，但其馈遗必以书为副，尤以新刊之本为贵，一时剞劂纷如，鲁鱼罔校。如陈埴《木钟集》，弘治中温州知府邓淮重刊；都穆《南濠诗话》，乃和州知州黄桓所刻，其序云捐俸绣梓，用广厥传。似此不一而足。"② 文集多了，又有请人写序的风气，如《柳南续笔》卷三《卖文》中的盐使顾某向钱谦益求文三篇，其中一篇是其父云华的墓志铭，另两篇分别为"云华诗序"和"庄子注序"。③ 除了向名人索文外，士绅之间也相互嘱请，所以文集多，序文也很多。

此外，明代文人尤其是江南文士，有嗜爱园林、清玩清赏的习气。只要经济条件允许，他们会建造一些亭台楼舍，分别命以雅致名称，并向人索求记文。这些记写楼阁亭台、斋轩堂馆之类的文章，在文人集子中分量也不少，《震川先生集》中，这类记文就有54篇之多。

综合上述可得出结论，由于社会生活的变化，明代中后期的诗

---

① 唐顺之：《荆川先生文集》卷五《答王遵岩书》，《四库全书》集部1 276册，308页，台北，台湾商务印书馆，1985。

② 吴晗：《明代的新仕宦阶级，社会的政治的文化的关系及其生活》，《明史研究论丛》第五辑，24页，南京，江苏古籍出版社，1991。

③ 王应奎：《柳南随笔》卷三《卖文》，180页，北京，中华书局，1983。

文消费风气特别浓厚，它不仅发生在不识字或是识字不多的市井细民，也存在于科举出身的官员士绅之间。这一风气的形成，原因很多，譬如社会思潮的影响、尚利风气的出现、文学观念的转变等等，但其中的一个根本因素却被忽视了，即文人的代耕行为，因为要消费，首先得有生产，这就牵涉到哪些文人在代耕，他们为什么要代耕，代耕与一般的撰写有何不同等问题。

二、文人代耕

文人以做官与否为标志，大致地可分为两类：一类文人的社会身份是官僚，生活有俸禄保障；一类是庶民，得自己设法维持生计。由此决定了他们代人撰文的目的不一样，前者重在谋利，后者意在治生。下面来看二则材料，《山樵暇语》卷九中记载：

> 刘教正思斋杂记云：天顺初，翰林名人送行文一篇，润笔银二三钱可求也；叶文庄公云：事变后文价顿高，非五钱一两不敢请；成化间，则闻送行文求翰林者，非二两者不敢求，比前又增一倍矣。则当初士风之廉可知。正德间，江南富族著姓，求翰林名士墓铭或序记，润笔银动数廿两，甚至四五十两，与成化年大不同矣，可见风俗日奢重，可忧也。①

翰林学士收取润笔银数目多少的变化，反映出社会生活日趋奢靡，也可见诗文消费风气渐浓。翰林学士是名流，位高才大，向他们求文不容易，能得到文墨者自然更少，至于无名文士，情况就大不一样了。嘉靖年间，流落到南京的莆田秀才陈昂，生计艰难，其窘况是：

> 无所依，仍卖卜秦淮，或自榜片纸于扉，为人佣作诗文。其巷中人，有小小庆吊，持百钱斗米与之，辄随所求

① 俞弁：《山樵暇语》卷九，《四库全书存目丛书》子部152册，68页，济南，齐鲁书社，1997。

以应。无，则又卖卜，或杂以织屦。①

正德年间（1506—1521）的翰林名士代写墓铭或序记，能得银数十两，多的达四五十两；到嘉靖时，“持百钱斗米”与秀才，诗文便可“随所求以应”，可见两类文人的文价差异之大。当然，我们不能因为二者的社会地位与文价不同而有所厚薄，明代中后期诗文消费风尚的形成，他们毕竟都起了推动作用。如果说有区别，则前者主要是为社会中上层代撰，后者主要是为广大的市廛民众笔耕；可就结果而言，布衣文人接触的乞请对象和代撰的诗文，在数量上应当比仕籍者多，只是由于诸多条件的限制，他们的诗文大都没能遗留下来，现在见不到而已。

为什么这样说呢？首先是明代的布衣文人特别多。明代中后期，由于城市经济的发展，市民家庭有机会积累财富，以培养子孙后代读书，从而产生更多的读书人；另一方面，科举考试名额有限，势必会造成许多人滞留于社会下层。这从朱彝尊的《明诗综》和钱谦益的《列朝诗集小传》中可以看出来，前者收录诗人三千四百多，其中具有官僚身份的不足半数，大部分是普通的市民或其他平民；后者收录的约两千人，布衣身份的也几乎占半数。布衣文人的家境如果不是很好，找不到其他的谋生之路，就只能以文治生了，这是明代诗文消费得以形成一种风尚的重要条件。

其次是居于社会下层的乞文者数量多。任何时候，下层民众的数量远多于官僚贵族。明代中后期，随着经济的发展，市民的物质水平有了大的改善，市民手中有一定的钱财可以用来索请诗文，像上引“屠沽细人有一碗饭吃，其死后必有一篇墓志”、“生但余几钱，死即有一片志文”、“货文字于饾饤之家”等都是这一现象的概括。此外，在布衣文人的文献中，也可找到根据：

> 乞诗索书者肩摩踵接，君一一应之，不以贵贱贫富有

① 钟惺：《隐秀轩集》卷二十二《白云先生传》，335页，上海，上海古籍出版社，1992。

间，每挥毫构思，率以昏夜。能于烛下蝇头细书，了无错误，往往夜分乃罢。①

不肖自淝水归，偃息衡庐，日苦里中属以笔札之役，称尔愆期，则呵让随之。复有代作声律笺记以干时者，乃于想象佞容，仿佛媚骨，拂情亏质，心目为碎，芜秽日甚，而本根尽拔矣。②

两则材料，分别记录了处士俞仲蔚与山人何白为人笔耕的情况，“乞诗索书者肩摩踵接”、“日苦里中属以笔札之役”，均可见出市井诗文消费风气之盛。年轻时弃去诸生、一直隐居乡里的名士陈继儒，在与朋友的信中，反复称“苦文逋相责”，也是一个很好的注脚。

再次是官员太忙或者不善古文词。官员不善甚至不会古文，主要是八股文取士制度所致，黄宗羲与张天如的对话说明了这一点：

往丙子、丁丑（1636—1637）间，一时文集行世者十余部，娄东张天如谓余曰：“此十余人者，皆巨公也。吾读正嘉时不以文名者之文集，较之，其厚薄真伪反有间焉，此曷故哉?”余曰：“科举盛而学术衰，今之古文，固时文之余也。昔之为时文者，大全、通鉴、左、史、语、策，未尝不假途于是也。既已搬涉运剂于比偶之间，其余力所沾溉，虽不足以希作者，而出言尚有根柢。今之为时文者，以时文为墙壁，骤学步古文，胸中无所浸灌，势必剽掠为工夫、浮词为堂奥，又何怪其然!”余与天如为是言，于今盖四十余年，风气每变而愈下。③

许多官员除了不善古文，另外一个原因是太忙，且地位尊显不

① 俞允文：《仲蔚先生集》附录《明处士俞仲蔚先生行状》，《续修四库全书》集部1 354册，580页，上海，上海古籍出版社，2001。

② 何白：《汲古堂集》卷二十七《李本宁太史》，《四库禁毁书丛刊》集部177册，357页，北京，北京出版社，2000。

③ 李邺嗣：《杲堂诗文集》之《杲堂文钞》卷首序，379页，杭州，浙江古籍出版社，1988。

肯屈身代人撰文，徐渭在《抄代集小序》中结合自身经历，对此有交代：

古人为文章，鲜有代人者。盖能文者非显则隐，显者贵，求之不得，况令其代？隐者高，得之无由，亦安能使之代？渭于文不幸若马耕耳，而处于不显不隐之间，故人得而代之。在渭亦不能避其代。又今制用时义，以故业举得官者，类不为古文词，即有为之者，而其所送赠贺启之礼，乃百倍于古，其势不得不取诸代，而代之者必士之微而非隐者也。①

要弄清不遇布衣文人为何替人笔耕，徐渭的话很能说明问题：欲做显者，科举过不了关；想做隐士，受侈靡世风的浸染与自身条件的限制，不愿意且不能，所以最好的谋生路子是用己所长，代人作文。

此外，官员政务繁忙、应酬太多的情形，从袁宏道做吴中令时的有关感受中，亦可见一斑，“弟作令备极丑态，不可名状。大约遇上官则奴，候过客则妓，治钱谷则仓老人，谕百姓则保山婆，一日之间，百暖百寒，乍阴乍阳，人间恶趣，令一身尝矣”②。话里明显有文学的夸张意味，但从中亦大致能看出有责任感的官员确实政务繁忙，所以向他们乞请诗文不容易得到。

布衣文人大量地为屠沽细民和官府贵人笔耕的原因还有很多，不能一一列举，只能撮其要而述之。总而言之，在日常的人情往来中，仕籍与布衣两类文人，或出于自己需要，或迫于他人乞索，撰写了大量的应酬性文字，促进了明代中后期市井与官场诗文消费风尚的繁盛。

① 徐渭：《徐文长三集》卷十九，536页，北京，中华书局，1983。

② 袁宏道：《袁宏道集笺校》卷五《丘长孺》，208页，上海，上海古籍出版社，1981。

三、代耕诗文的得失

代耕文字，大多数是理性权衡下的产物，而非个人性情之作，这一点当时就有人认识到了。《肖甫诗序》中，徐渭对名目繁多的乞诗所造成的诗格下降现象，提出了自己的看法：

> 古人之诗本乎情，非设以为之者也，是以有诗而无诗人。迨于后世，则有诗人矣，乞诗之目多至不可胜数，而诗之格亦多至不可胜品，然其于诗，类皆本无是情，而设情以为之。夫设情以为之者，其趋在于干诗之名，干诗之名，其势必至于袭诗之格而剿其华词，审如是，则诗之实亡矣，是之谓有诗人而无诗。①

由于是代人撰文，对受文者可能不认识、不了解，所以在写赠诗、赠序、寿诗、寿序、墓志等诗文时，难免会“本无是情，而设情以为之”，出现“而其所为文者，了不与其人相蒙”② 的情况，徐渭虽然说的是乞诗，却道出了所有代耕文字的一个通病。

更有甚者，有时应付不过来或只是图润笔银，对前来求文者敷衍了事，结果闹出笑话来，《寓圃杂记》记道：

> 张士谦学士作文，不险怪，不涉浅，若行云流水，终日数篇。凡京师之送行、庆贺，皆其所作，颇得润笔之资。或冗中为求者所逼，辄取旧作易其名以应酬。有除郡守者，人求士谦文为赠，后数月，复有人求文送别驾，即以守文稍易数言与之。忘其同州也。二人相见，各出其文，大发一笑。③

这里张学士是“冗中为求者所逼”所致，似乎还情有可原，但上引《菽园杂记》记载，当江南富家向朝绅求请挽诗时，也有

---

① 徐渭：《徐文长三集》卷十九，534页，北京，中华书局，1983。

② 曹学佺：《曹学佺集》之《石仓文稿》，《题黔阳公配吴母画意小引》，762页，南京，江苏古籍出版社，2003。

③ 王锜：《寓圃杂记》卷四“张学士”条，33页，北京，中华书局，1984。

"利其贽而厌其求者，为活套诗若干首以备应付。及其印行，则彼此一律，此其最可笑者也"①，这就可恶了。

在代撰过程中出现的"了不与其人相蒙"、"为活套诗若干首以备应付"等现象，按情理揆之，应当是少数撰文者的行为，因为这样做，无异于在自断财路和生路，对于贫不能自存而靠文谋生的寒士而言，尤其不会如此，前引处士俞仲蔚"挥毫构思，率以昏夜"和山人何白"拂情亏质，心目为碎"的代撰情形，便是最好的证明。归有光在给王子敬的母亲撰寿文前，"则问子敬之所欲言者"②，也可见出态度之慎重。

乞索者与代撰者相互作用，一方面使屠沽细民和朝绅权贵能获得寿诗墓志，另一方面也使许多不知名的文人能解决生计并拥有自己的文集。但是对于这些寿诗、墓志和文集，有人持否定态度，如上引唐顺之的话："幸而所谓墓志与诗文集者皆不久泯灭，然其往者灭矣，而在者尚满屋也。若皆存在世间，即便以大地为架子，亦安顿不下矣。此等文字倘家藏人畜者，尽举祖龙手段作用一番，则南山煤炭竹木当尽减价矣。可笑，可笑。"③ 唐顺之的看法，应当说代表了部分人的观点。文人尤其是一些仕籍文人，之所以嘲笑或不肯为人撰寿文、墓志，一个原因是担心人与文不符，另一个更重要的原因是，认为受文者无功行可纪，不足以铭勒金石。前者在撰文时可以尽力避免，后者却难以消除，因为尚功业的思想，实则是名士忠贤与屠沽细民的一个分界标志，也隐含了某些尊卑观念。一些文人据此不轻易代撰文字，致使闾巷之人不能入传。

这在今天看来，不免失之迂阔和偏颇。但受时代风气的影响，或碍于人情，或受赀财的诱惑与生计的逼迫，许多文人为己也为他

① 陆容：《菽园杂记》卷十五，189页，北京，中华书局，1985。

② 归有光：《震川先生集》卷十四《王母顾孺人六十寿序》，357页，上海，上海古籍出版社，1981。

③ 唐顺之：《荆川先生文集》卷五《答王遵岩书》，《四库全书》集部1 276册，308页，台北，台湾商务印书馆，1985。

人，还是撰写了大量的寿诗、墓志等应用性文字。这些诗文，如果用文学审美的标准衡量，成就或许不高，但用史学家的眼光去看，却有着重要的史料价值。因为在正史中，除了为达官贵人、贤者名流立传外，几乎很少旁及山野村夫、屠沽细民。这一点，归有光的认识显得比较开明，在为一名乡野隐士作墓碣时，他说："世之善人君子，非其迹著于朝廷，莫可得见。至于草莽之中，没没者多矣。其得列于史，盖百之一二也。"① 所以他不计较为乡野作传。再者，从知名文人诸如王世贞、钱谦益、归庄、汪琬等现存的文集中，我们可以找到多篇为商贾、市民写的墓志铭。这些篇章，后人在研究过程中经常引用，足可以证明它们存在的价值。

第三节 藩府戎幕对文人的吸纳

除了在平民和士绅的诗文消费中找到治生的路子外，凭借文才进入藩府戎幕，成为门客，也是许多文人解决生计乃至扬名的一条重要途径。虽说文士寄身权门的现象早已有之，但在不同的历史时期以及不同的权贵府第，其性质、特点还是存在很大的差异的。

一、藩王雅兴

明王朝建立之初，分封的藩王各自拥有一定的兵权，后来鉴于靖难之役和高煦叛乱的教训，朝廷对宗室的防范越来越严，藩王的护卫军和兵权相继被夺，在政治上他们不可能有什么作为，于是转向聚敛财富，沉湎声色，在优裕的物质生活中颐养天年，也有一些藩王出于对文学艺术的兴趣爱好，利用自身的地位与条件，接纳了许多文士。

明初，宁献王朱权、周宪王朱有燉等身边就聚集了一大批懂音

① 归有光：《震川先生集》卷二十四《褚隐君墓碣》，566页，上海，上海古籍出版社，1981。

律、擅写剧的戏曲作家，到了明中叶以后，部分藩王这方面的兴趣仍旧保存着。《列朝诗集小传》中记载：

(赵康) 王性和厚，嗜学博古，文藻弘丽，折节爱宾客，户屦恒满，文酒宴游，有淮南梁苑之风。①

南阳朱邸好辞赋，延招四方宾客，起高明楼，拟于雁池兔园。②

不仅藩王雅好诗文，接纳文士，一些勋贵也有此爱好，《列朝诗集小传》载临淮侯李言恭说：

言恭，字惟寅，岐阳武靖王之裔孙也。万历二年(1574)，袭封临淮侯，环卫扈从，屡荷恩眷，以勋戚留守陪京，位元戎列师保，累年而后卒。李氏自岐阳父子，已好文墨，亲近文士。惟寅沿袭风流，奋迹词坛，招邀名流，折节寒素，两都词人游客，望走如骛。③

藩王勋贵能诗文的记载，又见于正史，《明史》卷一百一十八说“厚煜性和厚，构一楼名‘思训’，尝独居读书，文藻赡丽”④；卷一百二十六说“言恭，字惟寅，好学能诗，折节寒素”⑤。

藩王勋贵爱好诗文且自身能文，是招邀词人游客的一个条件，另一个更重要的条件是他们有良好的社会地位与经济条件，可为贫寒之士提供衣食之资，甚至树立名声。如吴江秀才潘一桂，南阳朱

① 钱谦益：《列朝诗集小传》乾集下“赵康王朱厚煜”条，12页，上海，上海古籍出版社，1983。

② 钱谦益：《列朝诗集小传》丁集下“潘秀才一桂”条，660页，上海，上海古籍出版社，1983。

③ 钱谦益：《列朝诗集小传》丁集上“李临淮言恭”条，461~462页，上海，上海古籍出版社，1983。

④ 张廷玉等：《明史》卷一百一十八《唐王列桱传》，3 621页，北京，中华书局，1974。

⑤ 张廷玉等：《明史》卷一百二十六《李文忠列传附子景隆列传》，3 749页，北京，中华书局，1974。

邸“币聘再至，乃往，授简赋诗，雍容应教”①；山人郑若庸也是“赵康王闻其名，走币聘入邺下”②。

栖身于藩王府第的布衣山人，才名显著者是被聘请，其余的则往往是自己游谒进门，像上引李言恭能招邀名流，折节寒素，所以“两都词人游客，望走如骛”，而赵康王父子礼遇谢榛、郑若庸后，“于是海内游士，争担簦而之赵”，情形大约如蚁附蝇聚一般。接纳词客游士的藩贵当然远不止赵康王父子、临淮侯等少数几个人，其他如衡庄王、沛宣王、鲁王、辽王等诸王也莫不如此。

词人游客与藩王汇聚一处的纽带是诗文。藩王用文酒宴游来点缀生活，消遣闲情，偶尔也可以博个礼贤下士的美名；文士以诗文迎合藩王，可以播扬名声、解决生计问题，有时还能让诗稿得以刻印。但有一点要注意，藩府中的官吏铨选权在朝廷，所以藩王不能私自辟置官吏，《万历野获编》卷四“藩国随封官”条载：“先朝亲王出阁，例选翰林二人侍讲读。天顺初，英宗从李贤议，改用进士二人，授翰林检讨。及之国，即升国左、右长史。从行岁久，加服俸，终身不得他迁。士人苦之。弘治间进士十人被选，至与太宰耿文恪相诟詈，互呼为畜生。嘉靖间，吴秀水鹏秉铨亦以先藩僚为中书刘芬所窘辱，虽皆受重谴不顾也。”③随藩的朝廷进士尚且不能升迁，更遑论寄食的山人词客？因此，词人游客在藩府很难谋得一官半职，他们所能做的是以自己的文才为藩王分担文字方面的事务，编些集子；另外就是在日常的宴饮场合献诗作文，添点雅兴。谢榛是一个明显的例子。《亘史》中记载了他的事迹：

> 赵王雅爱茂秦诗，从王客郑若庸得竹枝词十章，命所幸琵琶妓贾，扣度而歌之。万历癸酉冬，茂秦从关中还，过邺，偕若庸见王，王宴之便殿，酒行乐作，王曰：

---

① 钱谦益：《列朝诗集小传》丁集下“潘秀才一桂”条，660页，上海，上海古籍出版社，1983。

② 钱谦益：《列朝诗集小传》丁集中“郑山人若庸”条，498页，上海，上海古籍出版社，1983。

③ 沈德符：《万历野获编》，119页，北京，文化艺术出版社，1998。

> “止。”命绚瑟以琵琶佐之，声繁屏后，王复止众妓，独奏琵琶，方一阕，茂秦倾听，未敢发言，王曰：“此先生所制竹枝词也。谱其声，不识其人可乎?”命诸妓拥贾妓出拜，光华射人，藉地竟竹枝词十章。茂秦谢曰：“此山人鄙俚之辞，安足污王宫玉齿？请更制竹枝词，以备房中之乐。”王曰：“幸甚。”茂秦老不胜酒，醉卧山亭下，王命姬以衽代荐，承之以肱。明日，上新竹枝词十四阕，姬按而谱之，不失毫发。元夕，便殿奏技，酒阑送客，即盛礼而归贾于邸舍，茂秦载以游赵间。①

藩王府中的诗酒酬唱生活，虽不能给文人的仕进带来方便，却能给贫寒而有诗名的布衣山人暂时甚至长久地解决生计问题，这当是“词人游客，望走如鹜”的主要原因。

二、武臣好文

明代中后期，东南沿海地区有倭扰，西北边境有胡犯，所以朝廷常要遣派总兵或总督一类的武臣去安抚、剿杀。这些武臣事务繁忙，又出于自身对诗文的爱好，再加上对资金有一定的支配权，因此会邀请、接纳一些文人来帮助处理文牍方面的公务。这样一来，许多科举蹭蹬的文士，抱着谋生或立功的心理，自然会进入戎幕，施展个人的文才和军事才能。这一事实，可见于《万历野获编》卷十七“武臣好文”条：

> 自嘉靖间东南倭难孔炽，幸臣胡宗宪、赵文华辈开府浙江，时世宗方喜祥瑞，争以表疏称贺博宠，收取词客充翘馆。胡得浙人徐渭、沈明臣，赵得松江人朱察卿，俱荷异礼，获厚赀，浸淫及于介胄，皆倚客以为重，浙如唐季藩镇。至隆万间戚少保继光为蓟帅，时汪太函、王弇州并称其文采，遂俨然以风雅自命，幕客郭造卿尊之为元敬词

① 钱谦益：《列朝诗集小传》丁集上“谢山人榛”条，424～425页，上海，上海古籍出版社，1983。

> 宗先生，几与缙绅分道扬镳。而世所呼为山人，充塞塞垣，所入不足以供此辈谿壑，久亦厌之而不能止矣。近年萧都督如薰以偏裨立功，峻拜宁夏制帅，频更大镇，亦以翰墨自命，山人辈作队趋之，随军转徙，无不称季馨词宗先生，蚁附蝇集，去而复来。时诸边事力已绌，非戚帅时比，萧之内人，前为杨司空女，继为南太史妹，俱盛有嫁赀，至脱簪珥佐之而犹不给。①

这里记载的山人词客填塞胡、戚、萧幕府的情形与文人集中的相关描述是一致的，如徐渭《射鹰篇赠朱生》中说“辕门待士近不薄”；《答嘉则》中说“才子能文幕府收，将携箧剑副行舟”②；朱察卿《寄张鸣教》（题下注：时鸣教在刘将军幕府）也说“张君有才为时弃，辟向军中作书记”③。但要注意，这些武臣延请文人入幕，不是纯粹的附庸风雅，而是公务太忙，要他们代笔札之劳。因为武臣当中，有的本来就是进士出身，文化素养很高，如胡宗宪和孙承宗均是进士，后者在天启、崇祯年间，先后“出镇山海”、“起镇通州，旋迁镇关门”，“作为文章，伸纸属笔，蛟龙屈蟠，江河竞注，奏疏书檄，摇笔数千言，灏溔演延，幕下书记，多鸿生魁士，莫得而窥其涯涘也”；④ 有的虽是承袭武职，像戚继光、萧如董二人，都能写诗，《明史》载：“蓟镇戚继光有能诗名，尤好延文士，倾赀结纳，取足军府。如薰亦能诗，士趋之若鹜，宾座常满。”⑤

山人词客进入戎幕，主要的事务是替幕主起草奏表疏启，这从

---

① 沈德符：《万历野获编》，465 页，北京，文化艺术出版社，1998。

② 徐渭：《徐文长三集》卷五，116 页，北京，中华书局，1983。

③ 朱察卿：《朱邦宪集》卷一，《四库全书存目丛书》集部 145 册，济南，齐鲁书社，1997。

④ 钱谦益：《列朝诗集小传》丁集中“少师孙文正公承宗”条，552～554 页，上海，上海古籍出版社，1983。

⑤ 张廷玉等：《明史》卷二百三十九《萧如薰列传》，6 222 页，北京，中华书局，1974。

其临时给的职衔“书记”（也叫“记室”）可以看出来，这也是他们能进幕府的前提所在。文人所撰公文的优劣，很大程度上能影响幕主的声誉与仕途，最有名的例子是徐渭写的进白鹿表，史载：“宗宪得白鹿，将献诸朝，令渭草表，并他客草寄所善学士，择其尤上之。学士以渭表进，世宗大悦，益宠异宗宪，宗宪以是益重渭。”对于自己在幕府中所能起到的作用，文人还是比较清楚的，正如徐渭在写给李如松的诗歌中所说：“武人谁是百足虫，世事全凭三寸笔。”① 这里的“三寸笔”当然不单指幕府记室之笔，也包括朝廷文臣之笔。另外，武臣的名声有时也可以通过幕中词客的口笔进行传播，崇祯年间的诸生郑仲夔在其《玉麈新谭》记载的一则轶事，可资说明：“徐渭，为胡总制幕客，甚被亲遇。胡尝戏语曰：‘卿文士耳，无我哪得显？’徐应声曰：‘公纵英雄，非我必不传。’”②

武臣聘请文人入幕，除了嘱以文字上的事务外，自然也有宴饮献诗、娱宾遣兴的需要，尤其在捷战后的庆功场合，更是少不了赋诗作文来助兴，沈明臣在胡宗宪幕府时就有这样的经历：

> 尝宴将士烂柯山上，酒酣乐作，请为铙歌十章，援笔立就，酾酒高吟，至“狭巷短兵相接处，杀人如草不闻声。”少保起捋其须曰：“何物沈生，何快乃尔！”命刻石置山上。③

可是文人进幕府的目的不仅是欲展其文才，也有驰骋军事才能、立战功的打算。徐渭在胡宗宪幕中，“凡公所以饵汪徐诸虏者，皆密相议然后行”④，军事谋划乃是机密，能与徐渭密议，可以看出胡宗宪对他的信任，也能说明徐渭有一定的谋略。但并不是

① 徐渭：《徐文长三集》卷五《写竹赠李长公歌》，134 页，北京，中华书局，1983。

② 《明史资料丛刊》第三辑，151 页，南京，江苏人民出版社，1983。

③ 钱谦益：《列朝诗集小传》丁集中“沈记室明臣”条，496 页，上海，上海古籍出版社，1983。

④ 徐渭：《徐渭集》附录《徐文长传》，1 342 页，北京，中华书局，1983。

人人都有徐渭一样的待遇，倣傥自负、具文武才的十岳山人王寅，“海上用兵，客胡尚书督府，幕客率谄事督府，仲房岳岳，多所匡正，督府不能尽用，竟以败”①。

与藩王一样，总督、将帅没有辟举权，幕中用人只是临时性质，军事任务结束或幕府解散后，文人还得另谋出路。因此山人词客投奔戎幕，所得多是物质上的回报和名声的确立，如沈德符所言的“俱荷异礼，获厚赀”、“俱盛有嫁赀，至脱簪珥佐之而犹不给”，个例如徐渭为胡宗宪写完《镇海楼记》，获银220两；福清人林章，“尝走塞上，从戚大将军游，座上作滦阳宴别序，酒未三巡，诗序并就，将军持千金为寿”。② 当然，也有幕中记室被荐为官员的，毕竟那是极少数，并且靠的是入幕后的武功，而不是文才与谋略。一位曹姓文人，起初与徐渭一样，在胡宗宪幕下“同时操笔”，后来因战功“先着绯袍”，徐渭有赠诗对此作了说明：“文士争雄武艺场，桃花马上拨金枪。试看古来悬印客，那取霜毫一寸长?”③ 文士立功战场，要以杀敌首级的多少为依据，与纯粹的戎幕笔耕和出谋献策有区别，这不是本文所要论述的内容，不赘笔。

三、相门山人

嘉靖一朝，世宗信奉长生术，在宫中设醮，日夜祷祈，令文武大臣及词臣入直西苑，供奉青词，所撰玄词若合其意，常常得到超常的擢升和恩赐。因此侍奉的大臣不敢怠慢，都尽力为之，像李春芳、严讷、郭朴及袁炜，因为青词写得好而屡屡超擢，时人称为“青词宰相”。如袁炜：

> 袁炜，字懋中，慈溪人。嘉靖十七年会试第一，殿试

---

① 钱谦益：《列朝诗集小传》丁集中“十岳山人王寅”条，511页，上海，上海古籍出版社，1983。

② 钱谦益：《列朝诗集小传》丁集中“林举人章”条，529页，上海，上海古籍出版社，1983。

③ 徐渭：《徐文长三集》卷十一《凯歌四首赠曹君》，345页，北京，中华书局，1983。

第三，授编修。……久之，简直西苑。撰青词，最称旨。三十五年，阁臣推修撰全元立掌南京翰林院，帝特用炜。炜疏辞，愿以故官供奉。帝大喜，立擢炜侍讲学士。甫两月，手诏拜礼部右侍郎。明年，加太子宾客兼学士，赐一品服。三十九年，复以供奉恩加俸二等，俄进左侍郎。明年二月调吏部，兼官供奉如故。逾月迁礼部尚书，加太子少保，仍命入直。炜自供奉以后，六年中进宫保、尚书，前未有也。……炜才思敏捷。帝中夜出片纸，命撰青词，举笔立成。遇中外献瑞，辄极词颂美。帝畜一猫死，命儒臣撰词以醮。炜词有“化狮作龙”语，帝大喜悦，其诡词媚上多类此。以故帝急枋用之，恩赐稠叠，他人莫敢望。①

沈德符《万历野获编》卷十“鼎甲召试文”条，也描述了袁炜强要新科进士撰醮文之事：

袁元峰少傅以次揆主嘉靖壬戌会试，是年不选庶常，惟一甲申少师时行、王宫保锡爵及故少傅余有丁在词林而已。每有应酬文字，及上所派撰事玄诸醮章，以至馆中高文大册，悉召三门生至私寓代为属草，稍不当意，辄厉色呵叱，恶声继之。余其同郡人也，至诟之曰：“汝安得名有丁？当呼为余白丁。”其傲慢无礼至此。有时当入西内直房，供上笔札，竟扃门而去，亦不设酒馔。三人者或至昏暮不得食，遂菜色而归，以此为常。②

像袁炜这样以青词承迎圣驾，嘉靖一朝的阁臣学士几乎无一能免，据王世贞《大臣从游值宿应制》一文统计，官位高至太师、太保、少师、宫保、少傅、尚书之类的，就有20多人，其中不乏

① 张廷玉等：《明史》卷一百九十三《袁炜列传》，5 117～5 118页，北京，中华书局，1974。

② 沈德符：《万历野获编》，282页，北京，文化艺术出版社，1998。

"撰青词及他文，最当帝意"的夏言和"醮祀青词，非嵩无当帝意者"①的严嵩。

一般说来，"上有所好，下必甚之"，这是君臣之间常发生的事。既然世宗嗜好斋醮，做臣子的当然大都会竭力侍奉，能写青词者于此自有优势，但不擅此艺的臣子就不免头疼，好的解决办法是请人来代笔，于是海内文人尤其是布衣文人纷纷涌向权门，情形如朱察卿所言："当是时，诸相君与列侯家竞辟天下士为记室，而雕虫斥鷃群然奔凑焉。"② 文士特别是那些知名文人进入相君或列侯家后，只是作为撰写青词的捉笔者，他们的态度会怎样呢？试看王稚登与王承父：

> 岁甲子（1564）稚登北游太学，故相袁公得其诗读之喜，趣召为记室。是时皇帝在西斋宫，索应制文甚急，袁公以属稚登，稚登漫不省，时时代草，一一悉鳌戾，不称旨罢去。③
>
> 东之齐鲁，北入燕，客淮南少卿所，使草应制祝厘之作，承父谢弗能，日从相君直所，得纵观西苑南内之胜，作汉宫数十曲，流闻禁中。而以其间，与吴兴范伯桢、海陵顾益卿、梁溪陈贞父、胡原荆，定交于公车。承父皆弟蓄之，相与悲歌纵酒，访问燕市酒人遗迹，相君有所撰述，使人物色之，往往醉卧酒垆中，欠伸弗肯应，久之乃谢归。④

对于相公索要应制文，两人或"漫不省"，或"谢弗能"，原

---

① 张廷玉等：《明史》卷一百九十六《夏言列传》，5 195～5 196 页，北京，中华书局，1974。

② 朱察卿：《朱邦宪集》卷五《燕市集序》，《四库全书存目丛书》集部 175 册，644 页，济南，齐鲁书社，1997。

③ 王稚登：《王百谷集》十九种之一，《燕市集》卷首《燕市集序》，《四库禁毁书丛刊》集部 175 册，51 页，北京，北京出版社，2000。

④ 钱谦益：《列朝诗集小传》丁集中"昆仑山人王叔承"条，494 页，上海，上海古籍出版社，1983。

因大约在于：一是不肯随人俯仰而逢迎皇上，二是青词在某种意义上说只是一种文字游戏，跟爱好古文词的山人游客的情趣大相径庭。因此，当袁炜让府中的玄阳山人王逢年起草应制文字，他上书说："阁下以时文取科，以青词拜相，恶知天下有古文哉?"① 竟不辞而去。大学士李春芳用六十金聘徐渭入府代撰青词，情形与袁炜差不多，也是以主宾不欢而散告终。

除了上面所列举的文士外，知名者还有被沈德符称为"相门山人"的吴扩、沈明臣、陆应阳等人，此不一一列举。就世宗好斋醮、大臣及其延请文士撰写青词之事，《万历野获编》卷十"四六"条中，有几句话可作概括："惟世宗奉玄，一时撰文诸大臣竭精力为之，如严分宜、徐华亭、李余姚，召募海内名士几遍，争新斗巧几三十年。"② 不过要注意的是，他们"召募海内名士"，是私人用人性质，所以才会出现主宾不合即散的事。

在藩王、总督、阁臣、大学士因为各种需要而吸纳布衣文人之外，其他各级官员身边也会容纳一部分，如张元忭"好宾客，急穷交，自骚雅名士、剑客、酒人逮六博、蹴鞠、臂鹰牵犬之徒，无不延接，食客常满。人有急难投之，借身为地，以穷告，倾囊畀之"③。徐渭托足无门时也曾得到过他的帮助，即是一例。比较而言，后者在财力和地位上远不及前者，能接引的文人自然就有限；再者，他们接引文人，虽然也有出于诗文兴趣上的共同爱好，但更多的是源于惺惺惜惺惺的心理而给予生活上的帮助。这种帮助，时间短的，如宋登春"迂云梦而北走大梁"时，"钧州党中丞见所题酒肆诗，留之数月"④；长一点的，如程嘉燧，"万历戊午，故人方

① 钱谦益：《列朝诗集小传》丁集中"玄阳山人王逢年"条，519页，上海，上海古籍出版社，1983。

② 沈德符：《万历野获编》，288页，北京，文化艺术出版社，1998。

③ 屠隆：《白榆集》卷四《张孺谷诗集序》，《续修四库全书》集部1 359册，718页，上海，上海古籍出版社，2001。

④ 钱谦益：《列朝诗集小传》丁集中"鹅池生宋登春"条，515页，上海，上海古籍出版社，1983。

叔令长治，要之入潞，居三年，从方叔入燕”①。新安人方子公的经历，更能说明这一情况，袁中道《游居柿录》卷三记道：

> 子公名文僎，新安人。甲午，予应试武昌，友人潘景升客焉。子公困极，作景升客，从景升学诗，九月犹练衣。予怜之甚。下第后，念中郎令吴，衙中甚若无人，子公差文雅，乃以八行附子公。子公遂东下，至吴中见中郎，中郎留之衙舍。退食之暇，与弈，稍分俸给之。得金即以治衣裘、市治童，招饮客，不数月又贫矣。然中郎终怜其人质直无肠，自丁酉春解官，凡游历皆与俱。……丁酉，予又下第，依中郎于真州，与子公聚甚洽。后同入都，饮兴益豪。……丁未，从中郎南归，至仪真僦居。中郎补铨曹，子公抱病往依之。至临清，病不能前，遂卒。②

袁宏道让方子公长期这样跟从自己，主要是因为同情，而子公的行为大约也免不了“打秋风”之嫌。由于部曹及地方各级官员吸纳的文人相对零散，难以从相关的文献记载中剔择出来，在各章节的论述中会不时论及，此处不细论。

① 钱谦益：《列朝诗集小传》丁集中“松园诗老程嘉燧”条，577页，上海，上海古籍出版社，1983。

② 袁中道：《珂雪斋集》之《游居柿录》卷三，1 169～1 170页，上海，上海古籍出版社，1989。

第四章 以文治生者的生成原因与群体特征

前面章节探讨了文人赖文谋生的社会背景，本章试着分析这类文人生成的原因以及他们作为一个非自觉性的群体，在社会生活中所表现出来的集体特征。

第一节 生成原因

以文谋生者，主要是一群布衣文人，探讨他们为何以文谋生，其实跟谈论布衣文人的生成原因没有大的差别，这里只就所知的这一类文人加以分类，阐述其产生的原因。以文治生者，多数有生员资格，也有一些是无功名的隐士游客，他们没有跻身仕籍或努力去追逐功名，当然各有原因。

一、放弃举业

草创于隋唐、其后渐臻完善的科举制度，历来是文士用以荣身耀祖、封妻荫子的正途，明人也不例外，在众多士子汲汲以求的同时，也有不少人因故弃之。细析以文谋生者，大致有四：

1．贫困而弃

由童生入学始，一级一级地往上考，直至最后的殿试，一帆风顺者自然志满意得，而屡屡蹭蹬者，却是耗时又费财。所以对于大多数人而言，参加科举考试得有一定的经济基础，官方虽然会给生员相应的廪米，但作为男丁，除了自身的日常生活开支外，还要养父母（成家的还要养妻小），且生员当中的增生、附生、例生并无廪粮补助。因此说，士人想从科举一途立身，撇开个人的才气、努力及考官、考场等因素外，良好的家庭经济也是重要条件。否则，往往会中途而弃。

明代中后期，科举考试费用很高，非一般人能承受，具体情形从王世贞的经历可看出来。《觚不觚录》中，他自言："余举进士，不能攻苦食俭，初岁费将三百金，同年中有费不能百金者，今遂过六七百金，无不取贷于人。盖贽见大小座主，会同年及乡里官长，酬酢公私，宴醵赏劳，座主仆从，与内阁吏部之舆人，比旧往往数倍，而裘马之饰，又不知节省。"① 王世贞生于官宦家庭，21 岁中进士，可以算是科场顺利，仅会试一级就花了三百金，家境稍差的士子大约也要花个数十金吧，而那些在乡试或会试中屡屡失利者，如文征明参加过十次乡试，归有光五次乡试不第，他们所花去的费用自然更多，其中尚未包括聘请塾师、日常攻读及参加生员考试的费用。因此说，科举考试是一项费时耗财的大工程，在会试中多次败北的袁中道曾说道："昔予家世殷富，后予兄弟以经术起家，益渐减。夫富于文藻，与富于赀财，常不并立。"② 话语中已然包含了科举穷家的意思。

既然科举考试要以相当的赀财作后盾，对于正在求举的诸生或仍是童生的士子来说，若家庭经济支撑不了，又告贷无门，就只能放弃了。如陇西人金銮：

> 随父宦侨居建康，遂家焉。在秦时，从天水胡世甫中丞学制科业。及来建康，年已长，家中落，乃弃去，习歌诗。③

本想以科举荣身，却因贫困不得不放弃，文士的这种痛苦与无奈常会流露于诗文中。王寅为此慨叹说："十上苦难售，破产家渐

---

① 王世贞：《觚不觚录》，438 页，上海，上海古籍出版社，1991。

② 袁中道：《珂雪斋集》卷十七《吴龙田生传》，739 页，上海，上海古籍出版社，1989。

③ 钱谦益：《列朝诗集小传》丁集上"金山人銮"条，449～450 页，上海，上海古籍出版社，1983。

贫。徒然七尺身，两失至无成。”①

2. 因病而弃

在弃去举业的士子中，除了因家贫而被迫放弃外，也有士子由于身体原因，不得不退出科场，典型者如长洲人黄淳父，《皇明词林人物考》记载：

先生名姬水，字淳父，十四补邑诸生，试文甚工。父丧积哀成瘵，鸡骨支床，度不能治博士业，叹曰：“吾少不量，矻矻呕呕，呻其呫哔穷晨夕、历寒暑而不辞者，欲循荣乾娱亲旦暮也，亲不待矣。矻矻呕呕不自止，将以奚为？夫人寄寓天壤，淹忽不啻若道飙石火也，瓠瓜自畜，坐成朽腐，是不能以名而荣宠亲，又以名名而捐亲，所遗之身，计画无俚矣。”遂谢诸生，独出入缁流。②

《列朝诗集小传》中也说他“性至孝，哭父母成疾，遂弃诸生”。弃去诸生资格后，黄姬水“以楚服见达官长者，意自如也”③。这种出处裕如，只是外人看到的情形，而真实的心理感受还得看他本人的话，《白下集》自序云：“夫人生不能恢帝纮，翼王室，康济兆民以树功当代，则矫志食力，为陈仲、徐孺之流，如《伐檀》诗人所已矣。若乃染迹黉校，夫既潦倒于三场二试，而复洁身责尚，是犹女子许字而守贞，不可得也。悲夫，悲夫！人之所遭如是，进退维谷哉?”④ 这里，黄姬水为自己不能拼搏科场、丧失树功当代的机会而发出感慨，也因自己游扬于达官长者之间，不能像贤士陈仲、徐孺那样洁身律己、自食其力而慨叹不已。

---

① 王寅：《十岳山人诗集》卷一《广情诗二十八首》(其八)，《四库全书存目丛书》集部79册，济南，齐鲁书社，1997。

② 王兆云辑：《皇明词林人物考》卷十一，583页，台北，明文书局，1991。

③ 钱谦益：《列朝诗集小传》丁集上“黄秀才姬水”条，452页，上海，上海古籍出版社，1983。

④ 黄姬水：《白下集》卷首《白下集序》，《四库全书存目丛书》集部186册，13页，济南，齐鲁书社，1997。

3. 不第而弃

与上述两类被迫放弃举子业情形不同的是，有部分士子在历经数次考试失利后，主动弃绝仕进之路。至于弃绝的原因是，有些士子因为文献中未作具体交代，通常是以“屡试弗第，遂弃去举制举业”、“为举子业，亦自作奇语，不徇时格，累不合于有司，乃遂弃去”等词句①一笔带过，所以不得而知，但大多数士子与爱好古文辞有关，以俞仲蔚与王叔承为例：

先生讳允文，仲蔚其字也，昆山人。虽从师受经业，顾好为古文辞，争读六季以前书，至十五而为鞍山赋，挖剔山事靡挂漏，而辞雅驯，绝不作时人语，其名固籍籍矣。补郡诸生，然先生用语古，试辄少利，又中更二太夫人变，仕念衰减。遂移书学使者，请以诸生老田里，固留之，不得也。②

山人（即王叔承）生十二，父且死，从伯氏受博士家言，为时业斐然矣，而心厌薄之。窃䠶处治古文辞，伯氏见而骂曰：“县官开古文辞科者？乌白头矣。”山人……性资绝颖异，过目则成诵，而终不能帖帖于博士家言，其试有司亦诎。③

同样爱好古文辞的名士陈继儒在两次乡试不第后，写了一份《告衣巾呈》，“于广众大庭，预绝进取之路”④，一时轰动。这里，我们可以看出自由无拘的古文与规范钳制的应试文之间的冲突，而爱好古文，不肯让一己性情受到拘束，正是明代中后期以文谋生文

① 王兆云辑：《皇明词林人物考》卷七“谢子象”条，671页、133页，台北，明文书局，1991。

② 王兆云辑：《皇明词林人物考》卷十一“俞仲蔚”条，655页，台北，明文书局，1991。

③ 王兆云辑：《皇明词林人物考》卷十二“王叔承”条，712页，台北，明文书局，1991。

④ 王应奎：《柳南续笔》卷三《陈眉公告衣巾》，183页，北京，中华书局，1983。

人的一个特点。

4. 丧亲无社会责任而弃

在忠孝为主要伦理的社会里，读书求第有时不是士子本人的意愿，而是迫于荣耀一个家庭乃至一个家族的责任，这是孝道的一种表现方式。袁中道16岁考上秀才，31岁中举，其后十多年中，一直辛苦地忙着会试，将考中进士当作人生的债务来偿还。《珂雪斋集》中，他在十多封与亲友的信里，说到自己考进士如还债，可见当时压力之大。承受着这种重负的士子，一旦双亲谢世，就可能不愿再苦读应试，如朱鹭与徐长孺：

> （朱鹭）家贫，教授生徒，以养父母。承颜顺志，以老莱子为法。床头恒贮数十钱，曰“买笑钱”。父死久之，乃谢博士弟子，芒鞋竹杖，独游名山，所至画竹以自给，不受人一钱。①

> 公（徐长孺）少孤，十岁丧父，奉贞母陆孺人教，日下帷读书，厥有成立，年十七补博士，已入游国子，名倾都下。……事母至孝，居恒教授弟子，束脩皆以供肥毳，母死遂绝意进取，捐太学符繻焚之，示不复出。②

以上所举士子弃举业的四种情形，是择其主要原因而谈，其实士子们在放弃进身之阶的科举正途时，通常不是出于单一因素的考虑，而是多种因素综合起作用的结果。除了贫、病、不第和父母亡故等个人或家庭原因外，尚有许多社会方面的因素。譬如，作为生员，有迎谒、侍奉各级官员之苦。如《东泉文集》卷八载道：

> 诸司在上，一遇出巡，不问回司报至，或竟日以迎，或侵晨以送，或冒风雨而跋涉，或忍饥渴而奔趋。向此则失彼，顾前则遗后，一事有误，百责攸归，骂詈立见，棰

---

① 钱谦益：《初学集》卷七十一《朱鹭传》，1 592页，上海，上海古籍出版社，1985。

② 王兆云辑：《皇明词林人物考》卷十一，677页，台北，明文书局，1991。

楚时加，名为生员，实同仆隶。①

有的士子不堪忍受这种苦役，于是就援例侍养、告免。

有作为贡举生员，如果未考中，有罚为役吏的，因为明代科举制度规定：

> 凡岁贡生员到部，本部奏闻，送翰林院考试，如果中试者，送国子监读书。其入学五年以上及二次不中者，发充吏典。②

充为典吏倒在其次，更苦的是被官长当作奴隶来役用，失去人的自由与尊严，所以顾炎武说："自明中叶以后，士大夫之于胥吏，以奴隶为之，盗贼待之，遂无可用之矣。"③

此外，若生员考斥者，又有追回廪粮之事，《万历野获编》卷十四"廪生追粮"条说：

> 正统元年（1436），初设提学省直宪臣。时山东提学佥事薛瑄疏请："凡廪生考斥者，俱追粮为民。"时以为苦。至成化九年，北直隶提学御史阎禹锡奏："今斥生已奉敕充吏，请停追粮。"上许之。……按正统四年（1439）八月，江西南安知府林芊言："比者提学薛瑄以生员有疾罢斥者，追所给廪米。臣以为不幸有疾，罢之可也。至于廪给，縻费于累岁，而追索于一朝，固亦难矣。且父兄不能保子弟之无疾，今惩偿纳之苦，孰肯令其就学。"上是之，行礼部除其令矣。何以成化间而禹锡又有免追之疏，想林疏已行而中止耶。④

沈德符虽然是说正统、成化年间的事，但朝廷政令时行时止，

---

① 徐镆：《东泉文集》卷八《广西学政》，《四库全书存目丛书》集部第46册，723页，济南，齐鲁书社，1997。

② 王圻：《续文献通考》卷四十四《选举》（十一），319页，杭州，浙江古籍出版社，1988。

③ 顾炎武：《日知录》卷十七"通经为吏"条，419页，上海，国学整理社，1936。

④ 沈德符：《万历野获编》，382～383页，北京，文化艺术出版社，1998。

不会不对具有生员资格的士子产生影响。应当说，这些外部因素，与士子本身的条件合在一起，使诸多士子放弃了可以入仕荣身的举业，而成为以文谋生文人的一个主要来源。

二、困于场屋①

一般来说，在"学而优则仕"的社会里，由于人的价值取向和实现这种价值渠道的单一，想让士子从科举路上退出来，不是件容易的事，所以不少人尽管是皓首白发，仍在场屋挣扎，常常却无果而终。这些人当中，家境殷实的，生计自然不成问题，家底薄的，只好一边设法谋生一边应考。如徐渭，20 岁中了秀才，接下来的八次乡试都不第，如果不是因入狱失去生员资格，或许会继续考下去；不过，他很有才名，能进入幕府或在市井笔耕而维持生计。与徐渭相似，困于场屋而靠文治生的文人有沈明臣、王逢年、卢柟等，他们考而不中的原因之一，仍旧与喜爱古文有关：

> （王逢年）少为诸生，度经义，多入古文奇字，为有司黜。②
>
> （卢）柟少负才，敏甚，读书一再过，终身不忘。父为入赀太学上舍，数应乡试罢免归。柟才高，好古文辞，不能俯而就绳墨为博士诸生业，以故试辄不利，而声称奕奕，在荐绅间著也。③

徐、王、卢等人困于场屋，还有性格上的原因，他们为人跅弛，不能屈从制义文而改变自己的爱好，卢柟"不能俯而就绳墨为博士诸生业"；徐渭自言："生九岁，已能习为干禄文字，旷弃

① 场屋：旧时科举考试的地方。也称科场。《资治通鉴》卷二百四十八"唐会昌六年"："（李）景庄老于场屋。"注："唐人谓贡院为场屋，至今犹然。"《辞源》（合订本），335 页，北京，商务印书馆，1988。

② 钱谦益：《列朝诗集小传》丁集中"玄阳山人王逢年"条，519 页，上海，上海古籍出版社，1983。

③ 王世贞：《弇州四部稿》卷八十三《卢柟传》，《四库全书》集部 1 280 册，371 页，台北，台湾商务印书馆，1985。

者十余年，及悔学，又志迂阔，务博综，取经史诸家，虽琐至稗小，妄意穷极，每一思废寝食，览则图谱满席间。”① 由于禀性如此，所以说科举考试上的失利，并不意味着他们没有才华。

三、布衣出身

以文谋生的文人群体中，除去具有或已弃去诸生资格的士人外，尚有部分读过私塾或受家庭教育而有文名的布衣隐士，他们未入官立学校，又无钱捐监，所以不能参加科举考试。这部分人努力提高自己的艺术修养，一方面是为了怡情养性，扩大交游圈子，播扬名声，另一方面也可以作为谋生工具，如终身布衣的谢榛，“贫无目，衣食单，身族游”，初入赵王府，因躯体庸鄙，口又涩迟，并未受到礼遇，“已而学为诗，冥搜苦索，至彻日夜不寐，抵面见客，语侲侲若骇人，终席不自客所谓何。或偶触坚壁，跌足下坑堑不觉也。以是诗益工，自号四溟旅人”②。此后诗名渐振，游道日广，才为公卿所称重、接引。

当然，不是所有布衣寒士都能像谢榛，名气大到能让缙绅称道，其中有不少无名文士，纵有文才仍湮没不彰。如“自隐于诗，性命以之”的白云先生陈昂，因倭乱移家寓于金陵，以织屦卖卜、为人佣作诗文谋生，乡人林古度兄弟，一日过其门，但见：

> 一扉之内，席床缶灶，败纸退笔，错处其中。检其诗诵之，是时古度虽年少，颇晓其大意，称之。每称其一诗，辄反面向，流涕悲咽，至于失声。其后过门，辄袖饼饵食之，辄喜，复出其诗，泣如前。居数年，竟穷以死。其子仓皇出觅棺衣，舁之野中。古度兄弟急走索其集，无所得，得先生手书五言今体一帙。五言今体者，五言律、

① 徐渭：《徐文长三集》卷二十六《自为墓志铭》，639页，北京，中华书局，1983。

② 王兆云辑：《皇明词林人物考》卷九“谢茂秦”条，460页，台北，明文书局，1991。

排律也。其诗予（指钟惺）莫能名。其自序略云："昂壮夫时，尤嗜五言。第家贫无多古书，得王右丞即诵读王右丞，得杜工部即诵读杜工部。闲取其所中规中矩者，时或一周旋之，又时或一折旋之，含笔腐毫，研精殚思。"今观其五言律七百首，则先生所学所得，实录实际，尽此数言矣。其云末一卷为排律，亦不存。①

像陈昂那样位卑名微，为巷中人的"小小庆吊"而屡屡撰文的布衣寒士，按常理去推，应当还有许多，只是他们太平凡渺小，大多数人在文献中没有留下文字记载而已。这样的布衣诗人，连生计都难以维持，又何谈刻印个人的诗文集呢？对于人微名隐、文几至于不传的陈昂，钟惺有一段议论，说："近有徐渭、宋登春，皆以穷而显晦于诗，然未有如昂之穷者也。予尝默思公织屦卖卜，佣爨佣书时，胸中皆作何想，其视世人纷纷藉藉，过乎其前者，眼中皆以为何物，求其意象所在，而不得。吾友张慎言曰：'自今入市门，见卖菜佣，皆宜物色之，恐有如白云先生其人者。'甚矣，有激乎其言之也！"② 类似于此的布衣文人应当不少，如徐渭，生前名不出山阴，殁后五六年，经袁中郎的大加推崇，始露一代名家真面目。试想，若无这一契机，在当时的物质条件下，随着时间的推移，其人其文可能湮没于历史的尘埃中也未可知。在八股文取士的制度下，这大约是一些有才而不遇的文人共同的遭遇吧。

第二节 群体特征

无功名利禄庇护、靠一己之文才来谋生的布衣文人，在具体的生活与社会活动中，作为个体，各人有各人的思想性格、兴趣爱好

---

① 钟惺：《隐秀轩集》卷二十二《白云先生传》，355页，上海，上海古籍出版社，1993。

② 钟惺：《隐秀轩集》卷二十二《白云先生传》，356页，上海，上海古籍出版社，1993。

及交游范围，如果从群体的角度来观察，却发现他们具有类似乃至相同的社会特征。

一、不治生产

以文治生者的第一个共有特征是不治生产，这里包括无产可治和不善治产两种情况。

山人布衣中，大多数是家无恒产、生活贫困者，不存在治产的条件。如陈昂，织屦卖卜为生，或自榜片纸于扉，为人佣作诗文；又如俞允文，“家世窭薄，又性嗜书，不别治业，日以产挫。其配梁至绑糪洸而助之，犹不给以”①，结果落到一日吃二餐，甚至一餐的地步。在穷到难以自存的境况下，哪有余资来治生产呢？

另一种情况是文人专注于诗文，不大看重财货，或由于性格原因，不善于治产。前者如张玄超，“床头惟拥书千卷，终身不识铢两会计，以故家徒壁立”②；郑若庸，“尤忘情于货殖，睇秤繁星参错，罔辨锱铢，闻贸迁泉见刀布，任其翔贵，不问价值，不屑鄙细”③。后者如卢柟，其先世从商获利，以赀雄于乡里，可是卢柟为人跅弛，不问治生产，又被人算计，吃了官司，出狱后就变得更穷了；徐渭，自言不善治生，从幕其间，一次获赠十多匹洮绒，结果不到一日就挥霍殆尽。

二、游谒不断

布衣文人的游谒可以从游山川与谒大人两方面说谈起。

先说游山川。山人布衣游历，主要是为了领略山川景色，增广见闻，弥补埋首古书而造成的空疏迂阔，为诗文写作积累材料，如

---

① 王兆云辑：《皇明词林人物考》卷十一“俞仲蔚”条，656页，台北，明文书局，1991。

② 王兆云辑：《皇明词林人物考》卷十一“张玄超”条，668页，台北，明文书局，1991。

③ 郑若庸：《蛣蜣集》卷首《蛣蜣生传》，《四库全书存目丛书》集部143册，561页，济南，齐鲁书社，1997。

刘勰所说“若乃山林皋壤，实文思之奥府”①。因此只要条件允许，文人无不以漫游四方为乐，以胡茂承与何廷济为例：

廷济少以慧闻，已而弃儒，飘然有远志。自辛卯迄于丁酉，燕、齐、周、魏、楚、吴、越之区，靡有遗迹，亦靡有遗咏，大抵得山川之助，其辞非有想象之所得者。②

（胡）不肯屈首业举子，独好读古文，若左、国、庄、骚、太史公、班椽诸书，尤所酷嗜。……间发为诗歌，词旨跌宕，曾不以贫故少落，以故歙君子长者莫不善茂承，而乐与之迂。久之，叹曰：“丈夫安能龊龊穷年，久居邑屋乎？”于是鼓箧溯江淮，涉汶泗，徘徊邹鲁之墟，至于□阙下。意在览大都名邑、高山巨川，从游内学士大夫，讲艺谈道以自广。③

两人遍游名山大川，阅历甚多，非蛰居一隅者所能相提并论。不过，游历山川与游走市廛、拜谒缙绅通常是紧紧结合在一起，二者密不可分。

次说谒大人。谚语云“人移活，树移死”。说明人尤其是穷愁侘傺者，如果变更一下环境，或许能改善个人际遇。在以文治生的文人身上，这一点尤为突出，他们几乎没有不游走四方、干谒公卿的，试拈举二人：

（顾）圣少，字季狂，吴郡南宫里人。少无乡曲之誉，陷于缧绁，佯狂去乡里。年四十始称诗，游燕、赵、齐、鲁间，客诸王邸中，死于闽。④

① 刘勰：《文心雕龙》，《物色第四十六》，250页，杭州，浙江古籍出版社，2001。

② 宋懋澄：《九龠集》卷二《何廷济诗草序》，44页，北京，中国社会科学出版社，1984。

③ 王兆云辑：《皇明词林人物考》卷十二“胡岳松”条，719～722页，台北，明文书局，1991。

④ 钱谦益：《列朝诗集小传》丁集中“顾山人圣少”条，502页，上海，上海古籍出版社，1983。

（吴）扩，字子充，昆山人。以布衣游缙绅间，玄冠白帢，吐音如钟，对客多自言游览武夷、匡庐、台宕诸胜地，朗诵其诗歌，听之者如在目中，故多乐与之游。入都门，游边塞，历太行群山。初夏抵辽阳，始见桃花，以为奇事。暮齿远涉，裹粮糒，蹑岭峤，风沙中日行百里，如壮夫。①

在交通工具相对落后的情况下，布衣士子这样长时间、远距离的奔走干谒，实在是很不容易，不过，明代文人的游谒目的与唐代文人存在着质的不同。唐人用诗文游谒权贵，意欲借助他们的推掖而平步青云，许多人也的确因此一举中第。但在明代，“科举必由学校”，权贵的推举对文人的仕进起不了什么作用，如果与公卿，特别是那些主持考试的官绅走得太近，甚至可能会惹祸上身。这中间的差异，谢肇淛说得很清楚：

唐时士子入试，皆遍谒公卿，投贽行卷，主司典试亦必广访名流，旁搜寒酸。如王起放榜，先问宰相所欲；沈绚主春闱，承其母命，与宗人及第；牛庶锡贽卷，萧昕要令首拔；至于郑薰错认颜标，虽被冬烘之诮，亦不失为激劝之盛心也。……迨夫近日，则投刺及门皆为请谒，知名识面尽成罪案，上之防士如防夷虏，而旁观之伺主司如伺寇盗，举荡平正直之朝化为羊肠荆棘之路，以登贤吁俊之典变为防奸明刑之狱，虽士习之渐靡有以致然，而刻核太过，于拔毛连茹之初心亦稍悖矣。②

为保证考试的公平、公正，防止考官、公卿与士子串通一气，明代科举制度在这方面采取了严密的措施，惩罚也厉害。如吴中才子唐寅入京会试，无端卷入谒见考官、贿赂得题一事，结果被黜为

① 钱谦益：《列朝诗集小传》丁集上“吴山人扩”条，453页，上海，上海古籍出版社，1983。

② 谢肇淛：《五杂俎》卷十四《事部二》，287～288页，上海，上海书店出版社，2001。

吏，即是一例。

奔走游谒，既然无助于文士的功名，那么他们所为何来？主要有两方面的目的：

一是求名。这里所说的“名”，并非功名之“名”，而是才名、文名，即个人在文人圈内的名气。这种名气的获得，源于文人间的相互推重、延誉，功名显赫、社会地位高的仕籍文人的推崇尤能令人声誉骤增，正如薛冈所说：“人亦有言，一经品题便作佳士，夫齿颊之能令人重也如此。余尝谓：丈夫七尺之躯，何所不足自立，而顾藉人之口以成其名？太史公亦曰：匪附青云之士，安能声施当世？诚悲哉。其言之苟不附青云，将遂湮没弗彰乎？此士之所大恐也。”① 若能得到辇上君子、通显有位望者的揄扬，文名自然会迅速提高。

那么，山人诗客奔走于公卿门下，请他们品评自己的诗文，有无带来名声上的彰显呢？试看下面几例：

> （何）白，字无咎，永嘉人。幼时为郡小吏，龙君御为郡司理，异其才，为加冠，集诸名士赋诗以醮之，为延誉于海内，遂有盛名。②
>
> （钱）希言，字简栖，余之从高祖叔父也。少遇家难，辟地之吴门，博览好学，刻意为声诗。王百谷见其诗曰：“后来第一流也。”力为延誉，遂有声诸公间。③
>
> （俞仲蔚与张寰）尝偕谒文太史衡山，出赵松雪马图令君题赋，文亟加许重。张公结社湖南，社中有尚书南坦刘公、箬溪顾公，皆海内缙绅冠冕，一见君，即重其器度，及席上赋诗，又独屈其坐人，皆推以为上客。由是诸

---

① 薛冈：《天爵堂文集》卷二《经品录序》，《四库未收书辑刊》集部第6辑，25册，465~466页，北京，北京出版社，2000。

② 钱谦益：《列朝诗集小传》丁集下“何山人白”条，629~630页，上海，上海古籍出版社，1983。

③ 钱谦益：《列朝诗集小传》丁集下“钱山人希言”条，632页，上海，上海古籍出版社，1983。

公互为延誉，人间渐知有仲蔚矣。①

山人诗客能获得公卿名士的引重，当然先取决于其良好的诗文造诣，否则，就是沽名钓誉了。在当时庞杂的游谒群中，后者大约也不少。《送林守一重游吴越序》中，曾异对此类人的行径作了形象的概括，说："今之所谓游者，我知之矣。其卑卑曳裾者无论，高者挟一策一卷，往而师一先生，谒当世大人数辈，投刺名下士数辈，归而索赠言十数通，评文满纸，揭揭然。建鼓而号于人曰：'某，吾师也；某，吾友也。'今世之所谓游者，如斯而已矣。"②这种实无才学而借大人以成名的游者，在今天看来，不过是常见的鱼龙混杂现象而已。

二是求食。于声名、立言之外，贫困的布衣文人还有一个更现实的生计问题，较好的解决途径就是托身于名公贵卿门下，这是他们不停地游谒大人的重要原因。公卿权贵之所以吸纳文士，前一章已经论述。这里从文士的角度来分析，看他们是如何依人作客，游食四方的。以莫叔明为例，王世贞这样写：

> ……台宪使者闻而致之学官，郡大夫即其旁隙地以授山人，俾茇蒿莱数椽焉。……会故通政钱塘周兴叔爱山人诗，山人遂从之钱塘，数与其贤长者游。……寻渡江谒故相吕公于绍兴，与相酬唱。山人生数奇，蔡司空、莫宪副间以义故，要山人，许授室。山人当行治装而司空死，宪副坐劾罢，去装又为盗窥……而予以勋楚命及于清源，及改附予副舟，日一脱粟而已。③

莫叔明先是被台宪使者致之学官，次从钱塘周通政，不久谒故相吕公，交游蔡司空、莫宪副，最后改附王世贞，可谓游谒不断。嗜好古文辞的莫叔明，家事大细不复问，生计自然日蹙，依从缙绅

① 俞允文：《俞仲蔚先生集》附录，顾章志《明处士俞仲蔚先生行状》，《四库全书存目丛书》集部140册，801页，济南，齐鲁书社，1997。

② 黄宗羲：《明文海》卷二百九十六，3 077页，北京，中华书局，1987。

③ 王世贞：《弇州四部稿》卷一百零二《莫山人像赞》，《四库全书》集部1 280册，628页，台北，台湾商务印书馆，1985。

便成了衣食的主要来源。文士游谒的谋生性质，王世贞在写给一位游勋阳的贫士的诗中，曾一语道破：“本为聊托息，非用借光辉。南亩有栖粮，矫翮且一飞。晨当暂相辞，夕当复来归。躄足未朝食，原尝代其饥。”①

就以文治生者而言，求名与求食并行不悖，二相常互为依托。如张凤翼所说：“今时游食四方者，曾不识一丁而托名诗章，乞书请谒，狐媚蛊惑，动充囊箧。缙绅甘饵，不知实胜欲借其游扬，特为折节，缘以入贿。阳则为名，阴则为利者，在在有之。”② 目不识一丁者，托名诗章才可乞书请谒，恰好说明了当时社会上，山人诗客以诗文游谒公卿的风气之普遍，他们“阳则为名，阴则为利者，在在有之”。不过张凤翼只看到事情的一面，忽略了寒士游谒公卿的有利因素。因为寒士的衣食问题得到解决后，更能集中精力研治诗文；获得了文名，自然又为王公贵卿所器重、延请。所以说求名与求实有时是互相促进，相得益彰的。

三、嗜好古文辞

许多文人诸如俞仲蔚、王叔承、沈明臣、卢柟、王逄年等，特别爱好古文辞，即便屡屡受挫于科场也未改变这一习性。是什么力量使他们深入其中而不出呢？为了能更形象、更充分地了解这一现象，这里先从莫叔明说起：

> 莫公远者，名叔明，公远其字，一名更生，字延年，自长洲徙武林。公远生僻，好为诗，年十七八，即已能为老苍语。久之，愈益苦其思，务于人所不经道，险诣卓绝以为功，以故鲜有赏识之者，而其自喜，于诗则益甚。遇广座，受牛饮蜩螗，丝驰肉飞，红粉杂遝，而公莫呕呕

① 王世贞：《弇州四部稿》卷十二《送吴士游勋阳用贫士韵二首》，《四库全书》集部，1 279 册，150 页，台北，台湾商务印书馆，1985。

② 张凤翼：《处实堂续集》卷二《与俞子如书》，《续修四库全书》集部1 353 册，401 页，上海，上海古籍出版社，2001。

> 舌，吟自若也，若了不相涉者。家事大细不复问，一切失得忧喜愿快，悉委之诗文。又高自标置，时谓人近，出语忽忽不遒。①

由于专注于诗文，莫公远对身边的人和事置若罔闻，可谓身在尘中，心游尘外，在诗文的天地里自足自乐。“一切失得忧喜愿快，悉委之诗文”，道出了诗文可以宣泄主体情感的特点与功用，这与明代中后期“以文自娱”、“文以适情”的文学思潮一致，可以说是受当时崇尚自适、享用等观念影响的结果，也可看作是古文辞功用之一的自然体现。这些，恰好跟猎取功名富贵的八股文存在严重的对立，八股文专从四书、五经中命题，并只能用程朱注解作答，完全是代圣贤立言，难得有应试者的观点，更不消说流露情感了。因此，不受拘束、喜欢追求顺情适性的文人，往往厌恶时文而嗜好古文辞。

综观嗜好古文辞的文人，不难发现，他们主要是出于精神上的需求，并不过多地注重外在名利的得失。文人的这种嗜好与心理，可用李邺嗣的一段话来解释：

> 人生各治其事，惟以得所嗜为乐，以有所求而治之，与无所求而嗜之绝不同。百工之治一艺，朝而作，暮而犹未息，然火继之，其目之所注，手之所执，俱此事，然其中固有所求也。使予之百钟，则脱然弃其事矣。甚而世人读书者亦然。季子夜发书，陈箧数十，伏而读之，其志亦有所求也，至位尊而多金，则箧尘数寸矣。余故谓世人读书，其贱与百工等，以所嗜本不在此也。至所谓好学者，饥可以当餐，小病可以当药，欢可以当丝竹，慷忾可以当酒，出可以当舟车，斯须不离，忽忘其老之将至，若此可

① 王兆云辑：《皇明词林人物考》卷十一“莫公远”条，651页，台北，明文书局，1991。

谓得所嗜矣。①

话中首先指出“有所求”与“无所求”的嗜好迥然不同，就追求衣食之资的百工和猎取功名的士子而言，他们并不真正嗜好自己所治之事，仅是将“艺”与“书”当作工具而已，因为其目的并在此。其次指出治时文与读古书不同，前者意在“位尊而多金”，一旦得手之后，“则簏尘数寸矣”；后者以读书为乐，乐至“忽忘其老之将至”，是真正的好学，是真嗜。

无所求而嗜古文辞，是李邺嗣对同邑两位长者的评价。这种观点，同样适用于许多以文谋生的布衣文人，他们雅好古文，才名籍籍，虽然屡试不第或老于场屋，也不作时人语，可见嗜好之深。不过要注意，李邺嗣所说的“无所求”，并不是真正的一无所求，只是区别于世俗纷然追逐功名利禄的现象而言，是超然世俗外的一种追求。《皇明词林人物考》在介绍张玄超的生平经历时，便点明了这一点：“（张）性不偶俗，独喜闭户著书，冬夏不辍。其诗尔雅冲淡，有魏晋风；其文闳深奥衍，出入东西京。床头惟拥书千卷，终身不识铢两会计，以故家徒壁立。间从贵人游，或罗绮满座，公独敝衫竹跻，被襟命麈，旁若无人。盖公所挟持重者，不在世味中也。”②

像张玄超那样的文人，所挟持重者不在世味中，那在什么呢？按当时的情况推测，应当有二：一是顺适情性，率意任真，不以外在的名利羁縻自己，即上述的“无求而嗜”；一是文名的确立与文章的传世。时文虽然可以获取功名，荣身耀家，却不能得到才学方面的公认，因为在文人圈子里，社会名声的确立，主要源于文士之间对各自诗文的所作评价，所以一般人在勉励后进时，均鼓励多学古文，不要专做程文。如徐渭十岁时，因事到山阴县衙，县令刘昺

① 李邺嗣：《杲堂诗文集》之《杲堂文续钞》卷一《磬樵先生集序》，560页，杭州，浙江古籍出版社，1988。

② 王兆云辑：《皇明词林人物考》卷十一“张玄超”条，668页，台北，明文书局，1991。

读过他当场作的文章后，大加赞赏，又告诫说："小子能识文义，且能措词，可喜可喜！为其师者，当善教之，务在多读古书，期于大成，勿徒烂记程文而已。"① 嗜好古文的徐渭在后来的科举路上并无"大成"，而在幕府中撰写的《代初进白牝鹿表》和《代再进白鹿表》让他文名大振，却是事实。

喜爱古文并能所有造诣，不仅可以使人获得名声，也有助于文章的传世，符合立言不朽的价值观，这是文人嗜好古文辞的内在原因。对于古文与时文的不同功用，谢肇淛在谈论唐宋两朝与明代科举考试内容的不同时，说："唐及宋初皆以诗赋取士，虽无益于实用，而人之学问、才气一览可见，且其优劣自有定评，传之后代足以不朽。自荆公制义兴，而聪明才辩之士妥首帖耳，勤呫哔之不暇矣。……至我国家，始为不刊之典。……士童而习之，白而纷如，文字之变，日异月更，不可穷诘，即登上第，取华朊者，其间醇疵相半，瑕瑜不掩，十年之外便成刍狗，不足以训。"② 在推行八股文取士制度的社会里，诗赋虽无益于实用，但可以传之后代，足以不朽；而制义文呢，虽可以猎取一时的荣利，但十年之外便成刍狗，无人能识记了，这在明人的生活中有实际的例子。《柳南续笔》卷一"传名不系爵位"条载：

> 《诗小传》云："王履吉少与其兄履约同学于蔡羽先生，八试锁院不售，以年资贡入太学。履约举进士，以都御史抚治郧阳，而履吉已前死。死后数十年，履吉名满天下，而人之犹知有履约者，以有履吉为之弟也。"文文肃公《吴中先贤小记》云："有陈道复先生者，以布衣有文行名。其大父某公官中丞，赫然贵重矣，至于今，天下故不知陈中丞，而惟知白阳山人也。"然则人之传不传，其不

① 徐渭：《徐渭集》补编《畸谱》，1 326 页，北京，中华书局，1983。

② 谢肇淛：《五杂俎》卷十五《事部三》，316 页，上海，上海书店出版社，2001。

系乎爵位，固有断然者。①

两则故事均反映出文人的价值取向，由此决定了文人的一些言行，如希望词坛名家为自己写传立碑，或向人乞资刊印文集。李贽死前写遗言，要求将作传题碑的大事交付给焦竑，因为他视焦氏为当时社会的“苏轼”，由中过状元的焦氏撰写传记碑铭，自然可以流传久远。徐渭晚年向朋友李如松写信，希望对方能资助人参十五斤，刻印自己的文集，以便传于后世。所有这些可以说是文人立言求不朽的心理的流露。社会风气如此，文人希望立言传世就很自然了，只是各人才气不同，需要通过后天的努力，尽量提高才名和创作水平，这是山人布衣嗜好古文辞的重要原因。

以上所述，是以文谋生者的群体特点（诗名显赫在下节细论）。当然，如果要一一列举，肯定不止这些，如，他们当中的许多人不仅能诗文，而且也擅长书画。徐渭曾说自己“书第一，诗二，文三，画四”；陈淳“以诗名家，而尤工于书法”②。又有重义气者，这种义气常表现为个人的知遇报恩行为。王稚登受知于袁炜，袁炜死后，门人故吏掉臂不顾，王稚登却千里亲临，部署丧事，上书请赠。这些特点与文中所列的三个特点比较，相对弱些，故不具论。

第三节 “诗在布衣”

明代中后期，布衣文人之所以能以诗文糊口于四方，除了公卿权贵对他们的喜爱、延揽及社会性的诗文消费风气形成其存在基础外，另一个必不可少的条件是，他们必须具备为时人所公认的、高水平的诗文能力。这里从“诗在布衣”谈起。

① 王应奎：《柳南续笔》，137页，北京，中华书局，1983。

② 陈淳：《陈白阳集》附录《跋武林帖》，《四库全书存目丛书》集部146册，91页，济南，齐鲁书社，1997。

一、“诗在布衣”及其依据

“诗在布衣”的提法，始于屠隆。他在分析、对比唐以前与明代的诗坛状况时，认为唐以前诗在士大夫，因为“唐以前士大夫岩居穴处，玩心千古，游目百家，其为诗文也，仰而摹其古法，返而运其心灵，轨则极于兼收，而神采期于独照。闭门研精或一二十年，而后出以示人，是飞卫纪渻之技也，擅场名家，良是非偶耳”。而唐以后尤其是明代，诗在布衣。为什么会出现这一变化呢？屠隆接着阐释说：

> 今之士大夫则不然，当其屈首授书，所凝神专精，止于贴括，置诗赋不讲，一朝得志，青紫孳孳，而程薄书功。令偶一念及，曰：“吾都不习，吾伊人将伧父我，我稍其染指哉？”于是略渔猎前人韵语一二，辄奋笔称诗，团辄托之杀青，诧之都市，瞥者却步，攒者争前，乌知薰莸黑白耶？而布衣韦带之士，进不得志于圭组，退而无所栖泊，乃始刳心毕力而从事此道，既无好景艳其前，又鲜他事分其念，用力也专，为力也倍难。虽才具不同，要必有所就而可观者，故曰在布衣。①

屠隆生活于嘉靖、万历年间，他所说的“今之士大夫”、“布衣韦带之士”，当然是指明代中后期的士人。当时的士大夫登第前，由于受社会重举业风气的影响，不愿且不屑于习读古文，登第后即便涉足诗赋，也是浅尝辄止，应付了事。布衣文人，由于功名不第，反倒能专注于此道，进而求有所成就。这是“诗在布衣”的根本原因。

此处暂不论这一说法是否得当，首先来看明代布衣诗人的数量。前面章节已提到，《列朝诗集小传》辑录的一千八百多名诗人和《明诗综》收录的三千四百多名诗人中，各有近半数和过半数

① 潘之恒撰，陈允衡辑评：《涉江集选》卷首，屠隆《涉江诗序》。《四库全书存目丛书》集部142册，819页，济南，齐鲁书社，1997。

的诗人是普通的市民或其他平民，可见布衣诗人与具有官僚身份的诗人在数量上，几成分庭抗礼之势。这些布衣诗人，除建朝之初和覆亡之际因政治原因而不肯出仕的部分外，剩下的诗人主要集中在明代中后期，这从清末陈田辑的《明诗纪事》中可得到印证，其中“己签”收录的诗人主要活动在嘉靖、隆庆年间（1522—1572），仅第二十卷一卷就有布衣诗人53位，“庚签”收录的主要是万历年间的诗人，整卷尽是收入布衣诗人的有卷二十五、二十六、二十七、二十九、三十，计183人。

接着来看布衣诗人的诗歌成就。由于人数很多，这里只能选一些知名者进行举例，先说新安的程嘉燧与吴兆：

> （吴兆）少好为词曲，尝撰传奇以寄讽刺，已而悔之，乃学为诗，而诗大就。然人犹未奇也，仿初唐体作秦淮斗草篇，曹南宫能始见而异之，遂广为延誉，一时名公卿如李本宁、屠纬真、米钟诏、钟敬伯、藏晋叔、徐抑之、汪仲嘉、梅子马、吴允兆、徐兴公、俞羡长、林茂之、赵凡夫、王先民、王太古、冒伯麟皆折节与之交，恨相见晚，而曹能始尤相契重，凡游历白下、西泠、苏台、武夷、匡庐、九华诸名胜，必与俱，每一诗出，竞相传诵。①

> 孟阳（程嘉燧字）少喜为诗，于古人之遗编无所不窥，而尤爱少陵之作。其于今尝称李献吉，虽规规摹拟，而才气实非余人所及也。甫冠及弃去经业之学，而一意读古诗文，久之豁然。上自汉魏，下逮北宋诸作者，靡不穷其所诣。至苏长公，往往或学其体，或次其韵，若将与之并驾者。比壮且衰，其为七言近体，以清切深稳为主，盖

---

① 吴苑：《吴兆传》，《新安二布衣诗》卷首，《四库禁毁书丛刊》集部155册，6页，北京，北京出版社，2000。

得刘随州为多。若曰杜之雄浑逸宕，当令独立千古。①

这两段话描述了程、吴二人学诗乃至成名的经过，他们不仅生前就已诗名籍籍，对后世也有着重要的影响。明末清初，被人目为商丘雪苑六子之一的宋荦说："明末新安二布衣，一为程嘉燧孟阳，一为吴兆非熊，皆以诗名天下。钱宗伯牧斋最赏之，今大司寇新城王先生复有同好焉。"② 大诗人王士祯对二人也赞誉有加，说："二先生同万历之世，时天下承平久，士大夫以文章为职业，布衣之士时时颉颃上下。其间，吴受知闽曹公，程受知常熟钱公，用能成名当世，声施至今。"③

其次谈海盐布衣朱朴，《槜李诗系》载道：

> 元素（朱朴字）性耽诗，自少至老未尝一日废，兼善绘事，兴到辄作云林小幅。其诗孤清警拔，颇具排古荡今之致，一时林下诸贤并邀入社，与钱东畲、徐丰崖、吴南溪、陈沩溪、徐东滨、陈古崖、刘海村、钟西皋、释石林为"瀛洲十老"之会，推元素为首。

陈田评价朱朴，说他是"以海宾（滨）一老，清吟雅制，领袖骚坛"④。

除程嘉燧、吴兆、朱朴外，布衣诗人中名重一时者，尚有"擅词翰之席者三十余年"的王稚登、"列诸广五子之首"的俞仲蔚、"江湖诗人第一流"的沈仕、"先后歌诗七千余首"的沈明臣、"以布衣执牛耳"的谢榛、"嘉靖以来一人"的徐渭、"才气横放，实可以驱驾七子"的卢柟、"主闽中词盟，后进皆称兴公诗派"的

① 娄坚：《书孟阳所刻诗后》，程嘉燧《松圆浪淘集》卷首，《续修四库全书》集部 1 385 册，588 页，上海，上海古籍出版社，1995。

② 宋荦：《新安二布衣诗序》，《新安二布衣诗》卷首，《四库禁毁书丛刊》集部 155 册，3 页，北京，北京出版社，2000。

③ 王士祯：《新安二布衣诗序》，《新安二布衣诗》卷首，《四库禁毁书丛刊》集部 155 册，2 页，北京，北京出版社，2000。

④ 陈田辑：《明诗纪事》丁签卷十四"朱朴"条，148 页，上海，上海古籍出版社，1993。

徐㶿、“远而夷酋土司，咸丐其词章，近而酒楼茶馆，悉悬其画像”“倾动寰宇”的陈继儒等等。① 明代中后期，类似的诗人还很多，这里所列举的不过是其中的一部分，但借此一端，其余可知大概矣。

综合上述，可以得出结论，“诗在布衣”之说不为妄语，而是有其现实依据的。《明史》卷二百八十八说“嘉、隆、万历间，布衣、山人以诗名者十数”②，清人赵翼在概述明代诗坛状况时，也有相似的看法，《廿二史劄记》卷三十四“明代文人不必皆翰林”说：“唐、宋以来，翰林尚多书画医卜杂流，其清华者，惟学士耳。至前明则专以处文学之臣，宜乎一代文人尽出于是。乃今历数翰林中以诗文著者，惟程敏政、李东阳……虽列文苑传中，姓氏已不甚著。……并有不由科目而才名倾一时者，王绂、沈度、沈粲、刘溥、文征明、蔡羽、王宠、陈淳、周天球、钱穀、谢榛、卢柟、徐渭、沈明臣、余寅、王稚登、俞允文、王叔承、沈周、陈继儒、娄坚、程嘉燧，或诸生，或布衣山人，各以诗文书画表见于时，并传及后世。回视词馆诸公，或转不及焉，其有愧于翰林之官多焉。”③ 在这一段话中，赵翼分类摘引了馆阁文臣、部郎及中书舍人、部曹及中书行人、进士举人及由此授职的知县、布衣山人六类人中的佼佼者，最后说许多不由科目者，才名倾动一时，诗文传及后世，并使词馆诸公不及。这从史的角度，证实了“诗在布衣”一说的不容置疑。

这里顺便提一下，作为布衣诗人，想要生前扬名、文传后世，在当时并不是件容易的事。一方面，他们可能会受到来自仕籍文人或名士的轻视与排挤。《明诗纪事》己签序描述李、王主盟词坛的情形，说：“嘉靖之季，以诗鸣者有后七子，李、王为之冠，与前

---

① 钱谦益：《列朝诗集小传》丁集，482 页、439 页、481 页、496 页、423 页、562 页、426 页、633 页、637 页，上海，上海古籍出版社，1983。

② 张廷玉等：《明史》卷二百八十八《王稚登列传》，7 389 页，北京，中华书局，1974。

③ 赵翼：《廿二史劄记》，783 页，北京，中华书局，1984。

七子隔绝数十年，而此唱彼合，声应气求，若出一轨。海内称诗者，不奉李、王之教，则若夷狄之不尊正朔；而啖名者，以得其一顾为幸，奔走其门，接裾联袂，绪论所及，嘘枯吹生。”① 不说李、王的诗歌主张如何偏颇，其排挤异己的门户之弊则显而易见。这种排挤，除了诗论观点的不同外，还包含了社会地位上的歧视。

谢榛一事即是例子。七子结社之初，称诗选格，多取定于谢榛，为此李、王二人均有颂诗相赠，李诗云：“谢榛吾党彦，咄嗟名士籍。遂令清庙音，乃在褐衣客。”王诗曰：“萧索一韦布，傲睨千古才。隐士代失职，达者惭其故。”相安无事之际，布衣能诗，被当作掖扬的根据；交恶后，马上变为排挤的理由。李于鳞说：“岂其使一眇君子，肆于二三兄弟之上？必不然矣。”社会地位的卑微、生理上的缺陷，致使谢榛从七子中削籍。这一事件的背后原因，朱彝尊认为是：“特明时重资格，于章服中杂以韦布，终以为嫌尔。”② 因为七子中，除谢榛外，其他六人均是进士出身，所以朱彝尊的话也不无道理。事情无独有偶，在《列朝诗集小传》丁集“沈记室明臣”条中，钱谦益也说到了沈明臣、王伯谷、王承父三人的类似遭遇：

> 万历年间，山人布衣，豪于诗者，吴门王伯谷、松陵王承父及嘉则三人为最。王元美继二李之后，狎主词盟，引同调、抑异己，谢茂秦故社中老宿，有违言于历下，则合从以摈之，用以立懂示威，海内词人有不入其门墙，不奉其坛墠者，其能自立者亦鲜矣。伯谷才名故与乌衣马粪相颉颃，承父早多贵游，嘉则晚依宗衮，三人者其声势皆足以自豪，元美与之雅故，在异同离合之间。夷三君于四十子，而登胡元瑞于末五子，虽未能一切抹杀，其用意轩

① 陈田辑：《明诗纪事》，1 867 页，上海，上海古籍出版社，1993。

② 朱彝尊：《静志居诗话》卷十三“谢榛”条，386～387 页，北京，人民文学出版社，1998。

轻犹前志也。①

胡元瑞（即胡应麟）能名列末五子的一个重要原因，是他曾“携诗谒王元美，盛相推挹，元美喜而激赏之，登其名于末五子之列”，王元美奖掖的动机在于：“初喜其贡谀，姑为奖借，以媒引海内之附己者。”② 自引为傲、终不入牢笼的徐渭，生前却只能落个“科名艺苑皆失位”③ 的结局。

另一方面，身为布衣诗人，生前可能由于地处偏僻，无人激扬而默默无闻，或者经济贫困，无力刻印文集，致使湮没无闻。这些事情，应当常有发生，李邺嗣在搜集、整理乡里五位名贤的诗文时，写了篇《后五诗人传》，题下小序说：“后五君，风格益奇，而身后诗文并失传，里中亦渐不知其名氏。盖由隆、万以来，吾乡文章之事无主之者，遂使诸贤任其沦没。余为苦觅其遗草，略得其生平，曰胡处士一桂、吴山人士玮、全公子大震、吴先生应雷、孙山人仪。”传中所记五人的遭遇，可以说是诸多山人布衣的一个缩影。这里以胡一桂为例：

> 胡处士一桂，字百药，万历中诗人，隐居不仕。余初见《甬东诗括》，载百药诗九首，风华高绮，自然可爱，为录存八首，意中歆然，思得百药诗。遍觅久之，复从友人闻戀泉所，得其四言诗一卷，奇文奥义，识学兼造，当是焦延寿一流，为后来词人所绝无者，读之惊觉弥日，其思得尽百药诗文益甚。既而知百药死久矣，有子曰传，字麟翼，亦能诗。周贞靖先生束茆山中，麟翼常往来其间，佛灯鱼鼓，时与共之。麟翼来则负一橐，中藏百药遗草，及所辑三百年典章、四方文献，凡二十余帙。麟翼时与人

① 钱谦益：《列朝诗集小传》丁集中，496～497页，上海，上海古籍出版社，1983。

② 钱谦益：《列朝诗集小传》丁集上“胡举人应麟”条，446～447页，上海，上海古籍出版社，1983。

③ 沈善洪主编：《黄宗羲全集》第十一册，286页，杭州，浙江古籍出版社，2005。

诵其父诗，及他所著作，欲去即负其橐去，山中人无为录存副本者。今麟翼亦死矣，求其橐中书，绝不可得。余每属人入山觅百药遗草，至跪请之。近乃知麟翼有女，嫁为农家妇，在山中。往问其家，云前四五年尚有残橐数本在织筐中，今撕裂尽矣，唯钞得麟翼诗数首。嗟夫！百药竟已矣。夫以百药之才，格义理，通古今，使尽出其一生所作，当有可观，而奄然散佚，使名氏亦并不传，能无惋惜！①

对于胡一桂的诗文集，其子麟翼特别重视，常负在橐中，但未能刻印流传，至其孙辈时，就已放在织筐中，撕裂尽矣。胡一桂的诗文遗草遭遇，与袁宏道偶然见到徐渭的“恶楮毛书，烟煤败黑、微有字形”的《阙编》，不能说没有相似之处吧？

布衣诗人中，尽管一部分人受到排抑，名晦于时，或者诗稿散佚，不传于后，但是如前面所述，毕竟还有那么多人能以个人文才雄立于世，或因得到方家的推崇而名震一时。所有这些人合在一起，汇成了阵容强大、名家林立的布衣诗人群，足可与名列朝籍的诗人相抗衡，这应当是“诗在布衣”一说的最好注脚。

二、“诗在布衣”的原因

“诗在布衣”的现象出现在明代中后期，自然存在着多方面的原因，诸如城市经济的发展、士人心态的变化、官场吏治的窳败等等，但主要原因，当有三方面：

一是科举制度。通常说来，有什么样的科举制度，就有什么样的教育，也就会培养出什么样知识结构的士人。唐宋以诗赋取士，官吏的选拔与士人的文才关系紧密，使许多才华横溢的文人脱颖而出，跻身仕籍。在明代，以八股文取士，士人只能在圣贤的经典和程朱的传注中唯唯诺诺，不能有自己的见解。举业的这种要求与以独立创新为生命的诗赋显然格格不入。当然，我们难以评判不同朝

① 李邺嗣：《杲堂诗文集》，475页，杭州，浙江古籍出版社，1988。

代的科举制度在官吏选拔上的优劣，但有一点可以确定，即：明代的科举制度不利于以诗文见长的士子荣身仕进。当时许多知名文人屡屡受挫于场屋的遭遇，也可以证明这一点。

由于推行八股文取士制度，相应地，社会上就十分重视制义文的研习，并被视为人生正途，其他诗文词赋，均为杂学、杂览，当以为戒。这种崇尚制义文、戒习古诗文的社会风气，当时十分浓盛，如李邺嗣所言："自海内不尚古学，学者治一经四书外，即能作制义，中甲乙科。后生有窃看左氏传、太史公书，父兄辄动色相戒，以为有害，遂使举俗尽若避世中人，初不知曾有汉晋，若此三十年。"① 风气溺人，难于逃逸，许多士人因此埋首程文，心无旁骛，而一旦成为士大夫之后，不免出现不善或不能诗文的情况。一些无意于科举或者科举受挫但又嗜爱古文辞的山人布衣，如屠隆所言"既无好景艳其前，又鲜他事分其念"，反而能专注地吟诗作文。由科举制度引发的士人知识结构的变化，在很大程度上消解了"诗在士大夫"的传统状况，却有利于"诗在布衣"现象的出现。

另外，明代科举必由学校，别无其他途径选拔贤良，太祖、成祖两朝，虽有荐举一途，但在后来的实施过程中渐渐流于形式，成为虚应故事。《明史·选举志三》说："自（永乐）后科举日重，荐举日轻，能文士率由场屋进以为荣，有司虽数奉求贤之诏，而人才既衰，第应故事而已。宣宗尝出御制《猗兰操》及《招隐诗》，赐诸大臣，以示风励。实应者寡，人情亦共厌薄。"② 科举日重，荐举日轻，乃至仅用科举一途的做法，一直到万历年间也没什么变化。对于这一制度及其弊端，谢肇淛感慨地说："宣、正以前尚参用诸途，吏员荐辟皆得取位卿相，近来即乡荐登九列者亦绝无而仅有矣。上以是求，即下不得不以是应，虽名公巨卿往往出于其间，

① 李邺嗣：《杲堂诗文集》之《杲堂文钞》卷五《戒庵先生藏铭》，512页，杭州，浙江古籍出版社，1988。

② 张廷玉等：《明史》卷七十一，1 713页，北京，中华书局，1974。

而欲野无遗贤终不可得已。”① 乡野遗贤的表现之一，就是部分盛有才名、但不善举业的文人长期滞留于社会底层，这也是造成“诗在布衣”的一个原因。

二是“立言不朽”的价值观。诚如前引谢肇淛说的那样：诗赋虽无实用，但人的学问、才气一览可见；八股程文虽可用来荣身进阶，但十年之外便成刍狗，于是，才有“传名不系爵位”的社会现实。在这种价值观念的激励下，许多布衣诗人嗜爱古文辞，积极投身于诗文创作，在因科举而设的八股文与自幼喜好的诗赋发生矛盾时，部分人甚至宁可割舍前者，也不肯放弃后者。依情理揆之，布衣诗人的这种行为，有可能深藏了这样一种用意，即：用诗文的成功及文章的传世，来弥补乃至超越科举仕途上的失败，以求个人价值的实现。

有了立言传世、以求不朽的心理，所以布衣诗人特别珍惜自己及其先人的诗文。处士胡一桂之子胡麟翼，与周贞靖先生交往，来则背负一橐，中藏其父遗草，时与人诵咏橐中诗文，去则负橐而去。休宁的范灿，聚其六位先人的诗文于一椟，随身携带，常出以示人，为此徐渭写了首赠诗，其中有几句云：“范君起钟缙，其事镃与粟，顾独耽典坟，买冢中陈竹。其先六君子，掞藻照人目，断烂不可收，君一一为录。皮椟一尺高，佩之与之逐，有时出示余，新若手未触。泛水俱到津，入山同在谷，风波能收人，此物不可得。敬仲以乐奔，微子抱器出，后死握斯文，将事宁不肃？”② 秀水人项嘉谟，“乙酉（1645）闰六月城破，束平生所著诗赋于怀，投天星湖死”③。文人对于自身诗文的极为珍爱，在徐渭《抄小集自序》的描述中，尤能体现出来，其文说：

山鸡自爱其羽，每临水照影，甚至眩溺死弗顾。孔雀

---

① 谢肇淛：《五杂俎》卷十五《事部三》，316 页，上海，上海书店出版社，2001。

② 徐渭：《徐文长三集》卷四《休宁范君灿诗》，89 页，北京，中华书局，1983。

③ 朱彝尊：《静志居诗话》卷十二“项嘉谟”条，627 页，北京，人民文学出版社，1990。

> 亦自爱其尾，每栖必先择置尾处，人取其尾者，挟刃匿丛篁，伺其过急断之，少迟忽一回视，则金翠光色尽殒，此岂其靳惜之意专致通于神，故人不能夺其所爱，而必还之于既去耶？此其于麝抉脐，蛇剖珠，又稍殊异矣。余夙学为古文词，晚被少保胡公檄作鹿表，已乃百辞百縻，往来幕中者五年。……昌黎为时宰作《贺白龟表》，词近谄附，及《谏佛骨》则直，处地然耳，人其可以概视哉？故余不掩其所代于公于人者。虽然，自妄羽之而复自妄尾之，安能保人之必羽之而必尾之耶？诚如是，则吾之购之录之也，其不见笑于山鸡孔雀也几希矣。①

这里，徐渭是为替自己的代撰诗文作阐释与辩解。代笔篇什，尽管难逃谄附之讥，可是毕竟耗了个人心血，哪有不重视之理？这如同山鸡爱其羽、孔雀爱其尾，即便眩溺至死和遭匿刃断尾亦不悔，敝帚自珍的情感跃然纸上！连普遍遭人訾议的代耕文字，尚且如此重视，那其他的性情之作，则更不用说了。文人的这些言行，除了能见出他们对诗赋的重视外，又可说明在制义文盛行的环境里，为什么还有许多人嗜爱古文辞。所以说，“立言不朽”思想的支撑，是“诗在布衣”现象得以出现的重要原因。

三是谋生工具。就布衣山人而言，诗文除了具有怡情悦性的作用外，在明代中后期的这一特定的社会环境里，还可作为谋生工具。王公贵卿雅好文词，布衣诗人可以借一己之文才，寄身于他们门下，谋求衣食，前面章节中提到的徐渭、王寅、沈明臣、郑若庸、谢榛、卢柟、吴扩、吕时臣、宋登春等一大批知名文人，曾经都挟诗卷、携竿牍，遨游缙绅间，出入藩王府第和将帅戎幕。屠沽细人有着很强的诗文消费需求，布衣诗人又可以在市井里巷佃文谋生，如王稚登“擅词翰之席者三十余年”，“征言者以日至，问奇

① 徐渭：《徐文长三集》卷十九《抄小集自序》，536～537 页，北京，中华书局，1983。

者以旬至，守相之干旄以月至”；[①] 俞仲蔚“神交者遍天下，诸以文请者不虚月，以诗请者不虚日，以草隶请者不虚刻，往往得意去”[②]。其他如何白、陈昂、周鼎、陈继儒等，也无不是常为人佣作诗文，谋利治生。在社会生活中，诗文所具有的实利性功用，可以解决贫困文人的生计问题，这也是“诗在布衣”能得以存在的一个条件。

综合说来，以八股文为唯一入仕门径的科举制度，将许多以诗才自负的文人拦在士大夫阶层之外，“立言不朽”的价值观，却激励着他们积极从事诗赋的创作，而凭借诗文可以糊口于四方的社会现实，使其生存有所保障。这些因素汇在一起，相互作用，最终引发了“诗在布衣”的出现。

三、“诗在布衣”的意义

“诗在布衣”的出现，彻底打破了士大夫长期主盟诗坛的历史格局，使地位低微的山人布衣，在历来被人认为是文学正宗的诗文领域里，有了自己的话语权。这一变化，不仅给崇尚教化的士大夫文学注入了新的内容，还将改变文人社会地位和文章优劣的评判权力与认同方式，正如夏允彝在《岳起堂稿序》中所说的那样：“唐、宋之时，文章贵贱，操之在上，其权在公卿。其起也以多延奖，其合也或贽文以献，挟笔舌权而随其后，殆有如战国纵横士之为者。至国朝而操之在下，其权在能自立。其起也以同声相引重，其成也以悬书示人，而人莫之能非。故前之贵于时也以骤，而今之贵于进也，必久而后行。”[③] 文章贵贱，不受评判者社会地位的影响，有利于文人的自在成长，从而促进文学的繁荣发展。从明代中后期延续至清代中叶，一大批地位卑微而富于文才的文人，孜孜以

① 王世贞：《弇州四部续稿》卷三十八《赠王晴川六十序》，《四库全书》集部1 282册，499页，台北，台湾商务印书馆，1985。

② 王兆云辑：《皇明词林人物考》卷十一，657页，台北，明文书局，1991。

③ 陈子龙著，施存蛰、马祖熙标校：《陈子龙诗集》附录，750页，上海，上海古籍出版社，1983。

求，撰写出了多部不朽的传世名著，与这样的文学氛围是分不开的。

此外，前人研究明代文学时，从内容的侧重点与审美趣味的倾向性出发，指出明代的小说戏曲具有市井化、平民化的特点，却忽略了文人名气大小与诗文优劣的评价权当时已经在逐渐下移的事实，缺乏这一背景，要想全面理解文人敢于并乐于从事被人视为小道的通俗文学样式的创作，是很难的。而“诗在布衣”一说，恰好能弥补这方面的不足。

最后，“诗在布衣”格局的确立，有利于布衣文人得到更广泛的认可与尊重，为他们以诗文谋生营造良好的社会氛围，而大批的山人布衣，被王公贵侯聘入府第的事实，便是有力的证明。

第五章　以文治生的途径

以文治生，在当时条件下，其途径不外乎入藩府帅幕做幕宾、在市井笔耕、编印书刊、坐馆授徒等，由于社会对这些谋生方式的认可程度不一样，加上不同的谋生途径需要文人具备不同的才情学识、处世策略及思想观念上的转变，所以尽管同样是以文谋生，但招来的褒贬却各异，文人自身对此也评说不一。

第一节　府幕笔耕[①]

为了说明文人入府幕谋生，先得从“山人”这一称号说起，分析明代山人的实质、在府幕中的作为及时人对他们的态度，有利于我们了解文人谋生的情况。

“山人”，不是明代才有的称号，初见于《左传·昭公四年》：“自命夫、命妇，至于老疾，无不受冰。山人取之，县人传之，舆人纳之，隶人藏之。”唐孔颖达疏：“《周礼》：山虞掌山林之政令，知山人为虞官也。”又见于《荀子·王制》：“故泽人足乎木，山人足乎鱼。”文中的“山人”两者中，前者指掌管山林的官员，后者指居住在山林的细民。秦汉以后，“山人”一词屡屡出现在文献中，所指也有变化，先后指过道士、隐士、星相医卜等技艺之士以及流落江湖的文士，但主要还是指隐士，即相对朝庙而言的一些山林人士。明中叶以来，山人在社会上大量出现，这一名称有了特定

---

① 本文中的“府幕”包括藩王与阁臣的府第、将帅在外的营帐，而“幕府”仅指后者（笔者注）。

的含义与对象。

一、山人实质

明初，自号或被他人称为“山人”的多为遗民，且具有隐逸性质，如洪武年间的席帽山人王逢、九灵山人戴良、玉峰山人赵善瑛等，他们历经战乱，不肯用世，实有不与新朝合作之意。到了成化、弘治时期，山人相应多起来，较知名的如山人王左、太白山人孙一元、雅宜山人王宠、石门山人高瀔等，这些山人能诗文、善书画，书画往往比诗文更出名。他们或栖于山林，或交游公卿，均能洁身自重，保持人格的独立，一如高瀔自传所言：“足迹且半海岳，然性狷迹孤，乐善畏义，与世多龃龉，不能容人，不能俯仰于人，遇事顾理无愧，其他利害屏而不问，故动得人谤。涉世颇久，物理人情颇勘执坚定，故当道有知之者，益自居穷守约，未尝干以私。”① 此时的山人因政治、经济、思想观念等因素的制约，数量上尚未多到引人注目。

山人的全面繁盛，集中在嘉靖至万历年间（1522—1620），这从诸多文献记载中可看出来，兹引数例：

> 山人之名本重，如李邺侯仅得此称。不意数十年来出游籍辈，以诗卷遍贽达官，亦谓之山人，始于嘉靖之初年，盛于今之上岁。(指万历年间)②
>
> 盖自嘉、隆以来，寓内所著录山人弥道踵地矣。上者闭户谈道，藜羹短褐不厌死而已；次者操觚挼藻，寄适于山川花月，时时游大人以成名。大人亦喜延揽，见为能下士，互相评目而山人滋重。③

---

① 高瀔：《石门集》卷首《自传》，《四库全书存目丛书》集部146册，605页，济南，齐鲁书社，1997。

② 沈德符：《万历野获编》卷二十三“山人”条，623页，北京，文化艺术出版社，1998。

③ 李维桢：《大泌山房集》卷二十二《潇湘编序》，《四库全书存目丛书》集部150册，781页，济南，齐鲁书社，1997。

> 本朝布衣以诗名者，多封己自好，不轻出游人间。其挟诗卷、携竿牍，遨游缙绅，如晚宋所谓山人者，嘉靖间自子充始，在北方则谢茂秦、郑若庸，此后接迹如市人矣。①

这些材料表明，自嘉靖初年以来，山人人数在社会上迅速增加。《列朝诗集小传》中，以“山人”为名号的近五十人，知名者如谢榛、王叔承、莫叔明、王寅、俞安期、曹臣、钱希言等。据此推测，其他无名或不见于文传者当会更多。山人何以不盛于明前期或中叶，偏出现在嘉靖、万历年间？先从山人的实质说起。

山人大盛后，形形色色的人动辄以“山人”自封，致使山人人多品杂，不仅有辱古人雅号，也易使时人混淆，莫之能辨：“夫所谓山人高士者，必餐芝茹薇，盟鸥狎鹿之俦，而后可以称其名耳。今也一概溷称，出于何典？词客称山人，文士称山人，征君通儒称山人，喜游子弟亦称山人，说客辩卿谋臣策士亦称山人，地形日者、医相讼师亦称山人。甚者公卿大夫弃其封爵而署山人为别号，其义云何？”② “山人”冗滥，确属实情：一是名流官宦称山人，如刑部主事王世贞自称弇州山人，名士胡应麟自号少室山人，户部主事曹履吉号博望山人。二是医士称山人，唐顺之《赠徐爱杏山人诗有序》载：“山人善医，尤精金疮，以为其父传之，异人也。山人治病，投一匙于垂绝，无不应手愈。”③ 三是一些博士员弟子或入太学上舍的生员也被称为山人，李维桢为何白作的诗序中，说：“今山人称诗者在所不乏，余或不识其人，即识其人，或

---

① 钱谦益：《列朝诗集小传》丁集上“吴山人扩”条，453页，上海，上海古籍出版社，1983。

② 钱希言：《戏瑕》卷三《山人高士》，《续修四库全书》子部1 143册，591页，上海，上海古籍出版社，2001。

③ 唐顺之：《荆川先生文集》卷三，四部丛刊初编本，65页，上海，商务印书馆，1936。

故为博士员子弟，或入太学上舍，于山人名义不类。”①

山人虽然芜杂，检索大量文献后，仍可发现绝大多数山人的行为具有共同的社会特征。除上引钱谦益、沈德符等人的言论可资证明外，又可看下面有代表性的两条材料：

> 孟少孤曰：亿兆之人，无官者十居其九，岂皆高士哉？今人所谓高士者皆名山人，而山人多以诗自高，要以冀荐绅唇齿为糊口计，诗亦不必合作。②
>
> 挽近世所称山人之什，予得而言其概矣。初未能以子大夫取显融，而无以游扬公卿间，则山人；搦三寸管为羔雉，而阴取其值，阳浮慕为名高也，则山人；甚者以揣摩捭阖之术糊其口，而无以自试，不托迹于章缝则不售也，则亦山人。故挽近所称山人者，多大贾之余也。③

仔细分析这些材料不难得出，山人的特质在于：用诗文干谒公卿以谋利治生。这从“山人”后来在社会上泛化成一种徼名求利的行为方式也可看出来，王世贞描述这种现象时，就说：“士大夫罢官，武弁不得志，太学诸生不获荐，亦自附于山人以暂实其橐。”④而事实上，许多明人也的确以此为标准，不管有无“山人”名号，只要用过这种方式谋利者均宽泛地称之为山人。陈继儒厌恶山人行为，且终生未用过“山人”称号，沈德符却明确将其列在“山人”一类。类似于此的尚有王稚登、赵宧光、屠隆等人。

用诗文干谒公卿的行为古已有之，尤以唐代为盛，但唐代士子是借此向当世显者展示才华，希望有利于功名的进取或官阶的提高，当世显者往往能以认真的态度对待。在明代，科举必由学校，

① 李维桢：《大泌山房集》卷二十四《何无咎诗序》，《四库全书存目丛书》集部151册，35页，济南，齐鲁书社，1997。

② 李维桢：《大泌山房集》卷一百二十九《戴瞻侯诗题辞》，《四库全书存目丛书》集部153册，637页，济南，齐鲁书社，1997。

③ 何白：《汲古堂集》卷首《汲古堂集序》，《四库禁毁书丛刊》集部177册，6~7页，北京，北京出版社，2000。

④ 王世贞：《觚不觚录》。见吴弥光辑《胜朝遗事》二编，清光绪九年刊本。

山人用诗文干谒公卿对功名没什么帮助，所以这种行为只能用来谋求衣食之资和张扬名声，当然张扬名声的目的最终还是为了能更方便求取衣食。山人的这种动机与目的，当时就有许多人指出：

> 今时游食四方者，曾不识一丁而托名诗章，乞书请谒，狐媚蛊惑，动充囊箧。缙绅甘饵，不知实欲借其游扬，特为折节，缘以入贿。阳则为名，阴则为利者，在在有之。①

> 今诗人集满天下，其投赠寄怀，率辇上君子。凡通显有位望者辄字之，几于无等。问其交情始末，或彼此不相识，即识，彼亦不复能省记。而必欲胪次其姓名，以为行卷羔雁之贽，大都一仕籍而已。②

山人求利，公卿图礼贤下士的美名，各取所需，互有所得，这是山人大盛的一个原因。

遑遑奔走于公卿门下，寻求衣食之资者，多是家境贫寒或者科举不第的下层文士，他们贫不能自存，除了以诗文见长外，别无他技，只得靠本业谋生。可是，我们也不能忽略那些社会地位高、经济能力强的士绅，他们冠以“山人”的名号，当然不是降身辱志要用诗文去谋生，而是想追求山人高士闲雅自适的生活方式。此外，还有少量以星占医卜等技艺游走于公卿门前而自称“山人”的江湖术士，所有这些都不是晚明山人的主流，故不细论。

山人生活的贫困状况，沈德符在拜访喜与山人交往的先达李本宁、冯开之时，李、冯二人对此说得很清楚：“此辈以文墨糊口四方，非奖借游扬，则立槁死矣。”③ 这是李、冯二人眼中的山人情形，而山人贫无所藉，只能售艺谋生的窘境，冯梦龙在其《山歌》

---

① 张凤翼：《处实堂续集》卷二《与俞子如书》，《续修四库全书》集部1 353册，401页，上海，上海古籍出版社，2001。

② 陈继儒：《晚香堂集》卷二《芙蓉庄诗序》，《四库禁毁书丛刊》集部66册，558页，北京，北京出版社，2000。

③ 沈德符：《万历野获编》卷二十三“山人”条，626页，北京，文化艺术出版社，1998。

中作了漫画式的描绘：

道假咦弗假，道真咦非真。做诗咦弗会嘲风弄月，写字咦弗会带草连真。只因为生意淡薄，无奈何进子法门。做买卖咦吃个本钱缺少，要教书咦吃个学堂难寻，要算命咦弗晓得个五行生克，要行医咦弗明白个六脉浮沉。天生子软冻冻介一个担轻弗得步重得个肩膊，又生个有劳劳介一张说人话人自害自身个嘴唇，算尽子个三十六策，只得投靠子个有名目个山人。①

这些，都是世人外观山人的状况。

实际情形是否如此呢？我们可以看看山人的自述：

谋生我太劳，万里长为客。②

已分屠门斋断为，只难酒盏座前空。半缗榆夹求书客，数点梅花换米翁。③

予迁居阳羡，绝志四方，圆灌陇耘，永期食力。属惟艰运，洊至异灾，廿口苍黄，一身委顿。④

年去贫来不自由，暗伤颜面向交游。他乡且斗孤身健，此日徒悬四壁愁。纸裹已空难爱惜，瓶储欲罄未知谋。何缘忽致监河粟，莫是枯鳞尚有求。⑤

从山人的自我描述中，不难看出山人确实贫困，有时几乎是食不果腹。另外，山人如果经济宽裕，又何必屈身抑己逢迎显贵呢？

因此，可以下结论说：晚明山人实质上是一大批用诗文干谒公卿以谋求衣食之资的贫寒文士。他们科举不第或无意于科举，家境

---

① 冯梦龙：《明清民歌时调集》，430页，上海，上海古籍出版社，1987。

② 谢榛：《沧溟集》卷九《群雀》，《四库丛书》集部1 289册，736页，台北，台湾商务印书馆，1985。

③ 徐渭：《徐文长三集》卷七《春兴》（其二），261页，北京，中华书局，1983。

④ 俞安期：《翏翏集》卷六《赠别陈玉甫》诗前小序，《四库全书存目丛书》集部143册，60页，济南，齐鲁书社，1997。

⑤ 程嘉燧：《松圆浪淘集》卷七《友人徐孺谷饷粟》，《续修四库全书》集部1 385册，639页，上海，上海古籍出版社，2001。

贫困，无其他治生途径，只得用自己擅长的诗文作为工具，进出权贵门第，求名射利。

二、山人被诟

山人在晚明社会上大量孳生，终于成为引人注目的一个群体，因其谋生方式的特殊而深受时人诟责，诟责的原因大致有三：

一是山人不在山中。明以前和明前期的山人主要是指居住山林里的隐士，他们“餐芝茹薇，盟鸥狎鹿”，弃尘绝俗，洁身自好，多是一些清高多才之士。明中叶以来的山人虽号“山人”，实际却不在山中，时时混迹市廛，与古之山人相差甚远，由此招来横议。批评的声音很多，如《明史纪事本末》卷六六《东林党议》说：“昔之山人山中之人，今之山人山外之人。”王世贞在《昆仑山人传》中引用他人评论，见出时人的质疑：“山人不山而时时尘间，何以称山人?”① 薛冈言辞激烈，很有代表性，他在《辞友称山人书》中说：

> 山人之号，不著于古，古有其人；盛行于今，今鲜其实。不佞窃谓山中之人，非无位之通称也。如洗耳许由、饮牛巢父、采薇夷齐，身至老死，曷尝一日离箕颍首阳哉？唯此四君足以当之。长沮、桀溺、荷蓧丈人、晨门、接舆、于陵、商山，隐君子耳，方之箕颍、首阳，非其伦矣，况今人哉！……若君侯视今日游客，动号山人，以为无位者之通称，而加不佞，益非不佞所愿当矣。有人于此，苟其无位，质有其文，游大人以成名，或呼处士，或曰布衣，名副厥实，谁曰不宜？何必假山人以为重？有志之士，咸耻斯名。②

---

① 王世贞：《弇州四部续稿》卷七十四《昆仑山人传》，《四库全书》集部 1 283 册，96 页，台北，台湾商务印书馆，1985。

② 薛冈：《天爵堂文集》卷十八，《四库未收书辑刊》集部第 6 辑，25 册，657 ~ 658 页，北京，北京出版社，2000。

这些责詈均表明：以诗文干谒公卿者，实在与山人这一雅号不相称。但正如前面所指出的那样，晚明所谓“山人”者，内涵与古之山人完全不一样。

二是山人形同商贾。商贾本来是通各地货物之有无，借此而谋利。山人行为虽似商贾，但身无分文，只是凭才售艺于公卿门第，辗转反复，沽名获利，因而还不是商贾，所以何白说“近所称山人者，多大贾之余也”。对山人这一类似于商贾的谋生方式，批评严厉者莫过于李贽：

> 且商贾亦何可鄙之有？挟数万之赀，经风涛之险，受辱于关吏，忍诟于市易，辛勤万状。所挟者重，所得者末。然必交结于卿大夫之门，然后可以收其利而远其害，安能傲然而坐于公卿大夫之上哉！今山人者，名之为商贾，则其实不持一文；称之为山人，则非公卿之门不履，故可贱耳。①

此番话，原是李贽指责黄生的。黄生自京师往长芦长官打秋风，又随其赴新任，行至九江遇一显贵，于是舍旧从新，随显者北上。这种趋炎附势的行径为人不齿，黄生却矫言称：“我欲游嵩、少，彼显者亦欲游嵩、少，拉我同行，是以至此。然显者俟我于城中，势不能一宿。回日当复道此，道此则多聚三五日而别，兹卒卒诚难割舍云。”明明是见利绝情弃义，却假惺惺说难割舍，欺世愚人而自作聪明。素有假道学斗士之称的李贽自然怒不可遏，在与焦竑的信中，疾言厉词，揭穿黄生的虚伪：“名为山人而心同商贾，口谈道德而志在穿窬。夫名山人而心同商贾，既已可鄙矣，乃反掩抽丰而显嵩、少，谓人可得而欺与，尤可鄙也!”这一斥责虽是指向黄生一人，但对部分“名山人而心商贾”的见利忘义行为具有认识意义。

李贽的批评，矛头直指山人人品上的虚伪。与此同时，也有人由人及文，批评山人“以诗卷遍赞达官”而使雅道沦丧。因为山

① 李贽：《焚书》卷二《又与焦弱侯》，49页，北京，中华书局，1975。

人用诗文射利谋生，使之染上很浓的商品色彩，这与传统的“经国之大业，不朽之盛事”、立言不朽的诗文价值观大相径庭。对此，陈继儒慨叹：“诗者，千秋之物。今山人游客往往借为筐篚，以通于朝士之籍，久之营二窟以居，利与名两收之，此诗道之辱也。”① 诗文既是用来干谒公卿，换取个人生存，再用传统的价值观来评判，指责是难免的。

三是山人个体因素。先是人格问题。由于山人上求名誉，下要货赂，干谒时或进入公卿门庭后，必要的礼貌谦恭甚至偶尔的膝语蛇行都是人情难免，个别山人恃才傲物、放浪不羁，那只是少数，不具有普遍意义，典型者如徐渭。再则，当时社会礼法周备、等级观念森严，久受儒家伦理熏陶的文士不可能在短时间内把某些束缚人性的东西轻易地卸下来。而某些当世显者也不是真心爱才，只是想博个礼贤下士的美名而已，他们常把山人视若一己之宠物。这一点，王稚登看得很清楚，在《赠吴大夫序》中说：“诸侯大夫往往挟所有骄人，或受其惠，即犬马蓄之，客利其金钱赂遗，不为怪也。”② 公卿贵人自恃位高，他们接见山人时，未必肯降尊纡贵。所有这些都是造成山人人格不能或者不能完全独立的原因。由此去观山人在权贵门下的生活，情形可想而知。

以谢榛为例。他入幕于“性和厚，嗜学博古，文藻弘丽，折节爱宾客，户履恒满，文酒宴游，有淮南梁苑之风”③ 的赵康王门下，按理是主宾相谐，乐趣融融。李攀龙的记载却是：“王帷妇人而笑之”，初入北京，“在大长公主家，又不负一蒯缑剑，令主家王先亟断席，与尔别坐，家监乃置恶啮马尔邸中，辄怒马使踶于庭，践溺沃尔冠。亡何，又迁尔于传舍，使与骑奴同食；传舍长三

---

① 陈继儒：《陈眉公集》卷六《题李茂承诗草序》，《续修四库全书》集部 1 385 册，84 页，上海，上海古籍出版社，2001。

② 王稚登：《王百谷集》十九种之一，《燕市集》卷下，《四库禁毁书丛刊》集部 175 册，72 页，北京，北京出版社，2000。

③ 钱谦益：《列朝诗集小传》乾集下“赵康王”条，12 页，上海，上海古籍出版社，1983。

投尔屦于户外”①。此文写于李、谢交恶后，难免有故意污辱之嫌，但结合《列朝诗集小传》丁集中“昆仑山人王叔承”条所载“叔承问知王虽好客，客见必蒲伏长跽，称主臣”的文字推测，谢榛在王府大约也不会很自在，至少不能像徐谓进出胡宗宪幕府那样随意无拘。不然，宋登春也不会讥之为“以声律傭丐者也”②。

其次是山人的曲媚行为。因为制度限制，山人干谒公卿，只能谋取财货或者营造声名，几乎不存在建功立业的可能，所以如何露才扬己、取悦公卿倒是值得认真考虑的，如：山人吴扩，“嘉靖中，子充避倭乱，居金陵，爱秦淮一带水，造长吟阁居之。尝元日赋诗，奉怀分宜相公（指严嵩），人戏之曰：‘开岁第一日，怀中朝第一官，做一日和尚撞一天钟吟到腊月三十日，岂能及我辈乎？’金陵人至今传以为笑云”③，便是一例。沈德符细叩马仲良“座中山人每盈席”的原因，仲良一方面承认李本宁、冯开之两先生的说法：“此辈以文墨糊口四方，非奖借游扬，则立槁死矣。稍与周旋，俾得自振，亦菩萨普度法也。”另一方面又补充说：“但其爱怜亦有因，此辈率多儇巧，善迎意旨，其曲体善承，有倚门断袖所不逮者，宜仕绅溺之不悔也。”④ 山人的伺机投贽与曲意逢迎的心理和行为，薛冈在与友人的书信中描绘得很细致，兹引如下：

> ……薄操一艺，杂处嘉宾，月席花筵，旅进旅退，揖让坐作，居之不疑，三也；一闻好客，百计求交，耽耽贵人，以为奇货，甫擅交欢，反谤介绍，四也；察其喜怒，委曲迎合，得其意旨，婉转趋承，日事左右，以求声誉，

① 李攀龙：《沧溟先生集》卷二十五，574页，上海，上海古籍出版社，1992。

② 《列朝诗集小传》丁集中，“鹅池生宋登春”条载：布衣谢榛，诗藉甚公卿间，生得而唾之曰：“此以声律佣丐者也，何诗之为？”514页，上海，上海古籍出版社，1983。

③ 钱谦益：《列朝诗集小传》丁集上“吴山人扩”条，453页，上海，上海古籍出版社，1983。

④ 沈德符：《万历野获编》卷二十三“山人”条，626页，北京，文化艺术出版社，1998。

五也；偶然邂逅，退即造门，怀刺遍投，唯日不足，执礼足恭，从阍人始，六也；年无老幼，刺总晚生，交无深浅，称皆知己，沾沾向人，夸其道广，七也……①

薛冈的描述不免有夸大与偏颇处，却能大致窥测一些山人的品行。由此可见，除多才艺外，山人能曲承权贵旨意，也是缙绅喜欢与他们交往的一个原因，同时也成了山人被诟的一个疵点。

山人遭诟责的原因很多，当然远不止文中所列的几点，但所有可供人用来指责的原因，都是因山人的谋生方式——用诗卷干谒公卿引发而来，当属无疑。但不管时人如何挞伐，晚明山人兴盛不衰却是历史事实。

三、山人入府幕

山人的产生与兴盛，首先与藩府帅幕对文士的吸纳有关。

明代的藩府戎幕制度大体上承袭前代，但也有变化，最大的特点是两者都无权设置僚属，佐官的铨选均由朝廷掌管，进入藩府戎幕的文士是私人聘请且几乎不参与政事，他们的身份是客，不拿朝廷俸禄，只是收受聘主的脩脯。这些变化，从根本上决定了山人入府幕为宾对自身的仕进作用不大，只不过是“借大夫以为利”，而“士大夫亦借以为名”。因此，山人在幕中所能做的主要是些与文字有关的事，诸如帮助批阅生童试卷、代写笺表奏启、献诗酬唱之类。幕主与幕宾互有所需，也能各取所需，这正是山人赖以存在的根本原因。此处举郑若庸来说明，郑若庸入幕赵康王，赵王的“笺、奏、表、启与夫应对书札、告谕、教令，半出君手”②，在《祭赵康王文》中，他自己也承认：“使服笔砚之役，纂辑类籍以成王志……于是俯首铅椠，兀兀终日，代言之草，积几盈棂，编摩

---

① 薛冈：《天爵堂集》卷十八，《四库未收书辑刊》集部第6辑，25册，658页，北京，北京出版社，2000。

② 郑若庸：《北游漫稿》卷末《上国风云诗序》，《四库全书存目丛书》集部144册，138页，济南，齐鲁书社，1997。

之札，捆载有余。”① 其他人如徐渭、专门“草应制文字”的玄阳山人王逢年、替阁臣们代写青词的相门山人等皆是如此，举不胜举。

除了分担文字上的公务外，山人也会写些诗文用于酬唱，曲意善承，主宾一起娱乐遣兴，这也是聘主延请山人的一个原因，新安人潘之恒《亘史》记载谢榛为赵康王写竹枝词十四阙一事，便是一例。前已引述，此不赘笔。

山人在公卿门下笔耕与献诗助雅兴，即人们常说的“帮忙”与“帮闲”，是山人在公卿门下的主要活动，但也有山人会参与到幕主的政事中去，如徐渭、王寅都是以文名入胡宗宪幕下，二人都有一定的军事才能，先后献计甚至以实际行动助督府平倭，立下不少功劳，可这毕竟是少数。因为山人若涉及政事过深，会贻人口实而招致祸害，万历二十九年京城就出现“恩诏逐山人”一事，而徐渭发疯据传也是因胡宗宪事败、担心迫害及身所致。所有这些，对山人来说不是没有警示作用的。

其次，明代府幕特点决定了山人的去留取决于幕主的个人爱好与府幕的兴废，因此才出现山人像商贾一样，为了谋生而不断地游走、干谒的现象。如徐渭，初入胡宗宪幕，胡宗宪败后，应大学士李春芳邀请前往北京，因主宾不合，不久辞归，数年后又北上赴宣府吴兑幕，长期入幕谋生，足迹几乎遍至天下。山人不停地游走于公卿门庭，有的是被逼无奈的，譬如因幕主过世或府幕撤销，或主宾不谐；有的是缘利高攀，舍故就新。比较而言，前者多些，因为山人入幕终究是贫困所迫。

概括上述内容可知，山人的存在及山人活动呈现出来的特点，一方面与山人自身有关，另一方面是明代府幕制度使然。晚明山人大盛的另一个原因是干谒风气的转变。

明中叶以来，纪纲松弛，城市商品经济相对繁荣，社会各方面

① 郑若庸：《北游漫稿》文卷，《四库全书存目丛书》集部144册，102页，济南，齐鲁书社，1997。

的风气起了大变化。钱谦益在描述嘉靖之前的士风时说："本朝布衣以诗名者，多封己自好，不轻出游人间。"弘治年间的康海被削职为民，有人荐举他到彭济物幕下，他严辞拒绝："近济物以他人之谋，将致我幕下。昨已为数言绝之，颇涉峻厉。于乎，彼殆以我为何人耶？大丈夫出处自有礼义，岂私好私与者，寻隙投釁附会可致耶？"① 康海被削职，事出有因，这一番话或许可以看作是他罢职后的愤激之语，或是性格刚正所致，但其中透露出来的以干谒入幕为耻的思想观念还是很明显的。文林《琅玡漫抄》中的一段话，也可证实当时的士风："尝读韩子三上宰相及代张籍书……国初至今，士稍有立者，皆以此为耻，谓能韩能苏之文章者肯为之乎？"② 迨至正德年间，"吴中前辈，沿习元末国初风尚，枕籍诗书，以啖名干谒为耻"。所以当黄省曾"游光扬声，袖中每携诸公书尺，出以夸示坐客，作临终自传，历数其生平贵游，识者哂之"③。这种"以噉名干谒为耻"的风气在嘉靖年间开始发生变化，正如四库馆臣所归纳的那样："正、嘉以上，淳朴未漓，犹颇存宋、元说部遗意。隆、万以后，运趋末造，风气日偷"④。

嘉靖以来，山人不以干谒公卿为耻，从本节引用的多则材料亦可看出。山人不断地游走公卿门第、投贽干谒，陈继儒作了形象的概括："迩来大雅道丧，游名大人者如飞鸟投兔，面目可怜。"⑤ 但是这些概括，是对山人干谒风气的群体性描述，至于个体情况是否如此呢？《列朝诗集小传》中一些山人的事迹可作佐证：

---

① 康海：《对山集》卷二《与王子衡》，《四库全书》集部1 266册，330页，台北，台湾商务印书馆，1985。

② 文林：《琅玡漫抄》，《四库全书存目丛书》子部101册，451～452页，济南，齐鲁书社，1997。

③ 钱谦益：《列朝诗集小传》丁集上"吴山人扩"条，321页，上海，上海古籍出版社，1983。

④ 《四库全书总目》卷一百三十二，子部，杂家类存目九，1 124页，北京，中华书局，1965。

⑤ 陈继儒：《陈眉公集》卷十二《送萧兵宪》，《续修四库全书》集部1 380册，175页，上海，上海古籍出版社，2001。

> 吕山人时臣，字中父，鄞县人。早岁称诗……历齐、梁、燕、赵间十年，客食诸王门下。旅寓章丘，与李伯华论诗词……至青州客衡藩，衡庄王爱其诗，刻为《甬东野人稿》。晚客沈藩，沈宣王礼之，亚于谢榛。
>
> 郑山人若庸，字中伯，昆山人。早岁以诗名吴下，赵康王闻其名，走币聘入邺，客王父子间，王父子亲逢迎接席，与交宾主之礼。
>
> 沈山人璜，字璧甫，吴人。与王德操、林若抚，先后称诗。……尝游辽左，督师汝南公延致幕下。
>
> 俞山人安期，字羡长，吴江人。……少客于龙君扬，受国士之遇。……羡长尝以长律一百五十韵投赠王元美，元美为之倾倒。已而访汪伯玉于新安，访吴明卿于下雉，皆下结社，后门韦布，颇依诸公以起名。①

干谒之风浓盛，其背后隐含的是山人的尚利观念。明中叶后，城市商品经济发展，商人地位提高，整个社会弥漫着重利的风气，士大夫也不避谈利、逐利，山人贫困，自然更易趋利谋生了，所以范濂说："士之所处在清苦，其势不得不流而为近利；所望在进取，其心不得不趋而为好名。不知近利好名正今（即万历年间）之士人对病药石也。"② 山人文士以才谋生，不以卖文得利为耻，从中亦可见士风的变化。

综合来说，山人不过是一群困顿不遇、谋生无门，只好用诗文来干谒公卿以求谋生的贫寒文士而已，府幕是其存在的基础，尚利、逐利的社会环境和不以干谒为耻的士风则促成了山人的大盛。

① 钱谦益：《列朝诗集小传》丁集中"吕山人时臣"条、"郑山人若庸"条，丁集下"沈山人璜"条、"俞山人安期"条。497页、498页、593页、630页，上海，上海古籍出版社，1983。

② 范濂：《云间据目钞》卷二《纪风俗》，114页，扬州，江苏广陵古籍刻印社，1983。

第二节　市井佃文

除了寄身于权门外，文人士子也常常混迹市廛，为市井小民、巨贾大商及地方士绅等各色人物搦管撰文，既为养家糊口，也求确立名声。一般说来，在市井里巷佃文，行动自由，人格独立，酬偿可能远没王公大臣给得那么丰厚，但它毕竟是布衣文人衣食来源的重要渠道之一，所以要想全面了解文人的谋生状况，就不能绕开这一话题。

一、重名到尚利

明代中叶至后期，社会上都有卖诗文书画的现象，表面上看，似乎都是售艺谋利，没什么差别。其实不然，弘治、正德年间的文士，虽然佃文于市井，但不苟作，颇为重视名节；嘉靖、万历年间的文士重在射利，不大在乎他人的贬斥。

为了说明这一变化，先从二则材料说起。《帘曝偶谈》和《戒庵老人漫笔》中，分别记载了几位先贤名流的轶事：

> 陈献章善画梅，人持纸求索者多无润笔，献章题其柱云"鸟音人多来"，或诘其旨，乃曰："不闻鸟声曰：'白画白画'。"客为多绝倒。又杭之陈秋鸿，标于座曰："人来求文字，难推不会得，无物润枯肠，似觉没气力。"又有刘士亨大书门曰："老年卖诗为业，求者当求善价。"卒无一人承其旨。至慈溪冯损之，乃曰："老去精神真勉强，闲来文字莫思量。"其意婉而可取，然终一挂榜，便自坏了，果手段服人，人自迹至，何事招呼哉。①

> 嘉定沉练塘龄闲论文士无不重财者，常熟桑思玄曾有人求文，托以亲昵，无润笔。思玄谓曰："平生未尝白作

① 江畬经辑：《历代小说笔记选》（金元明），419页，上海，上海书店出版社，1983。

文字，最败兴，你可暂将银一锭四五两置吾前，发兴后待作完，仍还汝可也。”唐子畏曾在孙思和家有一巨本，录记所作，簿面题二字曰“利市”。都南濠至不苟取。尝有疾，以帕裹头强起，人请其休息者，答曰：“若不如此，则无人来求文字矣。”马怀德言，曾为人求文字于祝枝山，问曰：“是见精神否？”（原注：俗以取人钱为精神）曰：“然。”又曰：“吾不与他计较，清物也好。”问何清物，则曰：“青羊绒罢。”①

名士陈献章、陈秋鸿、刘士亨与才子桑思玄、唐寅、祝枝山等代人写诗作画，索要钱物却欲语还羞，可见在当时社会氛围里，直接言利还不大为人所接受。如果直接言利，可能损及个人名声，说明文士心中虽有求利的动机，但畏于世议，还是不敢公然地提出来。

以上材料说明，文士此时还处于重名的历史阶段。其次，他们作文也不是随意乱来，并不是什么人都能得到他们的笔墨，诸多事例可以证明这一士风。如，与文征明、蔡羽等人结为“东庄十友”的邢参，苦志读书，平生不事干谒，“除夜有海估以百金乞墓文，峻拒之，抱膝拥衣，饥以待旦，其介如是”②。可谓是一重操守之士，物以类聚，与他结为朋友的一群人，性情当然也差不到哪去。文征明即是一例，据《五杂俎》记载：

文征仲作诗画有三戒，一不为宦官作，二不为诸侯王作，三不为外夷作。故当时处刘瑾、辰濠之际而超然远引，二氏籍没，求其片纸只字不可得，亦可谓旷世之高士也。③

---

① 李诩：《戒庵老人漫笔》卷一“文士润笔”条，16页，北京，中华书局，1982。

② 朱彝尊：《静志居诗话》卷十一“邢参”条，308页，北京，人民文学出版社，1990。

③ 谢肇淛：《五杂俎》卷十五《事部三》，320页，上海，上海书店出版社，2001。

《玉堂丛语》中也有类似的记载：

文征明家居，郡国守相连车骑，富商贾人珍宝填溢于里门外，不能博先生一赫号。而先生所最慎者藩邸，其所绝不肯还往者中贵人，曰：“此国家法也。”前是，周王以古鼎古镜、徽王以金宝瓴他珍货殖数百镒赘，使者曰：“王无所求于先生，慕先生耳，盍为一启封？”先生逊谢曰：“王赐也，启之而后辞，不恭。”竟弗启。四夷贡道吴门者，望先生里而拜，以不得见先生为恨。①

从上面两段话可以看出，文征明不与官府往来，主要是出于自身性命考虑，不与富商贾人作画，则表明他并不嗜利。这些足以表现他不苟为的名士特点，下面一则趣事，更能说明他作为名士的个性，《画史绘要》记道：

朱子朗为衡山高足，衡山应酬之作多出子朗手。金陵一人客寓苏州，遣童子将币于子朗，求衡山赝本。童子误送衡山宅，致主人意，衡山笑而受之，曰：“我画真衡山，聊当假子朗可乎？”一时传以为笑。②

文征明若是钱来画往之人，金陵人肯定会直接持币去乞请文征明，而不用去求其高足所作的赝本了。金陵人求朱子朗而不是直接求文征明作画，正好说明文征明不是那种唯利是图的苟取之人，而是有操行、重气节的文士。这种重名淡利、重义轻利的言行，又见于《列朝诗集小传》的“文待诏征明”条：“征仲少而修长者之行，温州（文征明之父）卒于官，属城赙遗累千金，悉不受，温人构亭以旌之。宁庶人以厚币招致海内名士，征仲谢弗往；伯虎往，佯狂而返。识者两高之。永嘉为温州门下士，以议礼贵显，征仲在翰林，耻与附丽。会上杖濮议诸臣于朝堂，遂决计引去。归田之后，四方求请者纷至，惟绝不与王府通。日本贡使，踵门求见，

---

① 焦竑：《玉堂丛语》卷五“廉介”条，169页，北京，中华书局，1981。

② 陈田辑：《明诗纪事》丁签卷十一上“文征明”条，1 298页，上海，上海古籍出版社，1993。

具冠服南面受拜，而却其贽，曰：‘此国礼也。’”①

邢参、文征明等人的高风亮节不是个别人的性格与行为，而是当时文人圈子所崇尚的一种风气，是社会风俗淳朴的映照。为了证实这一点，又可拈出几例：

梦晋（张灵字）能画人物，高远有致。然惟掩其醉得之，莫可购取。②

（唐寅）晚年寡出，常坐临街小楼，唯乞画者携酒造之，则酣畅竟日。有言志诗云：“不炼金丹不坐禅，不为商贾不耕田。常时写就青山卖，不使人间造孽钱。”③

海内请其（即祝允明）文及书，贽币踵门，辄辞弗见，伺其狎游，使女伎掩之，皆捆载以去。为家未尝问有无，得俸钱及四方饷遗，辄召所善客噱饮歌呼，费尽乃已。或分与持去，不留一钱。每出，则追呼请逋者相随于道路，更用为忭笑资。其殁也，几无以敛云。④

张灵、祝允明的诗文书画“贽币踵门，辄辞弗见”或“莫可购取”，而只有“掩其醉得之”、“伺其狎游，使女伎掩之，皆捆载以去”，均表明他们不是嗜利之徒。唐寅“不炼金丹不坐禅，不为商贾不耕田”，作为一介文人，他还得生存下去，所以用其所长，为人写诗作画，收取酬偿，“不使人间造孽钱”，自然是无可厚非，这也能解释前面提到的桑思玄、祝允明为友人佣书时请要财物的现象了。不过，他们写诗作画，请要财物是有限度、有原则性的。物以稀为贵，由于能得到他们作品的人很少，所以乞请的人就越多，这也是“名士效应”的一种现象。

---

① 钱谦益：《列朝诗集小传》丙集，306 页，上海，上海古籍出版社，1983。

② 陈田辑：《明诗纪事》丁签卷十二“张灵”条，1 327 页，上海，上海古籍出版社，1993。

③ 陈田辑：《明诗纪事》丁签卷十一上“唐寅”条，1 305 页，上海，上海古籍出版社，1993。

④ 钱谦益：《列朝诗集小传》丙集“祝京兆允明”条，299 页，上海，上海古籍出版社，1983。

弘治、正德年间的文士，因为重名节而有所不为，当中又多有才华横溢者，所以他们的一些怪诞举止，在常人眼里就成了风流韵事，流播四方。究其实质，乃是重名轻利的一种表现。到了嘉靖、万历年间，受社会风气影响，世人无不好利，文人也概莫能外。由于好利，自然就无所不为，把个人操守丢在一边。如下面两事例：

余所识陆伯生名应阳，云间斥生也，不礼于其乡。少时受知于申文定相公，申当国时，借其势攫金不少。……时同里陈眉公方以盛名倾东南，陆羡且妒之，詈为咿哑小儿，闻者无不匿笑。乃高自矜重，一日忽写所作诗一卷饷余，且曰："公其珍之，持出门即有徽人手十金购去矣。"余曰："诚然。但我获金无用。"顾旁立一童曰："汝衣敝，可挈往市中博金制新袍，便可拜谢陆先生。"语未毕，大怒而去。

又一闽人黄白仲名之璧，惯游秣陵，以诗自负，僦大第以居，好衣盛服，蹑华靴，乘大轿，往来显者之门。一日拜客归，橐中窘甚，舆者请雇钱，则曰："汝日扛黄先生，其肩背且千古矣，尚敢请钱耶？"舆夫曰："公贵人也，无论舁五体以出，即空舁此两靴，亦宜酬我值。"彼此争言不已，观者群聚。有友过其门，闻而解之曰："一荣其肩，一尊其足，两说皆有理，各不受赏可也。"舆夫掩口而去。①

陆应阳、黄白仲二人的言行，自是斯文扫地，其虚荣、愚妄正体现了文人操行的下滑，与文征明、邢参等人相比，可谓有云泥之别。这里面，既有个人因素，更与当时社会重利轻义的大氛围有关。沈德符摘抉这两人作为讥嘲的对象，虽不能代表所有文人，但亦可见部分文人操行之薄劣。

当然，同是文人，还存在着有无真才实学之分，上引陆应阳、

① 沈德符：《万历野获编》卷二十三"山人愚妄"条，625～626页，北京，文化艺术出版社，1998。

黄白仲属于才气庸腐、招摇撞骗一类文士，他们的行为自然为其他文人所不齿。鱼龙混杂，是任何一个群体所不可避免的，不能因此而一棍子打倒一片，否则也不会出现“诗在布衣”的现象。

试以王稚登为例。钱谦益说，吴门自文待诏（征明）殁后，风雅之道未有人主盟，弃举归来的王稚登，“嘘枯吹生，擅词翰之席者三十年。闽粤之人，过吴门者，虽贾胡穷子，必踏门求一见，乞其片缣尺素，然后去”①。王稚登的才华为袁炜赏识，数次延奖，名震京都，所以向他求请诗文的人很多，多到怎样的程度呢？钱谦益的话说得比较笼统，李维桢的描述则略显夸张：

> 读书与著书日富，台使郡国长吏、四方之客，无贵贱贤愚，辐辏并进。学士欲行其诗若文者，非先生序不取，征自王公，下逮齐民；思显亲不朽者，非先生竹石金帛之篇不惬意；二氏欲兴其教、新其宫，官私有事于关梁道路若古胜迹者，非先生疏不檀施；法书名画、古鼎彝器与技能工巧、青楼歌舞依倚就声价者，非先生品题不踊贵；筐篚包匭上交私觌陈庶侈者，非先生手笔不为腆。故先生一日之内，临文十四，对客十六，而精神意气略无厌倦。人过吴中，或不见先生，则共嘲曰“俗子”，而闽粤间尊乡之尤甚，贩夫持先生八行尺幅归乡，乡人迫欲得之，酬善贾数倍。②

从中不难发现，王稚登才名显赫，不必像一般文人那样，四处兜售自己的诗文，自有人主动上门来乞请，这是文人中才名显、晦不同者卖文行为的差异。这一主动、一被动之间的差别，往往与人格的尊卑牵扯在一块，成了批评者的衡量尺度之一。就当时文人纷纷以诗文为谋生的现象，陈继儒将之与弘治、正德年间的文士进行

---

① 钱谦益：《列朝诗集小传》丁集中“王校书稚登”条，482页，上海，上海古籍出版社，1983。

② 李维桢：《大泌山房集》卷八十八《征君王百谷先生墓志铭》，《四库全书存目丛书》集部152册，544页，济南，齐鲁书社，1997。

对比，慨叹说：

> 诗者，千秋之物。今山人游客往往借为筐篚，以通于朝士之籍，久之营二窟以居，利与名两收之，此诗道之辱也。而吴犹甚，吴先辈如文太史、祝京兆、王征君及吾乡何元朗兄弟，其人与诗皆成一品，所为白鹄云中朱霞天半者也。今吾辈风流委顿矣，吾耻不复谈诗。①

陈继儒不仅把不同时期的文人放在一起，而且又将同时代的文人混为一谈，无视社会风气的变化和文人本身经济条件的差异，统而议之，自然失于公允。但是，诗文由吟咏性情的雅道沦落为营利谋生的俗物，这一变化，他还是敏锐地觉察到了。

由于要谋生，又受世风影响，不得不重利（至少不能太轻利），所以诗文乃至文人由雅而俗。尽管如此，大多数文人在自己的文集中还是很少提及这种“俗事”，有涉及的，也是交代其代人作文的辛苦与劳累，几乎不谈酬劳，因此只能从他人的笔记小说中见到有关的记录，如前引李诩的“文士润笔”条，沈瓒在《近事丛残》中也记载了张凤翼卖诗文谋利的事：

> 张孝廉伯起凤翼，文学品格，独迈时流，而耻以诗文字翰接交贵人。乃榜其门曰：“本宅缺少绝笔，凡有以扇求楷书满面者银一钱，行书八句者三分。特撰寿诗、寿文，每轴若干。”人争求之。自庚辰（1580）至今，三十年不改。②

敢于在门户上张贴诗画的价钱，可见张凤翼的胆力，而“人争求之”，则又说明人们对于这种卖文行为的认可，表明诗文商品化在当时不是什么新鲜事。

随着时间推移及社会风气的变化，文人由重名变为尚利，则为人作文、谋取财物的事情必然更为普遍。那么，请文者通常索请哪

---

① 陈继儒：《陈眉公集》卷六《题李茂承诗草序》，《续修四库全书》集部 1 385 册，84 页，上海，上海古籍出版社，2001。

② 沈瓒：《近事丛残》，29 页，北京，广业书社，1928。

一类诗文呢?

二、请文者的不同需求

文人在市井笔耕，得以实现谋利治生，一个前提条件是人们对诗文有消费需求，这在前面已阐述。这里分析请文者索要的诗文类型，从撰文者的角度看，大致有三种：

一是满足请文者自身的需求。基于这种需求而索请的诗文类型，主要有序跋、楼记、赞等。

先说序跋。明人诗集、文集特别多，前引唐顺之说“达官贵人与中科第人稍有名目在世间者，其死后则必有一部诗文刻集”。在《与卜无锡书》，他又说：“今世所谓文集者，遍满世间，不为少矣。其实一字无用。彼其初作者，莫不妄意于不朽之图，而适足以自彰其陋，以取诮于观者，徒所谓木灾而已。”① 从中可见，不仅达官贵人、中科第者有文集子，无科名的布衣山人往往也有自己的集子；有的人在死后刻印文集，也有的人生前就已将诗文结集刻印。《明代版刻综录》共收录图书 7 740 种，其中嘉靖、隆庆前出版的只有 766 种，嘉靖、隆庆年间出版的有 2 237 种，万历及其后出版的多达 4 720 种，由此可见明代中后期文人编纂、著述的书目之繁盛。文集、书刊多了，少不了请文人尤其是当时知名者撰写序跋，这样做目的有三：一为销售、传播，有了名人序跋，无疑能增加书籍的知名度，这也成为个别商贾或请冒充名人作序的原因。二为不朽，文人有了自己的诗文集，通常会请同类作序、写跋，互相推崇，旨在传世；三是官员在馈遗金珠时以书为副贽的交往中，能请到知名文人写上几篇序文，这在当时官场中已成风气。因为这些原因，现存的明人文集中多有一卷乃至数卷代他人撰的序跋，及他人为自己写的序跋。收入文集的序跋尚有这么多，那些用于应酬、质量不高而遭删略淘汰的肯定也不少。

---

① 唐顺之：《荆川先生文集》卷五《与卜无锡书》，《四库全书》集部 1 276 册，308 ~ 309 页，台北，台湾商务印书馆，1985。

再说楼记。楼记泛指为亭、楼、阁、台、堂、轩、园、池、圃、庐、院、斋、殿等各种名称不一的建筑物所作的杂记，地方赀雄者与官僚缙绅在营建自己的精舍雅苑后，会请文人代笔写些篇什，以示纪念与庆贺，这在当时是一种风尚。陈继儒为人写过题为《陆宫保适园记》、《陆君策畸墅记》、《逸圃记》、《绿野池记》的杂记，薛冈为程于止写过《孚贞堂记》，其文说："休宁之野，有田曰四伯丘，程氏世县也。脉来从方山，流前峙后，形家崇之，五六十年间塍屋矣。于止尊公翊隆先生从而光大之，荣栋以贻于止，堂于是得名孚贞。尊公殁，久之，于止属予为之记。"①

接着说赞。赞包括题画、评法帖、像赞等，需求者请索此类诗文，注重的不仅是文人的文才，还看重书法水平。《徐渭集》中，有多篇题如《张东谷请题王仲山所画小蛙鱼荷芦叶图》、《新建公少年书童子命题其后》、《鸣教出所藏郭画，一叟持玄物，类石方，长数寸，开口语，又所携竹筐中，植一小旛，置道旁。一叟听其语，执册，肘若却避然，令赞之》的篇章，从题目就知道是因人乞请而写。至于像赞，是请文者持自己或他人画像来向文人请题，如在《纯阳子图赞》中，徐渭用小序讲明了写此诗的原因："世所传纯阳翁像，皆本其传中所载记者，人望而识之也。是图与世所传者特异，相沿谓翁于近世示现人间，其状貌若此，故人得按而图之。说纷纷不一，中军陈侯，雅尚道术，既喜得斯图于其友人，遂令予赞之。"② 陈继儒在《霍太公像赞》中，也交代了作赞的起由："金坛霍令君，迎养景尼先生于官署中，其神明之声彻远迩。先生笑曰：'吾耳食之何如腹食之，仙仙乎乐也。第武梁有云：江南卑湿，四十早凋。吾虽饮廉吏水而甘，顾不能耐此卑湿耳。'令君坚留之不能夺，先生曰：'孝哉，吾子。吾留小照，置汝左右，

---

① 薛冈：《天爵堂文集》卷六《孚贞堂记》，《四库未收书辑刊》集部第6辑，25册，528页，北京，北京出版社，2000。

② 徐渭：《徐文长三集》卷二十一，582页，北京，中华书局，1983。

以代省亲，可乎？’令君夙夜祗承，毖若庭训，乃令陈子为之赞。”① 这一段话不仅叙述了令君请人写赞的起因，也可见在科技相对落后的时代，何以存在请人撰赞的现象。

二是公益性质。这里说的公益性质，是指请文者不是为一人而是出于多数人或地方利益考虑，请人代笔，如写祠庙、寺院之类的碑记，修方志等。一般来说，地方为名人先贤塑像、修建公祠、兴建寺院庵庙等，完工后都会请人撰文，或记述修建的经过，或旌表贤哲的功绩。如沈炼因为弹劾严嵩，被流放到保安州，不久遭陷害，当冤情昭雪后，当地人为他兴建祠庙，并欲立碑纪其事迹，请一位姓商的督学撰文，商督学又请徐渭代笔，徐渭应邀写了篇《知青公沈公祠碑》。当一些官绅捐资修葺、重建澄鉴寺和文昌阁时，陈继儒受嘱请，先后撰写过《重修泖桥澄鉴寺记》与《重建文昌阁记》，类似于此的篇章在其他文集中也屡屡见之。

受人托请，参加方志的修撰，也是布衣文人常有的事，其中且多为主笔。徐渭虽未明确称自己参加过会稽县志的编修，但从收录在《徐文长三集》卷十七中、近乎一整卷的《会稽县志诸论》文字来推断，他应当参加过张元忭主持的县志编纂工作，只因为各种原因诸如没有功名、刚从牢狱中出来等，未能署上他的名字而已。同样，71 岁的陈继儒受郡伯方禹侯的聘请，主持《松江府志》的修纂，历三年时间才最后完成。当然，参加这种公益性质的笔耕应当有所酬劳，不过在他们的文集中很难找到相应的记载。

三是满足请文者亲朋戚友的需求。这类请文者，通常不是为自己请文，而是出于人情应酬或生活风俗的需要，才请人捉刀撰文，既有为生者请文的，也有替亡者乞文的，涉及的诗文类型常有寿诗、寿序、墓志铭、行状、祭文、送序、政碑、干谒诗、人物传记等。文章的署名情形有两种，一是落代笔者的姓名，一是写请文者的姓名。

---

① 陈继儒：《白石樵真稿》卷十五《四库禁毁书丛刊》集部 66 册，248 页，北京，北京出版社，2000。

写上请文者姓名的情形，大约占多数，尤其是在为生者请文的情况下，因为没有人愿意拿着他人的文章去拜见长者或当道者，这也是文人集子中屡屡在篇名下注上一“代”字的原因。很显然，代笔者撰文时署上的是请文者的姓名，只不过在收入个人文集时将其换成几个空方框或用一个“某”字代替而已。这里面有代写墓志铭与行状的，如郑若庸《蛣蜣集》卷三、卷四中，有多篇题如《缪元启墓志铭代》、《陈君汇村墓志铭代》、《祭张薄江郡丞文代》、《祭张南村文代》的文章；有代写官场应酬文的，如薛冈《天爵堂文集》卷四、卷五中，有题如《御史杨公九载考满序代》、《职方司郎中衷虚陆公升湖文参政序代》、《知鄞县纪堂柯公入□觐序代》一类的文章；也有未标明是“代”人撰文，但从题目就知道是替人执笔的文章，如《徐渭集》中，有多篇题如《淮河成长吏索赠两台二首》、《景文索送其县吏入觐》、《友人索赠刘府公以剿寇受赏》、《王乡人舍傍学宫索赠张师长》的诗文。

能落上代笔者姓名的，往往是为丧者撰写的篇章，请文者大概有借知名文人之笔而为已故者求不朽的意图，诚如顾章志为俞允文写行状时所言：“明万历七年己卯八月四日，昆有隐君子俞仲蔚卒。其子伯安即以次月廿九日壬申，窆于祖茔之昭位。以君之不遇也，将求志于名世者，以为不朽之谋，谓余素辱爱于君，命为之状。”① 因此，尽管范牧之生前与妓女杜生闹得沸沸扬扬，可是在他病逝十年后，其子仍不忘请陈继儒为父作传。陈继儒在传中说：“君家蠡首倡风流，而唐杜牧之奇宕佻达，半卧粉黛中以老，君于牧之则讳姓，于蠡则讳名，垂二千年，而合为范牧之也。呜呼，然欤？否欤？”借陈继儒的文名与锦绣字句，其事流传至今，也确实达到了不朽的目的。

① 俞允文：《俞仲蔚先生集》附录，《四库全书存目丛书》集部140册，801页，济南，齐鲁书社，1997。

三、酬劳形式

文人在市井佃文，无论是为亲朋好友还是为慕名前来的请文者，如果不是义务性质的撰文，依常理说，多少该有些酬赠，若是公然卖文的话，则肯定会收受钱财或者实物。这些本应在文集中屡有提及，可是，事实上却见得非常少。究其原因，大概因为钱财是俗物，不适合在高雅的诗文中出现，即使要说，也只能笼统地提一下。譬如，俞允文在与友人的尺椟中，屡屡提到“顷承台慈曲降尊贶，下逮蓬茨”、“恭承嘉命，临贶蓬枢”、“佳惠时及，感荷无已”、“比数承遗惠”之类的话语；① 陈继儒与地方官绅往来的信中，也常说及“适承使者捧札入山，分我冰俸”、“忽承远贶……复得老瓦盆酒资”、“忽承专使专币，千里惠临，惓惓悬墓铭见属，藉手有道之碑，以代延陵之险，幸甚”一类客套话。② 类似的语句特别多，毋庸遍举。另一个原因是为人撰文，酬报太轻太微，不屑一提，只有大数目才值得夸耀，如徐渭在胡宗宪幕府一次得银二百二十两；福清人林章诗序并就，戚将军持千金为寿，而在市井中代笔所得，实在不能与幕府相提并论，所以往往不记入诗文中。

就目前所查阅的文献，还是能找到文人在市井佃文时所得酬偿的一些记载，归纳起来，大致有三种形式：

一是食物。这在《徐渭集》中描述颇多，食物种类通常在诗题中就能见出，如《陈玉屏以瓦窑头银鱼再饷，索赋长律》，《陈伯子守经致巨蟹三十，继以浆鲈》，《某子旧大蟹十个来索画，久之，答蟹一脐，松根醉眼道士一幅》，诸如此类的诗题在其集中，俯拾即是。另一种情况是题目中未表现出来，却在诗句中能觅得，

---

① 俞允文：《俞仲蔚先生集》卷二十三《谢王太守》、《答张推官》、《答程于行》，《四库全书存目丛书》集部140册，792页、794页、795页、796页，济南，齐鲁书社，1997。

② 陈继儒：《白石樵真稿》尺椟卷四《答陈五铉观察》、《答刘方瀛太史》、《答冯公》，《四库禁毁书丛刊》集部66册，508页、505页、506页，北京，北京出版社，2000。

如《写倒竹答某饷》有两句说："胡麻绿椒两尖堆，回施无他写竹回"。《范子小像》曰："范家驹，日千里，卜新居，近其止，赠我双鱼尺赢咫。"《袁生像赞》云："取金遗金，买书以读。读罢而箫，下风于竹。饷我以橘，肉赞是属。乡里少年子不俗。"以食物作为回报的大约多是乡里亲邻一类人，因为隔得不远，彼此熟识，再加上自身家境也不是很殷实，所以就以蔬菜、瓜果、鱼鲜、酒肉作为索诗文书画的酬谢。

二是礼物。请文者本身有一定的文化素养，经济状况稍好，会送些文物、貂毡、人参、古玩之类。譬如，刘廷美在求人撰其父合葬的挽辞时，以一卷名为"玉带生"的杨维桢真迹书轴为贽。[①] 徐渭在吴兑处作客的半年里，常为宣府将官撰文，屡获赠人参、皮貂之类的礼物，多到无橐可装，以至向吴兑借箱子。

三是钱财。文人代笔，获得钱财作为回报，多是发生在商品化程度较高的地区，商品交换意识渐为人们所接受。梁辰渔写《貂裘染》，是一扬州盐客眷恋旧院妓杨小环，于是请写题咏，曲成后以百金为寿。[②] 文人所获酬金的多少，往往与文人自身的文名才气有关，也与请文者的财力与需求急缓有关，钱谦益晚年落魄时的一段经历，尤能体现这一点，《柳南续笔》记道：

> 东涧先生晚年甚贫，专以卖文为活。甲辰夏卧病，自知不起，而丧葬事未有所出，颇以为身后虑。适盐使顾某求文三篇：一为其父云华墓志，一为云华诗序，一为庄子注序，润笔千金。先生喜甚，急倩予外曾祖陈公金如代为之。然文成而先生不善也，会余姚黄太冲来访，先生即以三文属之。太冲许诺，而请稍稽时日。先生不可，即导太冲入书室，反锁其门，自晨至二鼓，三文悉草就。先生使人以大字誊真，从枕上视之称善，乃叩首以谢，越数日而

① 叶盛：《水东日记》卷七"玉带生卷"条，80页，北京，中华书局，1980。

② 沈德符：《万历野获编》卷二十五"南北散套"条，685页，北京，文化艺术出版社，1998。

先生逝矣。①

像钱谦益这样三文得千金的人毕竟是少数，因为大文人与大买家终究是少数。而像张凤翼“迩来佣书，日可得百钱”② 的文人，应当占大部分。

综合说，食物、礼物与钱财，作为文人代笔的酬劳，在实际使用过程中，往往不会单一出现，而是交相混合。在文人的酬劳没有制度保障的情况下，这适合不同乞文者的经济状况和思想意识，也是当时社会生活的具体反映。

第三节　其他谋生方式

以文治生，当然不只是纯粹地指替人写文章换取财物，或进入藩府帅幕以诗文事人，它还包括与此相关的教授生徒、鬻卖书画、编印书稿等途径，不过这些方式要么收入低下，要么非常人能做到，不像前面介绍的两种谋生途径那样能形成一种社会风气，下面简单论之。

首先是教授生徒。私塾是对官方办学不足的一种补充形式，由众人集资设立，聘请本族或外族的读书人来教授童蒙，也有富户独自聘人教授自家孩童的。做私塾先生的多是落第生员，他们的酬劳是“束脩”，由主家支付或各家分担。这种办学方式，为某些家境贫寒但有才名的文人提供了一条解决生计的出路，如徐渭、陈继儒等人先后教授过同里的生徒或被人聘请，前往异地坐馆。

不过值得注意的是，同是做私塾教师，由于各人名声大小不一样，受聘请的几率和待遇也会存在差异。名气大的，往往被富家大姓请去做塾师，所得酬劳自然丰厚，如：“周用斋汝砺，吴之昆山

① 王应奎：《柳南续笔》卷三“卖文”条，180页，北京，中华书局，1983。

② 张凤翼：《处实堂集》卷五《复沈殿撰君典书》，《四库全书存目丛书》集部137册，355页，济南，齐鲁书社，1997。

人，文名藉甚，举南畿解元，久未第，馆于湖州南浔董宗伯家。”①陈继儒“幼颖异，能文章，同郡徐阶特器重之。长为诸生，与董其昌齐名”。所以被“太仓王锡爵招与子衡读书支硎山。王世贞亦雅重继儒，三吴十名士争欲得为师友”②。名气弱一点的，或由于当地私塾数量有限，就只能四处寻馆，所得束脩大约也不会十分丰厚，如，与沈炼齐名的章世植科场不遇，“独以穷且老，犹抱其一经，负笈走东西数百里道，以坐人家塾中，一丈之席而不可必得”③。平生不事干谒的邢参户无寸田，“教授乡里，以著述自娱”，其生活状况怎样呢？《列朝诗集小传》中记述的一事，可见一斑：“尝遇雪，囊无粟，兀坐如枯株，诸人往视之，见其无惨懔色，方苦吟诵所得句自喜，又连日雨，复往视，屋三角垫，怡然执书喜坐一角，不鯵也累日矣。”④ 物质上的贫困，大约与教授乡里，收入不多有一定的关联。由此可知，不是生活所逼，文人一般不大会选择塾师这一职业。另外，名气大一点的读书人既可以让人聘来做塾师，又可以被人邀去陪读，徐渭《畸谱》中记载他 31 岁时，“寓杭玛瑙寺，湖州人潘某之借读所，伴其读，饭我两月”⑤。陈继儒 26 岁时，虽说是“馆于娄江王文肃家”，其性质不是做塾师，而是朋友式的伴读，因为王衡只是比他小 3 岁而已，且在后来的交往中，两人也一直是以朋友相称，并不存在师徒关系。

其次是编纂、梓印、售卖书稿。这种谋生途径不适合一般的文人，不仅需要相当的藏书、财力做基础，而且需要一定的见识、才气和社会名声，否则书刊可能会滞销或者书坊不愿梓印。何况事实

① 沈德符：《万历野获编》补遗卷三“周解元淳朴”条，963 页，北京，文化艺术出版社，1998。

② 陈梦莲等：《眉公府君年谱》，《年谱丛刊》第 53 册，北京，北京图书出版社，1999。

③ 徐渭：《徐文长三集》卷十九《送章君世植序》，517 页，北京，中华书局，1983。

④ 钱谦益：《列朝诗集小传》丙集“邢处士参”条，302 页，上海，上海古籍出版社，1983。

⑤ 徐渭：《徐渭集》附录，1 328 页，北京，中华书局，1983。

上，许多文人刻印自己的文集也是靠他人资助才得以实现，更谈不上印书图利了。这里以张凤翼为例加以说明，他出生于家本素丰的商人家庭，又有举人身份，沈瓒《近事丛残》说他在家门上贴出自己为人作文题画的价钱，“人争求之。自庚辰（1580）至今，三十年不改”。在与朋友的书信往来中，我们又能找到一些他刻书获利的记载，《处实堂集》卷五《与张黄门书》说：“兹者不能安其屡空，窃效刘梁以卖书自资。遣一力从邻友北上。”书是怎么来的呢？同卷《与沈修撰君典书》有交代：“《文选》之刻，藉阁下吹嘘，二令君极有捐俸助梓之意。仆诚恐二令君或未深谅，意仆祈阁下为请，不惟自负生平，且蔽阁下怜才念旧之雅，故力辞之。而吴县君为遣力督役，俾先期而完，其德酞于赀助，皆阁下赐矣。”说明在刻书的过程中，他得到不少人的帮助。这些人为什么愿意出力或出资？像他自己说的或是出于友谊，或是出于怜才，还是他曾私下乞请过？无法得知。但至少有一点是可以肯定的，即他有文名，有才名，为赞助者所赏识。书刻好了，自然是要出售，同卷《答傅令君伯俊书》中说：“新刻九月间已尽付童客，求售燕都。”①编书、刻书、卖书，一连串的程序肯定要有相当的物力作基础，非贫困文人所能承受得了。如果仅仅是编纂，编印和销售环节交给书商去处理，那编者本人就应该具备相当的才学和名望，不然书卖不出去，书商得不到利益肯定不会合作。在这方面取得成功的莫过于陈继儒和凌濛初了，凌濛初编撰的主要是通俗文学暂且不论，陈继儒编印的是诗文，他的书之所以畅销，与他的个人才气和巨大声名分不开，这在后文将细论。

再次是做胥吏。读书人当中，一部分人晦于仕进时，会选择进官府做书记和文案这一谋生途径。不过，这种胥吏与被黜罚充为吏职的人不同，他们习熟法令和书判，能帮长官分担许多公务，其作用相当于清代的“师爷”，但与师爷存在许多差异，可以称得上是

① 张凤翼：《处实堂集》卷五，《四库全书存目丛书》集部137册，360页、358页、361页，济南，齐鲁书社，1997。

师爷的雏形。对于士人为胥吏的具体情形，我们还是从文人相关的描述中来认识，郑若庸在《送胡君龙山赴京师序》中，介绍胡龙山的情况是："少尝业制科，棘于进，弗获就录牒，乃更学书判，习法令。"① 徐渭在多篇送序中也提到友人为吏的事，如《赠徐某保州幕序》说："予戚徐君之以名法序官而得卫幕也。"《送金君之无锡序》又言："吾乡金君之以名法掌记于锦衣也。"② 从这些叙述中可以看出，士人服务于官府，若功绩显著，有可能得到一官半职的，不过这种荐举的机会非常少，而且所费时间又特别长。在《送叶君序》中，徐渭对此作了说明："丈夫弃远家室，走京师数千里，握寸管，抱名法，以给事于部、台、省、寺之间，近者三五年，远者至八九年，以冀一命之荣而不可必得者，何可胜道哉?"③ 另外，厕身为吏，在官府中的地位并不是很高，清人顾炎武在《日知录集释》卷十七"通经为吏"条说："自明中叶以后，士大夫之于胥吏，以奴隶为之，盗贼待之，遂无可用之矣。"今人钱穆先生对此也有论述："在明代政府的观念里，胥吏另成一流品，胥吏是没有出身的。先是不准做御史，后又不准考进士，结果只叫考生或秀才之中无出路的来当胥吏。"④ 可见在明代，吏的社会地位非常卑下，多数文人是不愿意为吏的，唐寅因考试一事被罚为吏，他宁死也不赴，即是一例。

最后是卖字画。古代文人艺术修养比较全面，许多人或精一艺，或精数艺，或集诗文书画诸艺于一身，每一样都有较高的造诣。凭借这些才艺，他们可以游食四方，而不至于忍饥挨饿。如宋登春，"浮淮、渡江、涉吴会，已复走徐、青，出居庸，循太行而

① 郑若庸：《蛣蜣集》卷二，《四库全书存目丛书》集部143册，594页，济南，齐鲁书社，1997。

② 徐渭：《徐文长逸稿》卷十四，《送金君之无锡序》，904页、911页，北京，中华书局，1983。

③ 徐渭：《徐文长逸稿》卷十四《送叶君序》，921～922页，北京，中华书局，1983。

④ 钱穆：《中国历代政治得失》，112页，北京，三联书店，2001。

西，穷关、陕、泽、潞诸边塞，敝衣苴履，瓶无储粟，所至，逆旅人厌之。间为小画长句，倾动市贾，贾人以脱粟鲜衣为赠，辄推以于逆旅人，大笑而去"①。吴人朱鹭，"尝独游黄山，远寻嵩、华，所至画竹以自给"②。"吴中四子"以书画名一时，恃此获利甚丰，徐渭居乡或者走往边塞时，有以食物、钱财乞其写书题画者，也有徐渭主动以书画回报馈赠者的事情。

总的来说，文人以文治生的方式比较多，有的与诗文直接相关，有的关系不甚紧密，但都可作为一种谋生手段，而且文人在具体的谋生过程中，也不会单独运用一种方式，往往兼而用之乃至杂用其他谋生途径，或者此时用一种方式，彼时换另一种方式。

---

① 钱谦益:《列朝诗集小传》丁集中"鹅池生宋登春"条，514～515页，上海，上海古籍出版社，1983。

② 朱彝尊:《静志居诗话》卷十九"朱鹭"条，566页，北京，人民文学出版社，1990。

第六章　治生心态与谋生诗文评析

前一章探讨了文人以文治生的种种方式，这一章接着分析他们在谋生过程中表现出来的各种心态以及他们用以谋生的诗文在内容及艺术风格上有什么特点。

第一节　治生心态

文人在谋生过程中，名气大者，自然有人上门来乞请诗文；地位卑微者，少不了以诗卷遍贽达官，再由于性格思想、身体状况上存在着的差异，就会形成各种不同的谋生心态。

一、干谒求进

要以文谋生，首先得有文名，否则不会被藩府戎幕聘请，市井商贾也不会主动地来乞请诗文，而且编纂出来的书肯定也没销路，这就注定了布衣文士在一般情况下，多会以诗文干谒名公大臣，借他们的奖掖来提高声誉。如，俞安期在诗名不彰、侘傺穷愁之际，写了一首长诗寄给王世贞，王世贞读后，为之倾倒。在当时文坛上，王世贞的"片言褒赏"能令人"声价骤起"，俞安期献诗的动机当然不言自明了。

那么，这首题为《奉呈大司寇王元美先生一百五十韵》的诗写了些什么内容呢？从开头至中间，用了一半多的篇幅来描述王世贞的非凡才学和泛爱兼容的品格，一番恭誉之后，俞安期才开始讲述自己的饱学诗书与惨淡不遇："予每师前哲，长怀缀后行，高枝攀析木，弱植空寄桑。非马谈疑怪，雕虫赋类倡。石将攻绣蚀，土取淬锋芒。”“时情遭卤莽，人事苦彷徨。逐客令频出，搜贤诏不遑。苦甘那辨井，清浊久同漳。”最后表明自己虽然身处穷厄，但节操不易，并希望能得到肯定的评价，其中“声名长不朽，皮骨老无妨。月旦评须定，风骚事孰当。但令知己在，死不恨穹苍”①几句，既说得委婉含蓄，又充满期待。

诗中对王世贞的称赞，虽然有夸大之嫌，但结合当时词坛盛推“七子”和王世贞为盟主的实际情况来看，这种称赞与社会的主流评价应当是一致的，后人若主观地斥为阿谀，自然失之公允。所以王世贞读完这首长达千余字的五律后，作了充分肯定，说：“俞羡长赠予一言律一百五十韵，凡千五百字，尚有余劲可饮，石梁老人见之，不觉绝倒。”又回赠诗歌，对俞安期大加夸奖：“少年之场谁跋扈，其间俞生称绣虎。赠余一千五百字，字字心源综今古。初疑帝凿银汉翻，复道风挟冯夷舞。秦师出关六十万，婠任严旌不相乱。石家锦帐五十里，一展收尽河阳开。昔贤夸长城，长城亦浪耳。辽东西去指临洮，望若连云直如抵。生乎真作蒙内史，香山骨朽少陵化。”② 其中连用了几个比喻，指出长诗章法错落有致，风格雄壮，语词绮丽。这一番出自文坛名公的褒扬，对于俞安期确立名声，无疑大有帮助。

王稚登的事亦属一例。北游太学时，恰逢袁炜执政，阁试《瓶中紫牡丹》，王稚登诗云：“名花开近掖垣边，一朵风吹映日辉。色借相君衣上紫，香分太极殿中烟。杯含仙艳春为酒，翰染天葩锦作篇。何幸书生叨其赏，不才深愧沐恩偏。”③ 其中“色借相君衣上紫，香分太极殿中烟”一句，尤为袁炜赞赏，并数落词馆

---

① 俞安期：《翏翏集》卷十九，《四库全书存目丛书》集部143册，171～174页，济南，齐鲁书社，1997。

② 俞安期：《翏翏集》卷十九《奉呈大司寇王元美先生一百五十韵》后附，《四库全书存目丛书》集部143册，174页，济南，齐鲁书社，1997。

③ 王稚登：《燕市集》卷上《袁相公阁试瓶中紫牡丹诗》，《四库禁毁书丛刊》集部175册，57页，北京，北京出版社，2000。

诸公："公等以诗文为职业，能道得王秀才十四字耶?"① 之后，不仅将王穉登招为记室，每与客人相对时，又诵咏其诗，意欲让他传名于公卿间。结果王穉登名动京城，虽然科场不顺，也算是载誉而归，使人知道吴地出了一位才子。

文人干谒公卿，撇开建功立业的高远目标不说，现实的考虑大约有二：一方面是为了树立文名，另一方面是为寻求栖身之所，找个养家糊口的地方，这于贫寒者来说，尤其是一个需要解决的紧迫问题。典型者如谢榛，他在《岁杪行，上德平、镇康、安庆三王》诗中倾诉自己的穷愁状况说："吾生多累何感伤，况复离合殊无常。烛儿长成亦自强，解念衰颓来异乡。敝裘风雪能禁当，心事未了向平忙。其如旅馆惟空囊，空囊出暴悬斜阳。"虽说穷得是"穷冬几促典衣裳"，但他面对春光颜色时，并不觉得凄凉悲伤，还能"垂帘兀坐焚名香，神游四海"，原因在"于今好客多淮王"②，能以宾客之礼接纳他，所以心态平和，不怨不尤。

文人干谒，是缘于自身经济上的困窘和社会地位的卑微，而公卿权贵则财雄势大，足可以容纳养活诸多寒士。这种情形，何白在《奉赠冯元成学宪四首，时予客金间》一诗中作了形象的比喻，说："志士营万古，宁与齐民肩。夕游瀛海外，朝览昆丘颠。饥食琼条蕊，渴漱神瀵泉。飞飞野田雀，愿随黄鹄旋。雀小毛质轻，鄙薄不足言。黄鹄摩天风，一举向八埏。"③ 在这里，文士比作毛质轻微、"鄙薄不足言"的野田雀，"一举向八埏"的黄鹄自然是指位尊爵显的权贵了。田雀愿随黄鹄旋，形象地说明了文士对权贵的投奔和依附。文人的这种干谒求进心态和外在行为，遭到了当时许多人的指责，如王士性说："今山人不山居，而借朝市以籍口焉。

① 钱谦益：《列朝诗集小传》丁集中"王校书穉登"条，481～482页，上海，上海古籍出版社，1983。

② 谢榛：《四溟集》卷二，《四库全书》集部1 289册，630～631页，台北，台湾商务印书馆，1985。

③ 何白：《汲古堂集》卷三，《四库禁毁书丛刊》集部177册，38页，北京，北京出版社，2000。

朝嵬冠而博绅，暮习咿吾以力顾问，取众已吐之核而饰以为己能，此何为者也？明兴，谢榛、卢枏之后为盛，枏犹悲歌肮脏以设，榛绝交于历下，耻矣。即有一二颖脱者，然其格终卑卑不振，品固然也。”① 类似的批评很多，前面已经详细讨论过了。

不过，对干谒行为进行批评的人，多是从旁观者而非当事者本人的角度考虑问题，由于站在贫寒文人所处的生存与发展困境之外，所以这种指责有时不免偏颇，至少缺乏起码的尊重和理解。俗话说：人情如饮水，冷暖自知。还是看文人在干谒过程中的自我感受吧：

陈昂因为避倭乱，举家四处奔波，在秦淮一带织履卖文为生，《述怀》诗说：“州司辟不应，夫岂不关情。仰面先捐耻，回头即罢程。无衣心自织，乏食舌先耕。却苦儿曹小，犹迟五岳行。”②

何白幼为郡府小吏，在司理龙君御的帮助和奖掖下，最终有了诗名，此后游谒四方。其《杂诗十三首，舟行彭城道中作》，记录了他奔走的悲辛：“泠泠出谷飙，剡剡垂天云。翫彼晨风鸟，厉羽逸其群。驳牛夹双轮，殷殷车下轮。去去远游子，客行多悲辛。”（其一）“陨叶恋故条，飞禽思旧林。允彼钟仪秦，信兹庄舄吟。结念嘅履昔，兴怀征在今。客子欢濡迹，风波互沉浮。所趣既殊辙，欲和谁同音。泠风无劲响，游子多畏心。”（其九）③

无论是“仰面先捐耻，回头即罢程”，还是“去去远游子，客行多悲辛”、“泠风无劲响，游子多畏心”，从中我们都可看出文人游谒的艰辛、畏谗，甚至还有屈辱，类似的诗句在文人集子中有很多。所以说，文人干谒求进的心态与行为在外人眼里看来，也许是有些“卑卑不振”、人品低下，但联系他们的身世遭遇及求谒过程

① 何白：《汲古堂集》卷首，《四库禁毁书丛刊》集部177册，7页，北京，北京出版社，2000。

② 陈昂：《白云集》卷五，《四库全书存目丛书》集部189册，425页，济南，齐鲁书社，1997。

③ 何白：《汲古堂集》卷三，《四库禁毁书丛刊》集部177册，43～44页，北京，北京出版社，2000。

中的种种艰辛，或许又不能以人品高下的说法简单论之，譬如，杜甫在长安应试落第后，迫于生计也向皇帝献赋，向贵人投赠，过着“朝扣富儿门，暮随肥马尘”的生活。论述或了解文人干谒求进的心态，较为公允的态度是将外人的评价与其自身的遭遇结合起来，这样或许不会失于主观妄断。

二、知遇感恩

贫寒文人在实际生活中，往往经济上拮据，仕途上不顺或不遇，处于穷愁潦倒的境地，如果能得到他人，尤其是那些官职很高或文名很盛的显达人物的器重、奖掖，自然心存感激，有时甚至不顾是非利害关系，做出一些知恩图报的行为来，下面以歙人潘纬为例来说明。

潘纬未入太学选授中书舍人前，诗名业已满海内，“淮南李文定公闻其才行，延以币史，三返乃往，往则特布衣之交，命子兄事之，朝夕游无厌，少别则陨涕”①。潘纬托身于李春芳门下长达十年之久，十年当中，他受过李春芳的不少帮助和厚待，因此一直心存感激，这从他的诗文记载中可以看出来。

受聘入京前，潘纬告别友人汪敬仲，作诗云：“我感平原在前路，冲暑辞家不能顾。”② 对于李春芳的聘请满怀希望，欣喜之情也在诗中流露出来。初入李府，写了一首题为《李相公宅中扫庭前雪，为狮子旁留丈许，如幅练，研墨濡毫俟座客，诗成者挥洒之，遂走笔赋此》的诗，诗中说：“奋鬣竦身势若动，锯牙钩爪人偏惊。”“满堂观者称啧啧，疑自西疆献重泽。末吼犹怜异犬羊，难乘更免加鞭策。不惜临风试逞威，昂藏恐向日边归。”下面许国评曰：“初从李相公宅，一挥而成，声名顿起，中多自寓，亦因自

① 潘纬：《潘象安诗集》卷首《潘少逸先生传》，《四库全书存目丛书》集部189册，258页，济南，齐鲁书社，1997。

② 潘纬：《潘象安诗集》卷一《予北上赴李相公召，友人汪敬仲送至淮南言别作》，《四库全书存目丛书》集部189册，282页，济南，齐鲁出版社，1997。

托。"① 说得更明白点，就是以狮子自寓，愿尽一己文才，为主人添威助兴。可见受聘者的作用之一是用诗文与主人一道娱情遣兴，也反映出主客之间地位上的差异。

有一次，李春芳给了潘纬部分钱财，他写诗感谢说："少年倦走风尘陌，终岁渔樵北山北。偶持长铗相门弹，车愿与乘鱼与食。感激轻投吐握心，一钱翻恐受恩深。非关贫客今能耐，为见明公不爱金。"② 诗中引用冯谖客孟尝君的典故来比喻他与李春芳的关系，有点牵强附会，因为时移世变，二者在性质上相差甚远，一是侠士为公子及其封国解危救难，一是文人代聘主撰写青词迎合好斋醮的皇帝。不过李春芳对他的优渥，用"车愿与乘鱼与食"兴许比较适合，而李春芳约他移家居住京城，尤能体现这种厚遇。在《淮南奉别李少师相公，时有携家之约》的诗中，他说："乘兴暂登龙，漂（飘）零又转蓬。人归细雨里，路指乱流中。绿野家堪傍，青山业尽空。十年来复去，只自笑途穷。"③ 自言飘零却不见哀叹愁苦，自嘲途穷反倒夹着轻松喜悦，可见当时的心情是不错的。这种愉快心情缘于李春芳对他的器重与物质上的帮助。在《奉别李少傅相公次韵二首》中，他自愧受恩难报："偶辍山南耒，来持蓟北车。只怜非白璧，不敢耻沽诸。客舍甘弹铗，君门懒上书。食鱼恩未报，肯去卧吾庐？（其一）"④

一般情况下，贫寒文士如果没有出类拔萃的才华，很难为人赏识，尤其难得到当世显者的厚爱。潘纬家贫，而李春芳对他"特为布衣之交"，既分俸金，又帮他移家京城，撇开史书上所载李春芳在政治上的低劣人品不谈，单就他对潘纬的优待与重视，足以让一般文人羡慕了。不过值得注意的是，李春芳招人入府，目的是为了帮他撰写青词，因此要获得他的器重自然是以愿意代写撰青词为

①② 潘纬：《潘象安诗集》卷一《奉谢李相公分赠俸金》，《四库全书存目丛书》集部189册，282页、283页，济南，齐鲁出版社，1997。

③④ 潘纬：《潘象安诗集》卷二，《四库全书存目丛书》集部189册，293～294页、298～299页，济南，齐鲁出版社，1997。

前提，否则，可能跟徐渭的情形差不多，不合作就会麻烦缠身，甚至饱受屈辱。

因知遇而感恩者又如王稚登、徐渭、谢榛等人，徐渭受到胡宗宪的赏识，谢榛得到康王父子的厚爱，以致分别有“食鱼而居庐”①、“长铗无声食有鱼”② 的感恩之词。王稚登以一首《瓶中紫牡丹》诗备受袁炜推崇，又因为他的宣扬而声名大振，所以对袁炜十分感激；袁炜殁后无子，王稚登为其哭墓，后来重游京城，当政的徐阶对袁炜一直记恨在心，“客或戒伯谷（王稚登）毋自白袁公门人，伯谷谢曰：‘冯驩、任安，彼何人哉!’刻《燕市》、《客越》二集，备书其事，所以志也”③。可见他对袁炜的知遇之恩，念念不忘。

三、依违两难

一部分文人本不想干谒公卿或与达官贵人、富商大贾等来往，但由于自身经济条件的限制，又不得不与他们交往，以便获得经济上的实惠。这种境况使文人依违两难，进退尴尬。钱谦益介绍其从高祖叔父钱希言说：“少遇家难，辟地之吴门，博览好学，刻意为声诗。王百谷见其诗曰：‘后来第一流也。’力为延誉，遂有声诸公间。薄游浙东、荆南、豫章，屠长卿、汤若士诸公皆称之，自以为秦川贵公子，不屑持行卷饰竿牍，追风望尘，仆仆于贵人之门，而又不能无所干谒，稍不当间，矢口嫚骂，甚或形之笔牍，多所诋諆，人争苦而避之。以是游道益困，卒以穷死。”④ “不屑持行卷饰

① 徐渭：《徐文长三集》卷二十六《自为墓志铭》，639 页，北京，中华书局，1983。

② 谢榛：《四溟集》卷五《次国藩主对菊韵用述鄙怀》，《四库全书》集部 1 289 册，684 页，台北，台湾商务印书馆，1985。

③ 钱谦益：《列朝诗集小传》丁集中“王校书稚登”条，482 页，上海，上海古籍出版社，1983。

④ 钱谦益：《列朝诗集小传》丁集中“钱山人希言”条，632～633 页，上海，上海古籍出版社，1983。

竿牍，追风望尘，仆仆于贵人之门”，是用个人的道德修养与操行原则进行自律的结果，“而又不能无所干谒”，是生活压力所逼，不得已而为之。两种对立的因素相互作用，钱希言终就未能很好地解决这一矛盾，所以最后“游道益困，卒以穷死”。

情形具体一点的，可见于俞允文。他出生仕宦家庭，“少亦尝事博士经，数奇而后弃之。筋力柔懒，善头风病，耕不能为鹿门德公，佣不能为皋桥伯鸾，游不能为禽息向子平，而累累焉寄一廛于十室之邑，居恒自谓：吾不徇人，亦不避人；吾不厌世，亦不侮世；吾不以名就名，亦不以匿名钓名，如是而已”①。俞允文自称为隐者，对宦路显者却持“不徇人亦不避人”的态度，由此遭到时人讥刺。王世贞为之作了辩解：一是家贫，二是不能以接纳了显者的遗赠为由就可以废其栖逸。辩解显得含糊又无力，事实上，俞允文不能拒绝“干旄之大夫”的造访，主要缘于生活的压力，尽管想做一个不妄交的高洁之士，但既家贫又善头风病，总要设法谋生啊。幸好文才甚佳，在地方上很有声誉，能代人撰写诗文获得相应的酬赠，因此就断不了与缙绅的来往，不然怎么会出现“以文请者不虚月，以诗请者不虚日，以草隶请者不虚刻，往往得意去”② 的情况呢?

此外，从俞允文与官场人物来往的书信中，又可找到这方面的信息，如《谢大中丞铜梁张公启》云：“某性狭才卑，年侵病迫，不能远迹流俗，养真恬淡，有乖古人高蹈之度，每以为愆。大人含弘，猥体逮下，既以恩浃蓬户，仍加标署美名，即使嚣尘之中，谬获烟霞之奖，荣逾羔雁，愧溢立园，辞让未遑，莫能自处。谨因县吏奉书通心，感至增欷，良切纠结不宣。”《答阳曲王布政明辅》说：“允文衰病，日至切省，疵陋短才，无足取重当世。独明公相

---

① 王世贞：《弇州山人续稿》卷四十四《俞仲蔚先生集序》，《四库全书》集部 1 282 册，586 页，台北，台湾商务印书馆，1985。

② 王兆云辑：《皇明词林人物考》卷十一“俞仲蔚”条，657 页，台北，明文书局，1991。

违数年，辽隔数千里，况一时势分之悬绝，而推诚下逮，弥久益笃。即以笔札之微，庸拙不能近古，而远辱嘉命，捐贶频仍，每用惭惕，不遑致感。”① 此外，其他信函中也屡次提到“荣逾羔雁”、“捐贶频仍”一类的话，这表明双方之间的交谊很深厚，另一方面也暗示俞允文代人撰文并不是无偿的劳动，而是能获得酬劳。

除了在平常生活中，文人在对干谒公卿或与之往来的选择上觉得进退两难之外，也有已经栖身于权贵府第中的文人，在去留问题上踌躇不决，因为既难背弃主人的厚爱，又不能压抑自身的独立个性。俞安期在中丞幕下托身时，心态就如此。《别中丞国雍》一文的小序，流露了他的心迹：“余居中丞幕，既数月，日惟素餐偃卧，而客礼益隆，即公子之于夷门，廷尉之于王生，无加矣。且尝被教，命弃其睢盱、损其太白，以道德相期，则又友而师也。乃将别去，识以五章，至于怀恩感德，则深概乎其衷，兹不遑及者，盖效古人赠以不拜之义云。”序中交代了中丞对己的厚待与教诲，似有感恩戴德之意，但从接下来的诗里，又表达了另一层意思：

> 丈夫不自树，从物日以趋。恃人以受食，依依类驯鸟。曰苟有志节，中心岂所愉。君纵渥恩礼，踊躇难久居。仲子灌于陵，鲍焦弃其蔬。窃念耿介士，俯首以嗟吁。(其三)
>
> 纷纷修谒者，磏磏饰容观。吐辞事揣摩，审择好恶间。率尔忠朴士，繁缛非所安。山薮不藏疾，胡能无积愆。庶君能察识，葑菲终不捐。(其四)②

诗中明确指出，自己恃人受食，依依类驯鸟，虽然承受着渥恩，却有违自己的耿介志节，于心有愧，于是只能别去。一般来说，文人寄居贵人篱下，自由与个性难免受到制约，这是普遍的现

① 俞允文：《仲蔚先生集》卷二十三，《四库全书存目丛书》集部140册，781页、782页，济南，齐鲁书社，1997。

② 俞安期：《翏翏集》卷九《别中丞国雍》，《四库全书存目丛书》集部143册，82～83页，济南，齐鲁书社，1997。

象，但制约的程度大小通常又与所遇贵人有关，也与文人本身的承受能力有关，如何对待这种制约因人而异，由此也形成不同的心态。

四、桀骜不驯

在文人谋生过程中，除了知遇感恩、依违两难两种心态外，还有一种典型的心态是桀骜不驯，这并不是说这部分文人不去干谒求进，而是有一个前提条件，即必须以主宾之礼相待，要保持人格上的独立，不能屈膝饰容；否则，他们不会接受权贵的招邀，即使应了聘请，不久也会决然离开。如布衣宋登春在受乐陵王聘请时，回了一封措辞坚决的信，说：

> 布衣旅人某再拜稽首，奉书大王足下：春也，窭人之子，远道饥寒，沉涔鄙俗之日久矣，末路无以自拔，遂至衰老，筑室山中。足下不知仆之不肖，欲置之侧席以备顾问，饰宾馆，为诸胄子矜式。仆高足下之义，尝因以自裁之：既无寻尺之禄，又乏一艺之长，乃以区区穷僻之人而求立乎高轩华冕之上，应对乎多方仁义之府，取容乎左右便辟之侧，是持方枘而加圆凿，其势不能相合也，亦明矣。人孰不云，足下宫中雁鹜余食可以饱仆也，况多残杯余沥亦足以饫之山人藜藿之肠，岂不欲哉？惧失于朵颐，受者固为不祥，而与者亦几乎吝矣，此仆宁负罪而不敢奉足下严命也。至于足下惠爱之意，岂敢忘之？仆又因足下以思之：方今白头游遨之士遍天下，抱一艺而终身不得售者多矣，足下若肯择其可者而收之，仆将南游为足下致之，又何难之有哉？唯恐足下之不好耳。吾友人张顺斋先生，此海内布衣高士，亦穷而无家者，今寄食于阳翟之里，其才艺文行过仆百倍，他日倘以姓名求见，足下不惜阶前盈尺之地，召而进之，请面试之，乃知仆不妄也。某

再拜稽首，奉书致谢以辞。[①]

从信中可知，乐陵王此前肯定邀请宋登春入府做门客，即所谓的“欲置之侧席以备顾问，饰宾馆，为诸胄子矜式”，此信是用来拒绝的。整封信的口气显然有不敬的意味，如“足下宫中雁鹜余食可以饱仆也，况多残杯余沥亦足以饫之山人藜藿之肠”、“惧失于朵颐，受者固为不祥，而与者亦几乎吝矣”、“仆将南游为足下致之，又何难之有哉？唯恐足下之不好耳”等句明显流露不满，也暗示了乐陵王对宾客的刻薄、轻怠及主仆关系，这于个性介特（指孤高，不随流俗）的宋登春而言是不能接受的，所以他断然拒绝了对方的邀请。

宋登春正直刚介、不因谋生而摧眉折腰的个性，又可见之于《列朝诗集小传》中记载的一件小事。三十多岁时，他弃家室，囊书远游，去往京师，听说谢榛“诗藉甚公卿间”，得诗读后，唾骂道：“此以声律佣丐者也，何诗之为？”[②] 谢榛挨骂，是因为里面有许多恭维、取悦公卿的诗歌。

桀骜不驯，不肯曲媚谀人，一是性格使然，另是自信自身才华终究能被人赏识、器重，但结果怎样呢？在写给友人的信中，宋登春回顾一生遭际时说：“仆本逋亡介特也，淹恤在外三十余年，险阻艰难备尝之矣。唯治古学、贵文章朝夕不倦，至于今发敝齿腐，竟无遇之者，穷老以至此矣，又谁咎？哉尝试论之：怀荆山之璞，握灵蛇之珠，孰不以天下重宝惜之？然而投之必见怒，献之必见刖，此自信之不笃，盖非他人之罪也。若夫翳桑之殍，被裘之子，耻夫尺寸之功，藐视无妄之金，此非矫情干誉，要皆笃于自信者也。”[③] 穷老潦倒，终身不遇，固然有才情、机缘与人才选举制度

① 宋登春：《宋布衣集》卷一《辞乐陵王》，《四库全书》集部1 296册，549～550页，台北，台湾商务印书馆，1985。

② 钱谦益：《列朝诗集小传》丁集中“鹅池生宋登春”条，514页，上海，上海古籍出版社，1983。

③ 宋登春：《宋布衣集》卷一《辞鲁宗室龙山书》，《四库全书》集部1 296册，552页，台北，台湾商务印书馆，1985。

等因素，但介特的个性也是一个重要原因。

与宋登春一样桀骜不驯者，还有王叔承、王寅等人。王叔承被妇翁逐出来后，更致力于治古辞，诗名渐高，家计却日蹙，有人与他谋划说："吾闻赵王贤而好客，诸王子仪之，三台之傍，朱邸鳞栉，皆幸舍也，我曹可以弹铗乎？"于是治装到了邺，打听到王虽好客，却见必蒲伏长跽，称主臣，于是叹息说："屈吾膝而奉吾口，何策？"不屑于求进。后来进到京城，客于袁炜门下，但是也不肯撰写青词，最后只得回到老家。① 王寅生于商贾之家，"由来然诺重丘山，不羡黄金百万镒"。不肯终日曳裾向权门，宁愿行于茫茫歧路。②《列朝诗集小传》中也载他："海上用兵，客胡尚书督府，幕客率谄事督府，仲房岳岳，多所匡正，督府不能尽用，竟以败。"③ 也可说明他性格的刚正。

以上阐述了文人在谋生过程中表现出来的四种主要心态，这些心态因人的性格、遭遇、生理条件、经济状况的不同而各有所侧重。不过在文人身上，往往不是表现出单一的心态，而是几种混合在一起，如徐渭在胡宗宪幕府，就显得既依违两难，同时又知遇感恩。再则，文中所列举的四种心态，也不足概括文人的全部心态，只能说是很有代表性的几种。在分析、理解他们的谋生心态时，只有结合个人的实际情况，再联系共有的特征，才能很好地把握各自的谋生心路，从而窥测他们丰富的内心世界。

第二节 谋生诗文评析

在通常情况下，文人遗留下来的作品主要包括吟咏性情或经世

---

① 王兆云辑：《皇明词林人物考》卷十二"王叔承"条，714～715页，台北，明文书局，1991。

② 王寅：《十岳山人集》卷二《座上吟赠王凤洲、麟洲二使君》，《四库全书存目丛书》集部79册，197页，济南，齐鲁书社，1997。

③ 钱谦益：《列朝诗集小传》丁集中"十岳山人王寅"条，511页，上海，上海古籍出版社，1983。

致用的篇什，而以文谋生者，则往往还包括许多代耕之作和应酬之作，本节就这类诗文的内容、风格及总体特点试作简要阐析。

用于人情应酬及谋生的诗文，根据撰写方式不同，大致可分为两类，一是纯粹的替人捉刀，一是应他人嘱请而作。

一、捉刀之文

纯粹的代人作文，是指以他人的名义，并站在对方的角度、立场、利益得失等考虑问题，基本不掺入撰者的思想情感。这主要出现在身处藩王府或戎幕的文人身上，在日常生活中，部分文人也有类似的代耕行为，但实际的人数则要少些。

1. 府幕代耕

先从府幕代耕说起。文人在府幕的工作之一是代主人撰写公文，以徐渭为例，他代胡宗宪写的公文主要包括表、启文，这两类公文是臣属给君王或是比自己职位高的藩王、阁臣的上书，属于应用性公文。在特定的政治环境中，表、启文的好坏，往往涉及官员的切身利益，所以上书前，官员会特别小心谨慎，避免出差错。

如，胡宗宪第一次捕获白牝鹿，进献皇宫前，让徐渭和他人各写了一份进白鹿表，胡宗宪自己不能识辨优劣，于是“写为两函，戒使者以视所善诸学士董公份等，谓孰优者即上之”，可见胡宗宪之慎重，因为虽是小小一篇表文，但可能会影响到个人前途。徐渭等人的进表送到京城后，“诸学士见之，果赏谓作。表进，上大嘉悦，其文旬月间遍诵人口”①。胡宗宪因此也得了不少好处。实际上，从文学的角度评价《代初进白牝鹿表》，没多大价值，当时之所以被遍诵人口，当有政治因素。因为世宗好斋醮、好青词，大大小小的官员都瞪着眼睛在看谁的文章能得到青睐，一旦成功，自然会很快传遍京城。当然，也不能否认表文中所呈现出来的深厚的骈文功底及对道教思想的熟悉，还有就是对世宗好斋醮心理的揣摩与迎合。

---

① 陶望龄：《徐文长传》，《徐渭集》附录，1 339 页，北京，中华书局，1983。

那么表、启文到底写了些什么内容呢？试看《初进白牝鹿表》：

臣谨按图牒，再纪道诠，乃知麋鹿之群，别有神仙之品，历一千岁始化而苍，又五百年乃更为白，自兹以往，其寿无疆。至于炼神伏气之征，应德协期之兆，莫能罄述，诚亦希逢。必有明圣之君，躬修玄默之道，保和性命，契合始初，然后斯祥可得而致。恭惟皇上，凝神沕穆，抱性清真，不言而时以行，无为而民自化，德迈羲皇之上，龄齐天地之长。乃致仙麋，遥呈海峤，奇毛洒雪，岛中银浪增辉，妙体搏冰，天上瑶星应瑞，是盖神灵之所召，夫岂虞罗之可羁。且地当宁波定海之间，况时值阳长阴消之候，允著晏清之效，兼昭晋盛之占。顾臣叨握兵符，式遵成算，蠢兹夷狄，尚尔跳梁，日与褊裨，相为掎角。偶幸捷音之会，嗣登和气之祥。为宜会之史官，以光简册，内诸文囿，俾乐沼台。觅草通灵，益感百神之集，衔芝候辇，长迎万岁之游。①

这篇表文旨在说明：祯祥之物的出现古今罕见，是君王道德清虚、虔诚斋醮所致，暗示着主上的长生不老，而臣属敬献祥物，意在眷护圣主之体。明眼人一看就知道，这是针对世宗好神仙道术的心理和行为所撰的谀词，但表文句对工整，四六句式错落有致，颇能显示撰者的文学才华。

又如《代谢阁下启三首》中给严嵩的启文："伏念旬月未周，三承天赐，余生何幸，万感君恩。遥知顾问之余，深赖曲成之力。况于调元赞化，以召祯祥，运策决机，而居帷幄，功盖出于门下，赏奚及于军中。顷者，深入蛟川，横探虎穴，舍身担当，尚冀保全其始终，竭力攘除，少裨化理于万一。"② 这是一篇谢启。据史书

① 徐渭：《徐文长三集》卷十三《代初进白牝鹿表》，430～431页，北京，中华书局，1983。

② 徐渭：《徐文长三集》卷十五，443页，北京，中华书局，1983。

记载，胡宗宪能够出任浙闽地区平倭的巡抚、总督，与严嵩及其党羽的大力扶持分不开，所以胡宗宪上呈此启文，旨在感谢首辅大人的“曲成之力”，并将战功归于他的运筹帷幄，最后含蓄地表达愿望，希冀能继续得到对方的翼护，以完成攘寇之事。

按理说，这类捉刀性质的公牍，凡在府幕中栖身的文人难免均会染指，可是在他们现存的文集中一般很少发现。究其原因，大约由于是“谀文”，不便收入个人集子中，以免贻人口实而遭讥诮的缘故吧。比如，徐渭集中的《代寿严公生日启》，就被清人方浚师指为“谀词满纸”、“廉耻丧尽”，并视此为“文人无行”的一个典范。① 但是，徐渭在搜集这些代耕作品入个人文集时，一是出于敝帚自珍的心理，一是杀妻入狱后，经历过生死考验，“死且勿顾”，所以敢于“不掩其所代于公于人者”，并说明替人捉刀是迫不得已的事情，是“处地然耳”②。这里，一方面反映出徐渭与众不同的狂放性格，另一方面也暗示了府幕中乃至社会上的代耕风气。

府幕中文人代写的表启特点，其实是官场或社会上的风气使然。据《万历野获编》记载：“嘉靖间倭事旁午，而主上酷喜祥瑞，胡梅林总制南方，每报捷献瑞，辄为四六表，以博天颜一启。上又留心文字，凡俪语奇丽处，皆以御笔点出，别令小内臣录为一册。以故东南才士，缙绅则田汝成、茅坤辈，诸生则徐渭等，咸集幕下，不减罗隐之于钱镠。”③ 在当时的制度下，君王对各级官员的升迁任免握有决定权，所以许多官员总是想方设法去迎合皇上的兴趣与嗜好，所谓“上有所好，下必甚焉”。既然“主上酷喜祥瑞”，“又留心文字，凡俪语奇丽处，皆以御笔点出”，下面臣子势必努力投其所好，以猎取仕途上的个人利益。

---

① 方浚师：《蕉轩随录》卷七“徐渭寿严嵩生日启”条，269页，北京，中华书局，1995。

② 徐渭：《徐文长三集》卷十九《抄小集序》，537页，北京，中华书局，1983。

③ 沈德符：《万历野获编》卷十“四六”条，288页，北京，文化艺术出版社，1998。

而生活中的实际情形，也确是这么一回事：“礼卿吴山贺表，实祠部郎徐学谟所作，为上特赏。未几，山以不贺日食闲住，未尝得表文力也。最后西苑永寿宫有狮猫死，上痛惜之，为制金棺葬之万寿山之麓，又命在直诸老为文，荐度超升。俱以题窘不能发挥，惟礼侍学士袁炜文中有‘化狮为龙’等语，最惬圣意。未几即改少宰，升宗伯，加一品入内阁，只半年内事耳。同一禽畜，同一谀词，而遇不遇如此。”① 进呈主上的表文优劣与否，能如此左右臣下的遇与不遇，臣子们怎能不特别留心于此呢？这样的文化环境，自然又影响到甚至决定了那些在戎幕和藩王府中谋生的文人们的工作性质，若能代主人撰写谀文则主宾相欢；反之，则可能形如寇仇，处于弱势一方的文人往往遭受迫害。徐渭在胡宗宪幕府中与在大学士李春芳门下的不同遭遇，恰能说明这两种不同的结果。

从上引《万历野获编》中的话，可以推想当时文人撰写或代撰的表、启文在数量上应当比较多，但现在能见到的很少，所以很难对其风格作全面概括。不过据《万历野获编》的相关记述，还是能窥其大概，卷二“世宗青词”条说：“世庙居西内事斋醮，一时词臣，以青词得宠眷者甚众。而最工巧最称上意者，无如袁文荣炜、董尚书份，然皆谀妄不典之言。如世所传对联云：‘洛水玄龟初献瑞，阴数九，阳数九，九九八十一数，数通乎道，道合元始天尊，一诚有感；岐山丹凤两呈祥，雄鸣六，雌鸣六，六六三十六声，声闻于天，天生嘉靖皇帝，万寿无疆。’此袁所撰，最为时所脍炙，他文可知矣。”② 这些形如文字游戏的文章，除了迎合世宗好道教、以祥瑞证明其实是承统而非继嗣的合法性等心理外，别无可取，是纯粹的阿谀之言。

由此可知，徐渭代胡宗宪撰写的既工且谀的表、启公牍，不能全归咎到徐渭身上，其中既有官场风气的影响，又有寄人府幕的压

① 沈德符：《万历野获编》卷二“贺唁鸟兽文字”条，56页，北京，文化艺术出版社，1998。

② 沈德符：《万历野获编》卷二，62页，北京，文化艺术出版社，1998。

力。再者，表、启文写得不当，进士出身的胡宗宪可以自己修改，或不上呈君王与阁臣，另请人写就是了。另外，长期穷困的徐渭在胡宗宪幕府中享受着“国士”的优待，这使他有不得已而为之的可能，而代人作文是“处地然耳”，似乎也暗示了这方面的信息。因此，在《抄代集小序》中，他说“故于代可以观人，可以考世”①，很有深意。

其次是替藩王或总督撰写带私人性质的事务性诗文。这类作品与公牍不同，通常是因主人职务上的责无旁贷或者应酬上的需要而写，所以文人在实际的撰写过程中，受到的限制相对小些，行文更自由。如，杭州镇海楼屡建屡毁，胡宗宪巡按浙江时，出于刻石记功心理，不顾众人反对，一边平倭，一边重建镇海楼，五年后楼建成，而平倭斗争此时也取得了阶段性胜利。作为建楼事件的倡导者及当地最高军政长官的胡宗宪，理所当然地要举行庆祝活动，并写文记下此事，于是他让徐渭代写了一篇《镇海楼记》。文章先交代镇海楼的兴衰存废之迹，次借胡宗宪之口，说出重建的原因，一是为了便利民众，保存古物；一是寓含政治深义，表示海上群丑终将被朝廷镇服，最后交代建造过程及楼的规模构架，结尾才点明此举的意图，即：镇压海寇功成，建楼以示纪念。② 全文近七百字，其中记述建楼经过的不足三百字，重心落在胡宗宪“予曰”的一番宏伟议论上，所以当徐渭草成以进时，“公赏之”，表明如此构造全文及遣词用句，很符合胡宗宪的记功心理和铭勒需要。

当然不能据此下结论说，徐渭的代笔纯粹是在邀宠，因为建镇海楼，首先是实有其事；其次文中所记平倭之功，不是瞎编乱造或任意夸大的“政绩工程”，而是合乎史实的；再者，古代地方官员或朝廷大臣做成某件大事，或建楼或竖碑或举办盛大的活动进行庆祝，同时请能文之士撰文记其始末，这由来已久的惯例，如范仲淹写过《岳阳楼记》、苏轼写过《凌虚台记》，区别在于徐渭在替人

① 徐渭：《徐文长三集》卷十九《抄小集序》，536 页，北京，中华书局，1983。
② 徐渭：《徐文长三集》卷二十三，611～612 页，北京，中华书局，1983。

捉刀，后者撰文时却能署上自己的姓名。除了代写纪功的楼记碑铭外，在胡宗宪幕府中徐渭又代写过许多祭文、寿序、送序等应用性诗文，如《代祭阵亡吏士文》、《代督府祭赵尚书文》、《代祭李太夫人》、《代边帅寿张相公母夫人序》等。

藩王或武臣中雅爱诗文者，不免常遇上属下或同僚索要诗文的情形，在应酬不过来或自身不愿写时，自然会让府中文人代劳，这是他们聘请文人的一个目的。如嘉靖甲寅（1554），赵王枕易遣中使请谢榛代作诸体诗二十篇，谢榛答应第二天中午就可以交稿。这么多首不同类型的诗歌，如何在很短的时间内写出来呢？谢榛与幼川的一段对话，交代了完成任务的办法：

> 幼川曰："果哉斯言！有才固敏，何兴能长。况诗备诸体，焉得寸心立意，而卒应纷然，以臻精妙，信乎不易。昔江文通拟古诸作，岂在一朝一夕而振藻思哉?"曰："予试扩公输子法，遽造宫殿，楼阁、台馆、亭榭，并筑基址，齐构梁栋，及其妙转心机，诘旦历，观落成，则轮奂一新，丹碧相耀，此见作手变化也。夫欲成若干诗，须造若干句，皆用紧要者，定其所主，景出想象，情在体贴，能以兴为衡，以思为权，情景相因，自不失轻重也。如十成六七，或前后缺略，句字未稳，皆沓于案，熄灯而卧。晓起，复检诸作，更益之；所思少窒，仍放过，且阅他篇，不可定执，复酌酒酣卧，迨心思稍清，起而裁之，三复探颐，统归于浑成。若必次第而成，则兴易衰而思易疲矣。"幼川曰："吾见难其易者得其一，未易其难者得其多。以一为难则工，以多为易而能工耶？梁周兴嗣帝命以千字为限一夕成文，盖系乎生死。子与之不同，何若乃尔?"曰："予用背水阵法，颇类兴嗣。既言不愆行期，自不容缓。惬知己之意，折妒者之心，使异地则不能也。迨

午中使征诗，以付全稿转上。”①

这番话，不是长期呆在藩王府中并以诗文谋生的文人绝对说不出来的。因为应酬需要，赵王希望一天内能得到多篇诗文，作为门客的谢榛自然不能扫主人雅兴，必须设法完成任务。这样的情形，他可能经历得比较多，于是有应付的经验与技巧，即用公输子遽造宫殿的方法，“楼阁、台馆、亭榭，并筑基址，齐构梁栋”（诗歌），主体框架做好后，再依次填塞紧要的、“情在体贴”的材料（句子），这样能完成总量的十之六七，剩下缺略未稳的，经过数次修改，最终都能“归于浑成”。

谢榛的话，虽然包含了作文的一些修改技巧，但就其说的整个写作过程而言，实在不能说是创作，而是在“制造”诗歌，这种类似于批量生产的写作，要想在思想上求深刻、艺术上求创新，当然是不可能的。

另外要特别注意的是，除了帮主人分担文字上的事务外，栖身于藩王府和戎幕中的文人，另一项工作是在诗酒聚会上与主人酬唱应和，娱宾遣兴，虽说不是代人作文，但也是间接地为谋生服务。了解这些诗文的内容与风格，有助于全面把握文人的谋生文字。

以郑若庸为例。与谢榛一样，郑若庸也是众多长期在外奔走觅食的文人中的一个，他将自己北游燕赵时的手稿编为《北游漫稿》，其中收录了他在赵王府中及与歙人交往时撰写的诸多诗文，主要内容不外乎是些诗酒酬酢、受请代笔之类的文人雅事。其中涉及赵王府主宾唱和的诗作，与多数以文谋生的门客一样，写得空疏乏味，尽是恭维之词，兹录二首如下：

恩传登赏出彤闱，绮阁凌虚俨欲飞。人在层云承沆瀣，花先淑候报芳菲。千门月度蟾光满，三殿风飘凤吹微。愿挹金茎歌湛露，年年长此奉宸辉。（《元夕赐直臣圆明园阁观灯酒馔代和》）

---

① 谢榛：《四溟诗话》卷三，《历代诗话统编》第三册，653～654页，北京，北京图书出版社，2003。

陈王词赋重三台，千载今春帝子才。文士苴第承世永，高楼花萼傍春开。星连弧天璇霄灿，风引笙歌绮殿回。为报长龄颂申锡，海天南望鹤飞来。（《寿江宁王》）①

这些诗用词典雅，对仗工整，能见出诗人深厚的文艺修养，但没什么内容，缺乏意象，给人一种堆砌辞藻之嫌。曾向谢榛学诗的宗藩子弟，在指出谢榛文集中这些用作人情的诗文毛病时，就说："至于寄两京之名宦，以诗作人情，失古吟咏性情之旨。"② 这种批评对于上引郑若庸的几首诗，也未尝不切中肯綮。但是，他的一些吟咏自然景物的诗，倒显得清新自然，平易朴实，如：

翠林萦飞絮，乌衣近夕阳。十年南国梦，依约在江乡。（《丛林飞燕》）

废刹荒岩畔，吴王歌舞台。只今风雪里，但有野人来。（《灵岩夕雪》）

红波如练月如眉，江上灵妃翠袖垂。日暮天寒修竹里，却将红泪洒风枝。（《夹竹桃花》）

王榭高堂旧物华，短墙茅屋且为家。怕随歌舞淹宵漏，更喜深村有杏花。（《杏花燕子》）③

以上所举郑若庸的两类诗歌：一是谋生文字，是应酬人情的产物，如徐渭说的"本无是情，而设情以为之"④；一是触景生情之作，来得自然，无功利色彩。孰优孰劣，不言而喻，其差异形如考场上的应试之作与日常的兴来之作。

2. 日常生活中的代耕

除了在府幕中代人作文外，在日常生活中，有些文人也会代当

① 郑若庸：《北游漫稿》诗卷下，《四库全书存目丛书》集部144册，32页，济南，齐鲁书社，1997。

② 黄宗羲：《明文海》卷一百六十二《与谢四溟论诗书》，1 620页，北京，中华书局，1987。

③ 郑若庸：《北游漫稿》诗卷下，《四库全书存目丛书》集部144册，40页、41页、48页，济南，齐鲁书社，1997。

④ 徐渭：《徐文长三集》卷十九《肖甫诗序》，534页，北京，中华书局，1983。

地官员或乡绅撰写诗文。从某种意义上说，这些诗文是府幕代耕的延伸，多为官员乡绅送往迎来的庆吊之作。如，自言“不徇人，亦不避人”、“不以名就名，亦不以匿名钓名”的俞允文代人写过《送董侍御还上都》、《文德颂并序》、《武功颂并序》、《平倭事宜状》等文章；松江名士陈继儒也写过很多类似的作品，其《白石樵真稿》中的《贺司李毛公内召序（代张君一）》、《松司理毕公去思生祠碑记（代）》、《寿在宗伯平翁八十有二序（代）》、《祭沈侍御石楼（代抚台）》、《祭唐抑所宫保（代）》等，都是此类文章。能够收入文集的代作都有这么多，那些没有或者不宜收入的篇章肯定也不少，这也可作为他们屡次称“独苦文逋相责”的一个旁证。这些代撰的作品不用细看文章，单从题目也能推测出它们的大致内容。

不过也有特殊情况，如徐渭。徐渭出狱后，生活一时无着落，但文名甚佳，再加上书画也不错，乡人出于关心，有什么文事都找他代笔。如，沈炼的冤案昭雪后，各地建祠祭祀，河南清丰县因沈炼在那里做过知县，因此也建了所祠庙，请在当时河南任督学的山阴籍官员商某撰写碑文，商某让沈炼生前的好友兼亲戚徐渭代写了篇《知清丰沈公祠碑》。文中记载了沈炼的生平经历与沉冤昭雪后人们立祠纪念的情况，重点部分放在他与严嵩斗争及被害的经过上，以便突出沈炼忠君爱民、不畏权势、直言敢谏的品格，抒发自己的仰慕与赞美之情。这篇碑文写得细致入微，内容处理上详略得当，而且能恰当地融入个人情感，自然少不了徐渭对沈炼的了解和熟悉。

二、嘱请之文

在纯粹的代人笔耕之外，文人另有一种笔耕形式，即应人嘱请而撰文。这种笔耕的主动权主要在撰文者手里，写什么、怎样写取决于文人。嘱请者一方只是告知索文的用途，至于内容、语气、词句的优劣等，可能因为不涉及重大利害关系而并不十分在意，所以撰文者在行文时，相对自由，能发表个人见解，抒发自身的感情。

在这类撰文活动中，更能见出文人的才情学识、艺术主张及思想观点等。

嘱请文章者，除了官员乡绅外，还有文人的亲友、门生、乡邻及慕名而来的客人，当中自然有认识的，也有不识面的。根据有些人的生平记载，嘱请之文的数量应当很大。譬如，陈淳“僻处江湖，而词翰绘之妙，片楮尺缣，人争购之。求请者日趋，姚江帆楫相望也，食客每数十辈不为倦”①；王稚登“征言者以日至，问奇者以旬至，守相之干旄以月至”②；俞允文也是“以文请者不虚月，以诗请者不虚日，以草隶请者不虚刻，往往得意去”③；等等。可是翻找现存的文人集子，这类诗文并不能随处可见。究其原因，大约有二：一是文人本身随写随佚，未刻意留存；二是嘱请之文不雅，没有收入或收入不多。以下根据内容的不同分类述之，希望达到窥斑知豹的作用。

先从楼记说起。吴门郑若庸少时“为庠校名士，性不喜习章程业，第肆力经史坟集，更博极秦汉诸家，吐词发藻，语辄惊世人”，科举失意后，“闭门寂居，力昉古作述作。时之名卿大夫，若九宇樯毂之众，每乐购其文，日猝猝应之，不暇给”④。乐购其文的人中，有名卿大夫，自然也不乏商贾细民，这从他自言“余生平乐与歙之人士交，歙之人士亦多好予”⑤ 的话中发现线索，也可以从其文集中找到证据。《蛣蜣集》卷一中的《南溪记》、《坤岩记》、《雪斋记》、《紫崖记》、《复轩记》，与《北游漫稿》文卷二中

① 陈淳：《陈白阳集》后附录《白阳先生墓志铭》，《四库全书存目丛书》集部146册，89页，济南，齐鲁书社，1997。

② 王世贞：《弇州四部续稿》卷三十八《赠王晴川六十序》，《四库全书》集部1 282册，499页，台北，台湾商务印书馆，1985。

③ 王兆云辑：《皇明词林人物考》卷十一“俞仲蔚”条，657页，台北，明文书局，1991。

④ 郑若庸：《蛣蜣集》卷首，郑存仁撰《蛣蜣集序》，《四库全书存目丛书》集部143册，558页，济南，齐鲁书社，1997。

⑤ 郑若庸：《蛣蜣集》卷一《南溪记》，《四库全书存目丛书》集部143册，570页，济南，齐鲁书社，1997。

的《味菜记》、《时斋记》、《园山记》等篇章，均是应商贾嘱请而写的楼记。这些楼记有一个共同点，即名为记楼实为写人，且多为记录商贾的言行，或记行贾经历，或记处世思想，有关楼的描述反在其次，这大概与商贾的嗜尚有关，诸如炫富奢、求不朽、趋风雅等。

与商贾的偏重实用心理不同，文人士绅可能更倾向于审美愉悦的追求，所以撰文者在应对这些索请时，重点落在美学观点的阐释上。陈继儒为去官归田的陆宫保写《适园记》，即是一例：

> 东坡云："山川风月，本无常主，闲者便是主人。"此善适山川风月者也。余谓园之界限，不在大小，以目与足所到为界。假令瞽者兀者，持携而游，目不及赴，足不及领，虽有园，无园矣。设以常人而埒夸父之步、离娄之睫，则园于顷刻判为大小，非园之俄大俄小也，目与足之所到异也。然园之权在目与足，而目与足之权在我，在我者不适，则非大士之千目，韦驮之日绕四部洲而行不止，于目与足何有哉？先生解学士之绶东归，治园二亩以息躬，树无行列，石无位置，独一小阁出于树杪竹条之间，玲珑翕张，以收四面之胜。先生篮舆造之，日偕鱼鸟，相与咏歌以共适其中。盖世之雕镂奇丽之观，先生淡而不御，如逃三公，而其云物之变幻、草木之郁蒸，则若先生之学问名节，日引月长，所谓生则恶可已者也。先生以我适园而不以园适我，故杖履所至，虽撮土卷石，宛若五岳砺而五湖滞焉。今先生八十余矣，垂老而神明不衰，其目与足矫若少年，而又与性之善适者会，则先生之婆娑偃仰于是园也，岂减香山之池上、司马之独乐哉？嘻，古今之园多矣，然皆化为落叶蔓草，而惟二公之荒坡遗迹，至今人称之，将无为世欣慕者，不独在园乎！知此而后可与先生谈适园矣。①

① 陈继儒：《白石樵真稿》卷三《陆宫保适园记》，《四库禁毁书丛刊》集部66册，67～68页，北京，北京出版社，2000。

文章以苏轼的名言兴起，引出自己关于园林鉴赏的看法：“园之权在目与足，而目与足之权在我”，由此展开论述，最后发出感慨，抒发人事兴衰的沧桑感。全文夹叙夹议，情理相称，很适合士大夫的欣赏趣味。由此也可看出，文人在撰文时会适度考虑嘱请者的文化修养及其社会身份。

其次变应嘱请而写的铭状表传。在生活中，常人都有扬美名于世求不朽的心理，所以多愿请文人尤其是知名文人写传记撰碑铭。但文人在撰文时，会受到多方面因素的影响，很难做到史学家要求的“不虚美，不隐恶”、“事俱按实”，实际情形通常是扬善隐恶，阿谀甚于赞美。因此对于这类文字，批评的声音一直未停过，明人也概莫能外。为什么会出现“溢美”、“谀墓”的现象呢？从谢肇淛的介绍中，可以得到部分答案：

> 余尝为人作志传矣，一事不备，必请益焉；一字未褒，必祈改焉，不得则私改之耳。尝预修郡志矣，达官之祖父，不入名贤不已也；达官之子孙，不尽传其祖父不已也。至于广纳苞苴，田连阡陌，生负秽名，死污齿颊者，犹娓娓相嬲不置，或远布置以延誉，或强姻戚以祈求，或挟以必从之势，或示以必得之术。哀丐不已，请托行之；争辩不得，怒詈继焉。强者明掣其肘，弱者暗败其事。及夫成书之日，本来面目十不得其一二矣。嗟夫！郡乘若此，何有于国史哉？此虽子长复生，亦不能善其策也。①

这段话一方面交代了士绅处心积虑，意欲入志传，另一方面指明入志传者只愿言其善行，不肯露其劣迹，否则会想法阻挠、败事。当然这是有权势者的行为，但又知道，言好饰非是众多请文者对撰文者的一个基本要求。既然世风和人心如此，那么出现诸多的溢美之文也是常理了，何况以文谋生者还有生活的压力呢。

再次，传记碑志一类写人的文章，文人明知要修辞立诚，形神合一，如，陈继儒主张：“作传与墓志行状，正如写照，虽一瘢一

① 谢肇淛：《五杂组》卷十三，268 页，上海，上海书店出版社，2001。

痣，皆为摹写。不然，不类其人。”① 又说：“今人作铭状表传，皆是花脸文字。戏子上戏，凡花脸净丑说话，多是虚而不实。今铭状表传，得无此类耶！吾人通于鬼神之间者，但有言行两端，若信笔胡乱道去，如何服得鬼神？《易》曰：‘修辞立其诚’，此语甚有味。”② 说得头头是道，但在实际的撰文过程中，却做不到这一点。看他为好友董其昌写的祭文：

> ……驰驿三千里，郡侯拜迎于车下；介觞千百岁，亲朋填溢于道途。兄之寿荣矣。挥毫拂素，笔大如椽，晔晔夏电，簇簇春蚕。四方借赝笔以衣食者，养妻子，鬻金钱，传播于外夷绝域，流通于广厦细旃，而藩王中贵，曾不得其数行之墨，与半幅之笺。兄之名光矣大矣。……③

整篇祭文充满了赞誉，无一句涉及不光彩之事，合乎祭文碑志常见的特点。

可是有关董其昌的生平事迹，在其他文集中却是另一种说法。曹家驹《说梦》卷二《黑白传》、《定陵注略》卷七《松江民变》、松江府辩冤生员翁元升、张复本撰的《控董其昌辩冤案》中均有关于董其昌强抢民女激起民变的记载，文中“咸谓董氏之恶，至此极矣”④ 的说法与陈继儒说的“兄之名光矣大矣”截然相反，事件的是非真伪交给史家去考证，但是无风不起浪，凡事总有个起因吧。在祭文中，陈继儒之所以这样写，当然有社会人情的原因和个人的考虑，他指责“今人作铭状表传，皆是花脸文字。戏子上戏，凡花脸净丑说话，多是虚而不实”，他本人又何尝不是如此？因此说，言好饰非、大唱功德，应是铭状表传一类文体（包括明

---

① 胡绍棠选注：《陈眉公小品》，262页，北京，文化艺术出版社，1996。

② 陈继儒：《狂夫之言》卷三“修辞立其诚”条，《四库全书存目丛书》子部94册，431页，济南，齐鲁书社，1997。

③ 陈继儒：《白石樵真稿》卷八《祭董宗伯文》，《四库禁毁书丛刊》集部66册，157页，北京，北京出版社，2000。

④ 谢国祯选编，牛建强等校勘：《明代社会经济史料选编》下册，411页，福州，福建人民出版社，2004。

代所独有的为生者写的寿序、像赞等）的普遍趋向，受嘱请撰文的文人一般难逃此规则。

对于请人撰写的墓志碑传的内容及其风格，近人范文澜有一段概述性的评价，比较全面地道出了其特色："唐宋以下，凡称文人，多业谀墓，退之明道自任，犹或不免，其他更何足数。此亭林所以发'志状不可妄作'、'作文润笔'之笃论也。自文章与学术分道，缀文之徒，起似牛毛，贵室富贾之死，其子孙必求名士献谀为快，即乡里庸流，亦好牵率文人，冀依附文集传世。文人则亦有所利而轻应之。……考墓志铭之盛，起于六朝晋宋以后，东汉则大行碑文，蔡邕为作者之首，后汉文苑诸人，率皆撰碑，东京士风，虽号淳厚，意者慕声市利之事，殆亦不必无乎！《洛阳伽蓝记》城东篇载隐士赵逸之言曰：'生时中庸之人尔。及死也，碑文墓志，必穷天地之大德，尽生民之能事，为君共尧舜连衡，为臣与伊皋等迹，牧民之臣，浮虎慕其清尘，执法之吏，埋轮谢其梗直。所谓生为盗跖，死为夷齐，妄言伤正，华辞损实。'此虽有泪而谈，然构文之士，亦宜有惭于此言也。"① 因此说，谀墓的风气由来已久，并非一朝一夕所能形成。

最后，谈谈诗文序跋与书画题词。能请文人撰序写跋的自然多为士绅，但也有少数爱好诗文的商贾，如书贾童佩生前有《九华游记》、《南岳东岱诗》、《佩萸杂录》等文集。文人写序所涉及的对象包括士绅创作的诗集、文集、各种经典的笺注集、作品选集，以及给今人或古人的书画题词，等等。收集在《白石樵真稿》卷一中的二十多篇序言，很能体现这一现象，如：《诗经类考序》、《全史详要序》、《金刚般若婆罗蜜经诖序》、《苏门六君子文粹序》，都是为笺注集子或作品选集写的序；《甲秀园集序》、《刘无竞程墨选序》、《重刻董宗伯制义序》，都是给个人创作集写的序。从标题可以看出，序言涉及经、史、集、释、程文等众多内容，其

---

① 范文澜：《范文澜全集》第四卷《文心雕龙校》"墓志铭考"条，206 页，石家庄，河北教育出版社，2002。

中似乎又暗示人们：以文谋生者必须博学多通，否则很难让请文者“莫不当意而去”。

文人在撰写序跋时，受到的局限最小，既不用过多去揣摩嘱请者的心理，又不用考虑行文的口气与内容。因此在所有的谋生文字中，诗文序跋最能体现撰文者的文艺才能、主张、学识以及个人审美情趣；再者就文论文，本是文人所长。故而这类作品，文人一般都能做到得心应手，颇见情致。下举二例：

> 昨过人家圃榭中，见珍花异果，绣地参天，而野藤刺蔓，交戛其间，顾问主人曰：“何得滥放此辈？”主人曰：“然。然去此亦不成圃也。”予拙于书，朱使君令予首尾是帖，意或近是说耶。①

> 周宪王所模兰亭凡四种，而丰君以为此五种皆王所摹，不知何也。今所谓唐模赐本，即太守所得辩才本，令欧阳询褚遂良等临摹，以赐诸大臣者，于询摹特为逼真，即勒寘禁中，以故人罕传拓。石晋时，为三契丹携往，流落定武。庆历中，韩忠献公婿李学究得之，以墨本示公，公索石，李遂瘗中，后其子负官缗，宋景文时守定武，以石代输，匣寘藏于库。熙宁间，薛师正出牧，求者沓至，乃刻别本应之，子绍彭又模之它石，剜损古刻“湍流带左右”五字以别，而定武盖有三本矣。且古刻字微带同，今所传有肥瘦二种，尤延之谓瘦者真定武，王顺伯以肥者为真定武，而肥者今亦无剜损，纷纷似无可据者。褚遂良临本，则一在同州，一在归德，同州本后有延陵之印，而此则归德本也。休宁金君偶索，书其后，姑述其始末云。②

① 徐渭：《徐文长三集》卷二十《书朱太仆十七帖·又跋于后》，575页，北京，中华书局，1983。

② 俞仲文：《仲蔚先生集》卷十《周宪王所模兰亭序》，《四库全书存目丛书》集部140册，716页，济南，齐鲁书社，1997。

《十七帖》是王羲之草书的代表作，全帖形断神续，行气贯通，后人对它的评价甚多，各有侧重。但徐渭在“朱使君令予首尾是帖”的情况下，独出匠心，用文人特有的形象思维和审美眼光，将其比作一“珍花异果，绣地参天，而野藤刺蔓，交戛其间”的花圃，以不类为类，既道出了帖书的形画之美，又指明了其中蕴涵的生机与活力。这种评价让人对《十七帖》的认识耳目一新，足见徐渭的非凡才华。《周宪王所模兰亭序》介绍兰亭序摹本的流传情况，其实无异于一篇考证的小文章，表明俞允文对此独有见识。

通过上述各种捉刀之文与嘱请之文的评析，可以得出结论说，谋生诗文是文人出于社会应酬和经济考虑等因素的产物，它是理性的、世俗的，甚至带有明显的功利色彩，与“情动于中而形于言”的抒写性情的作品相比，有着截然不同的内容与风格，这在阅读时要特别注意。当然，那些位高爵显的时贤名流也写过不少这种捉刀或嘱请之文，如王世贞、归有光等人，但他们基本不是因生计逼迫，而是应酬所需，乃至有借此播扬名声者，所以从他们的作品很难窥测这类诗文的整体面貌。此外，谋生诗文表现出来的辞藻丰赡，语气恭维、赞誉进而阿谀的风格特征，也与文体本身的特点有关，诸如行状、祭文、碑志、寿序、像赞、楼记、诗文集序、表启公牍等，除了在语言形式上要求辞藻典雅、对仗工整外，又由于世代累积而形成的溢美传统，使大多数人不敢轻易逾越这一规矩，谋生的文人自然不免因袭用之。

前面章节，具体阐述了以文谋生的文人群体的生成原因、特征、文学地位及其谋生方式、心态、诗文特征等，这些都是从类的角度进行的研究与分析，旨在把握他们的总体面貌。为了进一步了解他们微而幽的个体谋生状况，下面两章就徐渭与陈继儒的各自遭遇及诗文情况作具体论述。

第七章　“不幸若马耕”的徐渭

徐渭（1521—1593），字文清，后改为文长，号天池山人、田水月、青藤道士等，山阴（今浙江绍兴）人。他自幼聪颖，读书广泛，少年时即有才名，20岁考中秀才，此后乡试，屡屡不中。37岁时，应浙江总督胡宗宪的邀请，入幕为记室，5年后，胡宗宪因事被捕下狱，幕府解散，徐渭失去托身之所。不久精神失常，自戕未遂，又因杀妻被拘，在狱7年。出狱后，四处漫游，以诗文书画谋生，穷困潦倒，抑郁而终。

虽然一生穷愁侘傺，但徐渭在文学艺术上取得了巨大成就，相关的研究成果已经很多了，此不赘述。本章就他的穷困生活、如何佃文治生及其代耕文字试作具体分析。

第一节　贫困身世与笔耕谋生

作为一名在文学史上备受人推崇的文人，徐渭生前“名不出于乡党”、“名不出于越”①、“科名艺苑皆失位”②，后经袁宏道等人的大力宣扬，才声名鹊起，饮誉晚明乃至后来的文坛。究其原因，恐怕与他在世时的制艺不售、位处卑微不无关系。

---

① 徐渭：《徐渭集》附录《徐文长传》，1 341页，北京，中华书局，1983。

② 沈善洪主编：《黄宗羲全集》第十一册，《南雷诗历》卷三《青藤歌》，286页，杭州，浙江古籍出版社，2005。

一、贫困身世

徐渭一生穷困不遇，须从他的个人经历、性格以及不善治生等说起。

1. 生活贫困，科场不遇

正德末年，徐渭出生于的一个低层官僚家庭，可惜没过几个月，父亲就去世了，从此家道衰落。10 岁那年，生母被逐出家，14 岁时，嫡母又过世，庶出的徐渭只好跟随长兄嫂过日子。然而长兄徐淮“喜蹴鞠烧丹，又喜施贷，贷或十百金，不责券，人往往负之，亦不改，以故渐散其赀数千金殆尽”①，把家中的一点赀财败得几乎没了；最糟糕的是，长兄死后的那年冬天，不知什么原因，“有毛氏迁屋之变，赀悉空”②，连祖屋也被人占了。仲兄徐潞科考失利，往贵州谋出路，结果客死异乡。这些事情发生时，徐渭不过二十来岁。

处于这种家庭环境下，除了文才尚佳别无他长的徐渭，唯一的出路就是早点科举及第，所以在 20 岁时的生员考试落选后，他不甘失败，呈书申请补考。在《上提学副使张公书》一信中，徐渭交代了自己的不幸身世、早年的发奋读书以及考试失利后兄弟之间的失和，言词恳切，情意动人。如果不让补考，他就无路可走，处境是“俯仰牵制，桎梏加躬，愤懑抑郁，若蹈汤火，五内怛然”。张公终于准请，徐渭因此成为一名生员。

可是，在接下来的每三年一试中，徐渭连考了八次，次次败北。也许是运气不好，但分析一下徐渭的学习兴趣，似乎又包含了必然的因素。嘉靖乙丑年（1565），徐渭给自己写墓志铭，开笔即说：“山阴徐渭者，少知慕古文词，及长益力。”③ 对古文词感兴

① 徐渭：《徐文长三集》卷二十六《伯兄墓志铭》，632 页，北京，中华书局，1983。

② 徐渭：《徐渭集》补编《畸谱》，1 327 页，北京，中华书局，1983。

③ 徐渭：《徐文长三集》卷二十六《自为墓志铭》，638 页，北京，中华书局，1983。

趣，可能是天性使然，也可能跟幼年受的教育有关。10 岁时，山阴知县刘昺告诫说：“小子能识文义，且能措词，可喜可喜！为其师者，当善教之，务在多读古书，期于大成，勿徒烂记程文而已。”① 徐渭从小到大喜爱古文词，科举用的却是程文，两者虽然没有绝对的冲突，但古文词的率性随意、不守绳墨与程文的范式统一、只用朱注肯定有矛盾之处。对于程朱思想，徐渭也不是很接受，在《评朱子论东坡文》中，他挖苦说：“文公件件要中鹄，把定执板，只是要人说他是个圣人，并无一些破绽。所以做别人着人人不中他意，世间事事不称他心，无过中必求有过，谷里拣米，米里拣虫，只是张汤、赵禹伎俩。”②

徐渭生性疏放，又长期受古文词的熏陶，这对于他参加科举考试自然不利，尽管屡屡落第，他却没改自己的一贯作风：“生九岁，已能习为干禄文字，旷弃者十余年，及悔学，又志迂阔，务博综，取经史诸家，虽琐至稗小，妄意穷极，每一思废寝食，览则图谱满席间。……举于乡者八而不一售，人且争笑之。而己不为动，洋洋居穷巷，僦数椽储瓶粟者十年。”③ 这种对古文词的终身爱好与性格上的执著不变，注定了他一生将穷困不遇，也是他在文学艺术上取得重大成就的一个原因。

迫于家境原因，在亲戚的说合下，徐渭 21 岁入赘于广东阳江一潘姓县簿家。从小就缺失亲情的徐渭，在妻子的体贴照顾下，过着幸福、甜蜜的婚姻生活。五年多之后，不料潘女生下一子后，竟病逝。“未闻道理，素矫抗，为不情之廉”的徐渭，“不持一物以行，又避干求，多简其形迹”④，从妇翁家搬出，此后一直租屋而居，四处求食。31 岁时，“寓杭玛瑙寺，湖州人潘某之借读所，伴

---

① 徐渭：《徐渭集》补编《畸谱》，1 326 页，北京，中华书局，1983。

② 徐渭：《徐文长佚草》卷二，1 096 页，北京，中华书局，1983。

③ 徐渭：《徐文长三集》卷二十六《自为墓志铭》，639 页，北京，中华书局，1983。

④ 徐渭：《徐文长三集》卷十九《赠妇翁潘公序》，546 页，北京，中华书局，1983。

其读，饭我两月”①。直至37岁厝身于胡宗宪幕府时，才算安定下来，其间用代耕的酬赠买了一处较为宽大的住所，并续娶了一位张姓女子，可惜没几年幕府就解散了，又因杀妻事被系于狱，至正式出狱时，徐渭已经55岁了。

因为入狱，徐渭失去了生员资格，想要在科举上谋出路已经是不可能了。至于两个儿子，也不能寄以希望，“余虽有两儿，性颇仇简册，饮牛未渴饮辰，按项不能俯”②。长子徐枚尤其不孝，当徐渭带着在边幕靠佃文换来的可供十年之用的赀财返回乡里，途中，徐枚勾结外盗，竟然劫走父亲的客囊。徐渭多次教训，希望他改恶从善，“数致不详，每言如水投石，如逆风射箭，反中者多矣，无一毫益而有千万损也”③。父子关系极不和，以致徐枚成家后，徐渭一直未与他住在一起。

在生命最后的十余年中，无论是北上京城、宣府，还是寓居故里，徐渭谋生的主要途径是为人代撰诗文书画，生活过得贫苦又辛酸，“在家时，以为到京，必渔猎满船马。及到，似处涸泽，终日不见双蹄寸鳞，言之羞人”④。在经济、文化发达的京城谋生都觉得不易，回到乡里，情况自然不会好到哪去。陶望龄写的传记中说他：“晚绝谷食者十余岁，人问何居，曰：‘吾啖之久，偶厌不食耳，无他也。’”⑤ 徐渭的情况是真是假难下结论，但他晚年贫到有时卖磬、卖貂、赊裘，或靠族人、朋友馈贻来维持生计却是真的。此外，由于无处安身，只得随小儿子住在丈人王氏家，小儿子投往边幕后，大儿子将他迁出来独居，没多久，又住回王氏家，直至过世。

---

① 徐渭：《徐渭集》补编《畸谱》，1 328页，北京，中华书局，1983。

② 徐渭：《徐文长三集》卷四《从子国用至自军中》，866页，北京，中华书局，1983。

③ 徐渭：《徐文长三集》卷十六《改草》，486页，北京，中华书局，1983。

④ 徐渭：《徐文长三集》卷十六《与柳生》，483页，北京，中华书局，1983。

⑤ 徐渭：《徐渭集》附录，陶望龄：《徐文长传》，1 340页，北京，中华书局，1983。

对徐渭的生平简单梳理后，可以得出结论说：同那些科举顺利、衣食无忧，或者上有父辈荫护，或者下有儿孙荣耀家门的文人相比，徐渭的一生堪谓穷愁潦倒。

2. 性格疏放，不善治生

造成徐渭生活贫困、“科名艺苑皆失位”的原因是多方面的，性格疏放是其中之一。疏放，在徐渭身上表现为刚介、举止不受拘束，不喜与守礼法之人交往等。所有这些，在比他稍后的陶望龄与王思任写的传记、文序中均有具体的描述，如王思任说他：

> （渭）不喜富贵人，纵飧以上宾，出其死狱，终以对贵人为苦，辄逃去，与不如公荣者即快。率然遭之，科头戟手，鸥眠其几，豕接其盆，老贼呼其名氏，饮更大快。一有当意，即衰童遢妓，屠贩田伧，操腥熟一盛，螺蟹一提，敲门乞火，叫拍要挟，征诗得诗，征文得文，征字得字。①

徐渭狂放不拘的个性，在他自己的文集记载中可得到印证。60岁时，徐渭应张元忭邀请，去京城谋生，在张府附近住下。一个下大雪的早晨，张元忭派人送来半臂羔羊和菽酒，徐渭接下赠送，回信说：“仆领赐至矣。晨雪，酒与裘，对证（症）药也。酒无破肚赃，罄当归瓮。羔半臂，非褐夫所常服，寒退拟晒以归。西兴脚子云：‘风在戴老爷家过夏，我家过冬。’一笑。”② 张元忭本是他的救命恩人，雪天送来肉、酒，一番热情却反遭揶揄，让人感到徐渭不通情理。可要知道张元忭状元出身，“居丧毁瘠，遵用古礼，乡人多化之”，是一个“矩矱俨然”③ 的京城官员，在交往中大约对徐渭有礼法上的要求，就不难理解两人之间的冲突了。

---

① 徐渭：《徐渭集》附录，王思任：《徐文长先生佚稿序》，1 340 页、1 350 页，北京，中华书局，1983。

② 徐渭：《徐文长逸稿》卷二十一《答张太史》，1 017 页，北京，中华书局，1983。

③ 张廷玉等：《明史》卷二百八十三《张元忭列传》，7 290 页，北京，中华书局，1974。

对恪守礼法的富贵之人的反感、憎恶，又可见于一件小事。《徐文长逸稿》中有首题为《山阴景孟刘侯乘舆过访，闭门不见，乃题诗素纨致谢》的诗："传呼拥道使君来，寂寂柴门久不开。不是疏狂甘慢客，恐因车马乱苍苔。"诗下又加注："侯观诗悦甚，即便服徒步往。"① 诗句明白如话，跳动活泼，饶有趣味。显然，徐渭不是什么"恐因车马乱苍苔"，而是看不惯对方摆官架子，要求交往时，做到双方人格上的平等。

徐渭性格疏放，在生活中的具体表现是粗犷直率，不会治理生计，这也成为他一生尤其是晚年贫困苦愁的原因之一。作为一介书生，身无长物，唯一可以用来谋生的工具是时人所称道的文才，但因性格缘故，并不是人持财物来索求诗画，徐渭就会慷慨应诺。一位名叫沙滨的先生具贽来乞请文章，在外谋生疲惫归来的徐渭，竟然将财物返还对方，并回了一封信，说道：

> 奔走经年，尘土满衣，以为抵家可免，不知家俗更恶于此。瞻伫甚久，靡暇扫门，饥渴可知也。顷承多仪，极知宠器，便欲效劳，顾以纷纭龌龊，如右所云；然见委诚亦不少，辄难破冗一一仰应，谨以赐封奉返，候少暇必勉效一章，或此别之序，或贵号之诗，二者必居一也。拙稿书呈，然后请乞，可载书以具，如何如何、倚笔匆纭，并希垂谅。②

徐渭拒绝乞请者的理由是"纷纭龌龊"，"难破冗一一仰应"，依据的是个人主观上的好恶，而不是现实生活的压力。可见徐渭处理生计问题，有时很情绪化，前引《徐文长先生佚稿序》中说只要当意，即便是衰童遢妓、屠贩田佁都可以"征诗得诗，征文得文，征字得字"，也是一个例证。

之所以如此，与徐渭在生活中重视个体的内在精神感受，忽略

---

① 徐渭：《徐文长逸稿》卷八，873页，北京，中华书局，1983。

② 徐渭：《徐文长佚草》卷四《致沙滨先生》，1 127页，北京，中华书局，1983。

或不大注意物质上的得失有关。换句话说，徐渭是纵心于物外，以审美的态度观照生活，在艺术的空间里自足自乐，这使他具有超乎常人的审美眼光与感受力。以两首小诗为例：

斋中一夜雨成河，午榻无缘遣睡魔。急捣元霜扫寒叶，湿淋淋地墨龙拖。

乍解寒蒲束缚，忽闻落落琴声。向乃无肠公子，今为甲士横行。尔何拥剑相持，婢学蟛蜞拱手。图成笑擘双螯，且压黄花美酒。①

前一首题为《雨竹》，写屋遭雨漏，无榻可睡，徐渭却兴致勃勃地在急画雨竹。后一首题为《仕女》，诗下注明：“晨起采菊，有客馈蟹，小婢纳诸破簏，比见已横行满地矣。戏作此图，以存一哂。天池山人徐渭。”蟹从破簏里爬出来，声响如琴，女婢胆小吓得复如螃蟹状拱手，徐渭却若事外人，依然只管作自己的画。这些涉及徐渭食宿的事，但他好像是一看客，在边上饶有兴致地欣赏、作画，哪管去修屋补漏和捉蟹进簏！因此说，要徐渭专注地去治生，是不可能的事，这一点他本人也认识到了，在《自为墓志铭》中说自己“尤不善治生，死之日，至无以葬”。

性格疏放，不善治生，科场又屡屡颠踬，这些因素似乎注定了徐渭一生要穷愁潦倒，那他怎样谋生呢？

二、笔耕谋生

作为文士，在通常情况下是孜孜于科举考试，希望通过入仕来立身扬名。徐渭为此追逐了大半生却终无一遇，又未能弃文改从农、工、商等行业，他谋生的途径主要是代人撰写诗文、题字作画，至于教授生徒，徐渭并不致力以求，一是因为塾堂难寻，二是因为收入很低。如，姚人郑老为塾师于富阳，“五金一岁无人理”②。而代人撰文，之所以能成为一种谋生手段，除了徐渭自身

---

① 徐渭：《徐渭集》补编，1 305 页、1 313～1 314 页，北京，中华书局，1983。

② 徐渭：《徐文长三集》卷五《少年》，138 页，北京，中华书局，1983。

的文才因素外，与当时社会普遍存在的文化消费需求有密切关系，也和徐渭身处越中地区有关。

徐渭代人撰文有两种情况：一是进入幕府，相对固定地为幕府长官笔耕；二是在市井佃文，为上门乞索诗画者挥麈弄墨。前者下节论述，这里重点谈谈后一种情况。

代人撰文，于徐渭而言，是一件极辛苦又痛苦的事。在《抄代集小序》中，他说："古人为文章，鲜有代人者。盖能文者非显则隐，显者贵，求之不得，况令其代？隐者高，得之无由，亦安能使之代？渭于文不幸若马耕耳，而处于不显不隐之间，故人得而代之。在渭亦不能避其代。"① 徐渭"不能避其代"，是因为"处于不显不隐之间"，为生计逼迫，不得已而为之。这种辛苦，在与生徒马策之的信中，他交代得很清楚：

> 发白齿摇矣，犹把一寸毛锥，走数千里道，营营一冷坑上，此与老牯踉跄以耕，拽犁不动，而泪渍肩疮者何异？噫，可悲也！每至菱笋候，必兀坐神驰，而尤摇摇者，策之之所也。②

徐渭以踉跄老牯自喻，虽泪渍肩疮，拽犁不动，还得不停笔耕，辛酸情状在字里行间流露。因为代人撰文，是一种创造性的脑力劳动，所以很辛苦，"必兀坐神驰"，更苦的是被邀请至他人住所，在短时间内写对方需要的诗文。辛苦如此，收入却不多，有时甚至是无收获，《与道坚》说："客中无甚佳思，今之入燕者，辟如掘矿，满山是金银，焚香轮入，命薄者偏当空处，某是也。"③ 前引《与柳生》中也说在京"似处涸泽，终日不见双蹄寸鳞"，均可见以诗文谋生之艰辛。

无论是居乡里还是在他乡，徐渭用来治生的诗文大致可分为两类：

---

① 徐渭：《徐文长三集》卷十九，536 页，北京，中华书局，1983。
② 徐渭：《徐文长三集》卷十六《与马策之》，483 页，北京，中华书局，1983。
③ 徐渭：《徐文长三集》卷十六，483 页，北京，中华书局，1983。

一类是乡邻朋友来乞索用作贽礼的诗文，也有戚邻以物遗赠、徐渭写诗作画以示回谢的篇章。这与当地人在送往迎来、喜庆丧吊的习俗有关。翻检《徐渭集》，涉及的内容有：喜贺生育子嗣、新婚、寿诞，祭亡挽逝，送人颂德，题画赋舍，甚至咏邻妇度尼也不乏有之。此类篇章，在题目上往往标明是某人“索题”或在文中点明是受人“属”请而写，数目之多，在一般的文集中少见（见附表一、二）。这些诗文，通常写得明快俊逸，趣味盎然，颇见才气。如以下两首：

闻尔邻佳媳，经常集梵僧。春虽添药架，秋必卸瓜棚。何计还跨灶，随时且摸楞。愁云能引泪，莫上最高峥。①

兰条芝盖垂芳远，桂子榴房结实长，绕砌皆为谢氏树，依庭共拟窦家郎。玉堂今夕生麟子，画史将图聊志喜。广眉秀骨俱画能，欲画啼声那得似。②

前一首题为《某妪索咏邻妇度尼》，写了邻妇的勤快，劝其不要轻易度尼；后一首诗题下注明“余君索题，贺孙翰君初嗣”，诗中巧用比喻与典故，说尽赞美之词，却以婴儿相貌可绘，啼声画不了作结尾，深含意蕴。两首诗都写得简洁流畅，明白如话，富于市井味。

另一类是代官吏士绅撰写的诗文，这类文章的乞请者，一般具有较高的文化素养或社会地位，有的还是徐渭的亲友，所以内容多涉及文人的雅趣和当地的公益事件，如诗文集序、楼阁堂匾记、行状、祭文、墓志铭、寺碑、祠碑、图赞，赠序、寿文等。士绅之所以请徐渭捉刀，一是看重他的文才，或有意识地周济他。《徐渭集》中多有诸如《写倒竹答某饷》、《辽东李长公午日寄到酒银五两，写竹笋答之，书于此上》、《陆子寄饼》、《史甥以十柑饷》为题的诗，在与人来往的尺牍中，屡屡称“致馔腆多，不胜感荷”、

① 徐渭：《徐文长逸稿》卷三，734页，北京，中华书局，1983。
② 徐渭：《徐文长逸稿》卷二，722页，北京，中华书局，1983。

“佳品屡承，何幸如之”、“近又屡饷老孱”、“纸裹朱提，重不胜举”之类的话，均可作参照。另一个原因是乞请者本人公务太忙或者不大会写这些古文词。徐渭在解释自己何以能代人笔耕的原因，曾提及这一点：“今制用时义，以故业举得官者，类不为古文词，即有为之者，而其所送赠贺启之礼，乃百倍于古，其势不得不取诸代。”① 这类文章在题目中多会标有一个“代”字（见附表三）。

这里顺带提一下徐渭的书画。当时文人的文化素养相对比较全面，诗、文、书、画兼修，因才气和用功方向不同，造诣也不一样。徐渭说自己的书第一、诗二、文三、画四，不管是否准确，但足以说明诗、书、画是一体的，其中画与诗结合尤其紧密，二者相互印证，相得益彰。因此当有人向徐渭索画时，往往也能见其题诗，如，有题为《某子旧以大蟹十个来索画，久之答墨蟹一脐，松根醉眠道士一幅》、《图卉应史甥之索》等题画诗，因不是本文论述重点，故略之。

徐渭大量地代人撰文，得到的酬赠主要是实物与银两，这在与朋友的书信中屡有提及（详见附表四），另外在一些具体的诗文篇章中也偶尔会交代。实物包括酒食、衣物、水果、茶叶、纸笔等，银两在诗文集中提到的不多，且数目不是很大，有李如松送来的银五两、朱少监的纸裹朱提（即银两）、为友人题画得铜钱三百。这些，都远比不上在胡宗宪幕府时一次撰文就获银二百二十两。酬赠银少物多，一方面说明当时的市井民众财力有限，仍保留着浓厚的物物交换意识；另一方面也可看出，在传统的农耕社会里，文人以文治生，不是件很容易的事。

① 徐渭：《徐文长三集》卷十九，536 页，北京，中华书局，1983。

附：表一

题名为“索赋”、“索题”的诗篇

诗体	篇　名	出处	小计	合计
五言古诗	补再游兰亭诗副王翁之索	《徐文长三集》卷四	5	
	休宁范君灿，聚其先人六君子文字，常佩之不去身，人多赠以诗，却索予作			
	子效索赠其两叔二首			
	空上人常住少林索作于菊下			
	宗孙有别字柱南者索赋上冢			
七言古诗	友人出册索题赠上虞丞林君入觐	《徐文长三集》卷五	12	
	老子出函谷图，友人索题，寿其所好			
	王乡人舍傍学宫索赠张师长			
	沈刑部善梅花却付纸三丈索我杂画			
	顾富川公七十，其长公御史索写古椿			
	刘总戎国挽章应乃子索			
	一和尚割灼其肉以已潦，邦人索歌送之			
	二叔父知宝应时，以召入，县诸生郑本者，画菊竹一卷饯之，今为二侄所得，乞我作歌			
	杭陈子索赠陈副总			
	图卉应史甥之索			
	完淳篇（人索咏其别字）			
	张海山已死，其子持向所寿父者二轴来索题，其一画枫树月及白头公鸟，谜之曰风月白头，其一画古柏芙蓉			
	横山黄伯子持图索题	《徐文长逸稿》卷二	2	
	四花图（余君索题，贺孙翰君初嗣）			

续上表

诗体	篇　名	出处	小计	合计
七言律诗	再至燕，诸陶两翰君索草书述怀卷端	《徐文长三集》卷七	12	
	日者孙养静为推予命，无以酬之，因其索号诗，赋此以了人事			
	杨道人访我于系索诗			
	冯刑部索书册（庆成典宴图）			
	读易园诗，应一仕人之索			
	建阳杨君，县壶越市，云是杨文敏公荣之孙，莫春将之京，钱王孙持其土物，索诗送之			
	友人索慰沈四郎君			
	涵叔往常州索诗当钱			
	方封君七十，其子刑部郎飞册索作			
	山阴杨簿公称良吏，一日托从子桓索作，应此，时当夜巡			
	淮河成长吏索赠两台二首			
	某君索诗往寿其兄镇公			
五言排律	景文索送其县吏入觐	《徐文长逸稿》卷四	11	
	冯刑部索书册二首（共三首。西署，明刑。帝籍，春耕前刻奏最承恩。耕，春所重。在宴奏最者先收二，并吾乡人也。）			
	友人索赠刘府公以剿寇受赏			
	会稽训吴先生母九十出册索题			
	推府韩公生日友人索赠			
	祷雨诗，友人索颂邵府公			
	应索柳溪双寿诗为张封君			
	王母寿诗（王之臣乃母，臣自编世集，索诗）			
	某平湖诗应索			
	风木篇应索			
	香山寺僧方荷能诗，出其师护松号册索次			

续上表

诗体	篇　名	出处	小计	合计
五言排律	陈玉屏以瓦窑头银鱼再饷，索赋长律	《徐文长三集》卷八	1	61
	海云次子后其弟海洲死，分韵索挽	《徐文长逸稿》卷三	4	
	某妪索咏邻妇度尼			
	黄君书舍在委羽山洞，索赋			
	李子遂携己所绘图归陶翰撰索咏			
七言绝句	程君索寄其师周中阳	《徐文长集》卷十一	11	
	叶伯子三十馈果肉索诗答此			
	画两童，枕帚而睡，疑是寒拾，应人索咏			
	应别索又一幅			
	盛懋秋江画，董葬尧章索题			
	顾御史索画竹二首			
	人有以旧抹牡丹索题者			
	王生索写葡萄			
	沈君索题所画二卉，贺人新婚			
	季先生女九姑五十，其郎君索墨萱			
	某子旧以大蟹十个来索画，久之答墨蟹一脐，松根醉眠道士一幅			
	马坐营索咏（胡人也）	《徐文长逸稿》卷八	2	
	张东谷索题王仲山所画小蛙鱼荷芦叶图			
五言绝句	子臣絜其室之故镜再铸索词	《徐文长逸稿》卷七	1	

附：表二

点明因嘱请而写的楼阁杂记篇目

篇　名	文中说明撰写起由的句子	出处	合计
蜀汉关侯祠记	已乃促骑抵燕，迓予以来，而以记属。	《徐文长三集》卷二十三	13
坐卧房记	而青野子顾作室而房之，而名之，而使予记之。		
西施山书舍记	余少时盖觞于此而乐之。兹伯子（商濬）使余记，余虽以病阻其觞，然尚能忆之也，率如此。		
函三馆记	（陈汝元）命馆曰函三，记则属予。		
西溪湖记	众谋计于予。		
洪神行祠记	始治石将镵，而辈来以记告予。		
长春祠记	然则今之记，君宜纯阳子自为之，如洙父子钉，要当不下梓童真人，而顾使予凡近者为之，又何也?		
半禅庵记	（休宁居士程希）乃就半山束茅以庵，用旃檀肖大士及诸菩萨栖其中，而题曰半禅。书其乡山人仲房园记以来，而摘庵记于予。		
百昌斋记	因名其斋曰百昌，令予记。	《徐文长逸稿》卷十九	
天马房记	将别，（璩仲玉）为予陈天马迹，如右所书者，使为记。		
万佛寺记	至是工竣矣，乃来请记。……吾故以是某某辈喜，而辄为之记。		
蜀汉关侯祠记	适公书抵某，某至自燕。令予记，遂记。		
史氏桥记	桥既成，众图碑之。碑成，来告书，遂书之。		

注：因人索乞或受人嘱请而撰写的诗文肯定不止表中所列的数字，理由有二：一是实际写作过程中，有性质相类似的篇章可能未在题目上标明或在文中具体交代；二是除了楼阁杂记外，按常理其他的实用性文体应当也在嘱请之列，如墓志铭、寿文、文序、碑铭、像赞等。这从徐渭代人写过许多同类的文章，亦可推测出大致情形来，这里笔者来不及去细找相关佐证，只好就已知的篇章进行列举。

附：表三

标明为代撰的序铭碑记等篇目

文体	篇名	出处	小计	合计
记	闸记（代）	《徐文长三集》卷二十三	9	
	石顶浮图记（代）			
	义冢记（代）			
	烈妇姚氏记（代）			
	虚室生白斋扁记（代）	《徐文长逸稿》卷十九		
	刑部题名记（代）			
	稽古阁记（代）			
	代养贤堂记（代，不用）			
	邑侯徐公生祠记（代张修撰）	《徐文长佚草》卷二		
碑	昭庆寺碑（代）	《徐文长三集》卷二十四	7	
	季先生祠堂碑（代）			
	知清丰沈公祠碑（代商督学）			
	庞公碑文（代）			
	王先生去思碑（代）	《徐文长逸稿》卷二十		
	沈氏祭田碑铭（代）			
	沈氏冢其外亲及祭田碑铭（代）			
墓志铭	题徐大夫迁墓（代）	《徐文长三集》卷二十六	3	
	张太仆墓志铭（代）	《徐文长逸稿》卷二十二		
	钟太母顾恭人墓志铭（代）	《徐文长佚草》卷五		
祭文	代祭关神文	《徐文长三集》卷二十八		
	代祭东岳神文			
	代祭城隍神文			
	代上馈文			
	祭罗封君文（代）	《徐文长逸稿》卷二十三		
	祭冯母文（代）			
	祭陆锦衣（代）			

续上表

文体	篇名	出处	小计	合计
	祭张御史母文（代）	《徐文长逸稿》卷二十三	9	
	祭朱刑部（南阳代）			
行状	慈溪县学训导祝公行状（代）	《徐文长逸稿》卷二十二	1	
送序文序	叶母钱膺表序（代）	《徐文长逸稿》卷十四	26	
	胡大参集序（代）			
	送张南阳序（代）			
	送陆刑部序（代）			
	送石府公之两淮盐使序（代）			
	按辽议建序（代）			
	贺青州冯按察序（琢庵公父〇代）			
	宾峰石先生应召序（代）			
	送王大同之平阳兵宪序（代）			
	送沈君序（代）			
	赠金卫镇序（代）			
	送少参余公考满序（代）			
	试录前序（代）			
	齿录序（代）			
	志序二首（代）			
	黄潭先生文集序（代）	《徐文长佚草》卷一		
	会稽志序（代）			
	送诸生序（代）	《徐文长三集》卷十九		
	赠某卫使序（代）			
	送通府王公序二首（代）			
	送通府王公序（代）			
	赠李都使序（代）			
	景贤祠集序二首（代）			
	北台疏草序（代）			
	赠陶刑部侍郎公序（代其兄）			
	赠梁尚书公序（代）			

续上表

文体	篇名	出处	小计	合计
寿文	寿胡母序（代）	《徐文长逸稿》卷十五	12	73
	寿张滦州朱宜人序（代）			
	寿某州守某君序（代）			
	寿诸左泉序（代）			
	王抚州六十序（代）			
	刘沅州寿序（代）			
	贺潘又山七十序（代范黄州）			
	赠朱礼部五十双寿序（代）			
	寿太仆商公八十序（代）			
	寿王鸿胪序（代○是鸿胪号桐溪）			
	赠陈君七十序（代）	《徐文长佚草》卷一		
	寿叶太封人六十序（代）			
赞	白鹿朱蝙蝠灵芝瑞草为仕人寿图赞（代）	《徐文长逸稿》卷十七	3	
	某仕人寿图赞（代）			
	柳愚谷先生像赞（代）			
书	代白卫使辨书	《徐文长三集》卷十六	1	
策	代拟策问	《徐文长三集》卷十八	2	
	代云南策问五首			

注：由于有些文章很难辨明是在府幕还是在平常的谋生活动中代士绅撰写的，所以未列入“府幕代耕”的篇章内，先列入此表中，以待进一步考证。

附：表四

书信中提及馈遗的篇章

篇名	相关描述	出处	小计	合计
答许口北	千羊之皮，不如一狐之腋。珍此貂毡，岂比学毳？矧奉雅意，价连城矣。	《徐文长逸稿》卷二十一“书问”	12	
答李独石	道里修阻，致馔腆多，不胜感荷。			
简许口北	惭享我公分庖之惠，令人每饭不下咽。			
答王口北	野客清寒，僧厨斋寂，承此食肉之盛惠，得免廋癯。			
答张太史	仆领赐至矣。晨雪，酒与裘，对证（症）药也。酒无破肚赃，罄当归瓮。羔半臂，非褐夫所常服，寒退拟晒以归。			
答李长公	刘君来得长公书，并银五两。前此亦叨惠矣，何勤笃乃尔耶？			
与章君	辱饷屡矣，却领则违尊雅，领之又似范晔载市，尚食果皮饮酒，毕命犹饕也。			
与吕君	继惠鳞腊百头，兹复以薰橘百饼，兼之佳诗。			
答叔学张君	先后嗣惠甘鲜，感谢，感谢。			
答俞都戎	迩又远寄僧书扇帨，僧书乃难得之物，重叠而至，令人何以堪之。			
答朱少监	纸裹朱提，重不胜举。			
答潘中六	古人食鼋，不得，染指而出，知珍味之难逢也。佳品屡承，何幸如之！			

续上表

篇名	相关描述	出处	小计	合计
复李公	十一月十三日，忽拜书褒许过当，参拂之物又复雅珍，万非鄙劣所堪。	《徐文长佚草》卷四“尺牍”	14	26
又复李公	适领参一斤，参人二躯，川扇两把于陶君，并慰问勤恳。			
又复李公	昨赐腆甚，无可报答也。			
又复李公	貂氈深苍，可以驰赐王全斌者，山人得此，老颠夜来不知作何梦也。			
又致李长公	近又屡饷老孱。			
又与钟天毓	正苦焦渴，蒙惠石碌，甚感慰。			
又与钟天毓	一穷布衣辄得真后山一大篚，其为开府多矣。			
复某	来酝直不足而坛有余，补直卒未能办，倘是见惠，鄙何颜以冒领也？			
与陆韬仲兄弟	至如前岁，客寓走问，馈遗又频数特甚；今又惠以绸仪，令人益感怍。			
答友人	四果见饷，真是真伤惠，辄却，翻怕伯子生嫌也。			
答陆吉泉	渭辱多惠，方切感惭。……谨以原赐告还，千万勿再往返也。			
柬丁肖父	昨有人遗黄花菜在此，可共莲沙兄入否？			
答某馈鱼	明日拟书茶类，能更致盈尺活鲫否？			
致沙滨先生	然见委诚亦不少，辄难破冗一一仰应，谨以赐封奉返，候少暇必勉效一章，或此别之序，或贵号之诗，二者必居一也。			

第二节　府幕经历及其代耕

徐渭身世坎坷，先后八次参加乡试，均不第，为了谋生，他三次应邀入幕，时间长短不同，遭遇各异。幕主招请，有的是看重他的文才，有的是出于故人义气，而徐渭在幕中的差事，主要是些文字方面的应酬。这些谋生的文字，与亲戚朋友、乡邻生徒在日常生活中索求的诗文有所不同，论者很少涉及。

一、府幕经历

一生当中，徐渭涉足的府幕有胡宗宪的总督府，大学士李春芳的尚书府，巡抚吴兑的宣府。三位幕主对待徐渭的态度截然不同，生活于他们幕下的徐渭感受自然也就不一样。

1. 总督府

从嘉靖三十六年（1557）冬赴胡幕做四六文启京贵人开始，至嘉靖四十一年十一月胡宗宪因劾被捕，幕府解散为止，徐渭留在胡幕的时间为五年。这几年里，徐渭名声大振，是人生最得意的阶段，成功的原因除了自身文才外，另与胡宗宪对他的知遇不无关系。因此临终之年，当徐渭对自己一生进行梳理回顾时，将胡宗宪与有抚育之恩的嫡母苗氏、救命之恩的张氏父子同列“纪恩”一栏。

跻身胡幕，一开始徐渭是很犹豫的，因为胡宗宪当时权重一时，威震东南，虽有可能凭借他的器重露才扬名，但也容易招致祸难，所以不得不慎重。这种心理，徐渭在为自己写的墓志铭中，交代得很清楚：“一旦为少保胡公罗致幕府，典文章，数赴而数辞，投笔出门。使折简以招，卧不起，人争愚而危之，而己深以为安。其后公愈折节，等布衣，留者盖两期，赠金以数百计，食鱼而居庐，人争荣而安之，而己深以为危。”① 但在后来的交往过程中，

① 徐渭：《徐文长三集》卷二十六《自为墓志铭》，639 页，北京，中华书局，1983。

徐渭逐渐受到重视与优待，使得他对总督沿海军务的胡宗宪心存感激，尽力出谋献策，甚至身体力行。

徐渭进入胡幕并能逗留五六年的因素很多。一方面，徐渭少有才名，科考却连连败北，家境萧索的他急于找到一条谋生之路，而且入幕的初衷也有为国效力，希望凭借自己的军事才能创一番事业的意思，只是没想到后来主要还是以才艺出名。另一方面，胡宗宪虽然靠逢迎严嵩和赵文华等人而擢升总督，他谋取权力主观上也许是出于个人目的，而在客观事实上，却为平倭斗争立下了不可否认的历史功绩，因而徐渭将其比作唐代的郭子仪，赞扬他“身作长城障一方”①，这是徐渭加入胡幕的一个重要原因。再者，胡宗宪对徐渭的厚遇及个人生活的关心也不容忽视，譬如，杭州的镇海楼重建竣工，胡宗宪让徐渭代作《镇海楼记》，文成，馈银二百二十两。徐渭用所得银两，再加上卖文物的钱，买地置房，构建了一栋有屋二十二间的酬字堂，至此才结束了长年租赁居住的窘况。② 按常理推算，徐渭这篇七百字不到的《镇海楼记》当然值不了这么多银两，大概可以看作徐渭数年来为胡宗宪代笔的一次特殊厚待。从中既见出胡宗宪对徐渭的器重，同时又可推测，徐渭在胡宗宪的幕府中大约得过不少的馈赠。除了财物上的帮助，胡宗宪还关注徐渭的家庭生活，曾先后两次出面做媒，为丧妻十多年的徐渭撮合婚姻，这对于幼年失怙、兄长早逝、年轻丧妻的徐渭来说，是一种精神和情感上的关爱，怎能不让他终生感激？

另外，胡宗宪折节邀请徐渭入幕，辟为记室，看重的是文才，目的是让他协助处理公务上的书信往来，这在徐渭正式入幕后为其

---

① 徐渭：《徐文长三集》卷九《上督府公生日诗并序》，320 页，北京，中华书局，1983。

② 徐渭：《徐文长三集》卷二十三《酬字堂记》：镇海楼成，少保公进渭曰：“是当记，子为我草。”草成以进，公赏之曰：“闻子久侨矣，趣召掌计廪银之两百有二十，为秀才庐。”……渭感公语，乃拜赐，持归，尽囊中卖文物如公数，买城南东地十亩，有屋二十二间，小池二，以鱼以荷。

代写的《初进白牝鹿表》与《再进白鹿表》尤能体现出来，这两份表文及进贡的白鹿让胡宗宪封荫晋爵，也使徐渭享誉京城。对一名文才赫赫、科场上却屡屡不第、饱尝失意滋味的老秀才来说，能得到总督大人的赏识与重用，未尝不是个人价值在另一形式上的自我实现。这种知遇之恩，对于科举考试一帆风顺的文士来说也许没什么特别的意义，对于徐渭而言却感受深刻，以致有“蒙国士之待”① 的感激言词。

徐渭心存感恩并能长时间留在胡幕的另一个原因，是胡宗宪在人格上对他的尊重，把徐渭视若宾客，不压制他的个性，不限制他的人身自由，这是诸多因素中最重要的一点。比徐渭稍后的陶望龄、袁宏道在为徐作的传记中，均有相似的记载：

> 渭性通脱，多与群少年昵饮市肆。幕中有急需，召渭不得，夜深，开戟门以待之。侦者得状，报曰：“徐秀才方大醉嚎嚣，不可致也。”公闻，反称甚善。时督府势严重，文武将吏庭见，惧诛责，无敢仰者，而渭戴敝巾，衣白布瀚衣，直闯门入，示无忌讳。公常优容之，而渭亦矫节自好，无所顾请。②

> 文长为山阴秀才，大试辄不利，豪荡不羁。总督胡梅林公知之，聘为幕客。文长与公约，若欲客某者，当具宾礼，非时辄得出入，胡公皆许之。文长乃葛衣乌巾，长揖就坐，纵谭天下事，旁若无人，胡公大喜。是时公督数边兵，威振东南，介胄之士膝语蛇行，不敢举头，而文长以部下一诸生傲之，信心而行，恣臆谭谑，了无忌惮。③

从节录的文字可以看出，在幕府中，胡宗宪是以宾礼待徐渭，徐渭与胡宗宪的关系不像府中将吏有隶属性质，而是宾主关系，没

---

① 徐渭：《徐文长三集》卷十五《谢督府胡公启》，449 页，北京，中华书局，1983。

② 陶望龄：《徐文长传》，《徐渭集》附录，1 339 页，北京，中华书局，1983。

③ 袁宏道：《徐文长传》，《徐渭集》附录，1 342 页，北京，中华书局，1983。

有人身依附。有人说，陶望龄、袁宏道比徐渭都小四十来岁，在无材料证明徐渭生前与他们有交往的情况下，这两篇传记的内容不十分可信，很可能有文学加工的成分。此处有一点要注意，作为同郡，徐渭过世时，陶望龄已经三十来岁了，即便他与徐渭无来往，但有关徐渭的各种故事，他应当是有所耳闻。况且，他与徐渭的门生商景哲是朋友，商景哲刻印《徐文长三集》，请陶作序，两个人在一起时，不可能不谈及徐渭生平事迹，因此陶望龄的传记当有较高的可靠性，而袁宏道是陶望龄的朋友，他的传记材料或许来源于陶也未可知。此外，我们又可在徐渭自己的诗文中找到相关的材料证明，有一首诗题为：“胡令公镇浙，海寇远遁者逾年，至是有为风所迫者不得去，已分遣将吏，指授方略往击之，而公犹亲出视师，因以拊循郡邑。旌盖出郭门，诸将告捷者纷至，抵萧山，又至，章疏再三易而复上。是日渭自家驰诣幕中，秉烛燕语，不胜欣庆，赋此奉呈。”① 徐渭自家驰诣幕中，和胡宗宪秉烛燕语，可看出徐渭个性的通脱豪荡，也可说明胡宗宪对其宾客身份的认可与接受。

因此说，入胡幕的五年中，徐渭是以宾客的身份代胡宗宪撰文，胡宗宪为徐渭文才的施展、个性的张扬以及生活的物质保障，提供了一个相对宽松的环境。

2. 尚书府

嘉靖四十一年（1562）十一月，胡幕解散。次年冬，大学士李春芳的门人查氏带来六十两聘银，邀请徐渭入李府，正当壮年又无处谋生的徐渭，于是应邀北上，可是进李府不到两个月，徐渭就毅然辞归了。对此，李春芳非常恼怒，事后放出话来威胁徐渭，要他回去。徐渭很窘迫，不仅退还了聘银，还请了京城一些有官职的朋友出面，事情才得以解决。

---

① 徐渭：《徐文长三集》卷七，225页，北京，中华书局，1983。

为什么会这样？

先看李春芳其人，明史载道：“李春芳，字子实，扬州兴化人。嘉靖二十六年举进士第一，除修撰。简入西苑撰青词，大被帝眷，与侍读严讷擢翰林学士。寻迁太常少卿，拜礼部右侍郎，俱兼学士，直西苑如故。佐理部事，进左侍郎，代讷为礼部尚书。……春芳自学士至柄政，凡六迁，未尝一由廷推。”① 没经过一次廷臣的举荐，李春芳由大学士擢升到最后的首辅，是因为嘉靖帝“专事焚修，词臣率供奉青词。工者立超擢，卒至入阁”②。李春芳青词写得好，得到赏识，才屡屡晋升，所以后人称其为“青词宰相”。为了应付宫里与官场上的文字事务，李春芳门下聚集了一批文士，如山人王叔承便是其中一个。③ 李春芳预付定金，邀远在山阴的徐渭入京，大约与徐代胡宗宪撰写白鹿表扬名京师有关。

但是，李春芳对待徐渭的态度跟胡宗宪迥然不同。据《奉尚书李公书》一文的交代，对于府内幕宾，李春芳要求“收散文目，类有掌，呼约轮转入侍，则又寝处内城，临日挥毫，至聚食一所”，实际上是将徐渭等人视作奴仆，有人身自由的限制。这对生性疏放的徐渭，无异于一种桎梏。其次，李春芳要徐渭写用于斋醮仪式的青词，徐渭声称不会写，向李春芳的解释是：“至于斯事，恐难猝成，即使得成，恐不堪用。今某既已愿学，自不敢不竭其心力，而才有所困，事涉避难。如闻当时亦有缘此以得罪他所者。明

① 张廷玉等：《明史》卷一百九十三《李春芳列传》，5 118 ~5 119 页，北京，中华书局，1974。

② 张廷玉等：《明史》卷一百九十三《袁炜列传》，5 118 页，北京，中华书局，1974。

③ 《明史》卷二百八十八，列传第一百七十六《文苑列传四·王叔承列传》载道：“王叔承，字承父，吴江人。少孤，治经生业，以好古谢去。贫，赘妇家，为妇翁所逐，不予一钱，乃携妇归奉母，贫益甚。入都，客大学士李春芳所。性嗜酒，春芳有所撰述，觅之，往往卧酒楼，欠伸弗肯应。久之，乃谢归。”

公纵不见疑，某将何以自解?”①这当然是一种托词，其实是不愿写。在徐渭入京之前，会稽县令张石洲进京觐见，徐渭作诗赠别，说：“宫阙近闻修五畤，君王自合访双凫。即如明府生民命，莫对神仙有与无。”② 明确反对君王沉湎于斋醮，不理朝政。徐渭入李府，本来是希望尽自己的才华，能有所作为，没料到是为了迎合君王嗜好，被李春芳委以写青词，这是他不能接受的。这种个性受拘限、撰文违己意的抑郁，在徐渭尚未离开李府前就有所流露，如《入燕三首》，此处摘录其一，以兹佐证：

> 董生抱利器，郁郁走燕赵。贱子亦何能，飘然来远道。行止本无常，辟彼云中鸟。朝饮西园池，暮宿北林杪。感事复怀人，生年苦不早。欲吊望诸君，迹陈知者少。垂首默无言，春风秀芳草。③

性格与思想上的巨大压制，使徐渭在李春芳的尚书府没呆上两个月，就离去了。一介寒士说走就走，李春芳自然不会轻易答应。这中间的经过，《畸谱》中有具体的叙述：“秋，李声怖我复入。尽归其聘，不内以苦之。盖聘之银为两，满六十，出李之门人杭查氏。予始闻怖，持以内查，查不内，故持以此归李，李复不内，故曰苦之。是岁甲子，当科，而以是故夺。”因为此事而往返于京城，结果连乡试也耽误了，对科名孜孜以求的徐渭无疑打击至深。李春芳此举明摆着是以势压人，从中也见出贫寒文士在幕府谋生的不易。这整个的辛酸遭遇，徐渭在《哀诸尚书辞》中自叹道：“命也不淑，进退维谷。秣月蹄霜，两走上国。”④

3. 宣府

从李春芳的尚书府退出后，由于杀妻一事，徐渭入狱近八年，

① 徐渭：《徐文长逸稿》卷二十一，1 022 页，北京，中华书局，1983。

② 徐渭：《徐文长逸稿》卷四《送张会稽公入觐》，801 页，北京，中华书局，1983。

③ 徐渭：《徐文长三集》卷四，70 页，北京，中华书局，1983。

④ 徐渭：《徐文长三集》卷二十八，663 页，北京，中华书局，1983。

直到万历元年（1573）除夕获得假释，万历三年（1575）才正式出狱。出狱的第二年，受故人吴兑的邀请，北上宣府做幕宾。

这一次入幕，有半邀请半周济性质，因为吴兑和徐渭既是同乡，又是同学，嘉靖三十四年（1555），两人曾一起设法惩治过逞霸市廛的兵卒，事情过去了二十多年，徐渭依然清晰记得，为此写了一篇《赠吴宣府序》。[①] 年轻时两人趣味相投，同斗兵痞；近花甲时，却一为宣镇巡抚，手握重兵，一为落魄书生，无处觅食。大约是念在昔日情义上，吴兑请老友来到自己幕下，名为佃文，实际上是设法给以生活上的帮助。徐渭在宣府半年多的时间里，从吴兑及其同僚、部下获得的馈赠、酬谢，可作"十年粟藿"[②] 之用，由此可见出吴兑的一番用意。

徐渭在宣镇没有住进吴兑的府衙，而是住在近处的寺庙里，这大概与他前两次入幕的经历有关，一是行动自由，没大的拘束，二是不想求人太多。因为是旧友，吴兑也没有强求，随他了。除与吴兑来往、代写文章外，徐渭跟吴兑的同僚交往颇多，据其诗文中提到的，主要有方逢时、许口北、王口北、雷总兵、麻总兵、袁户部等人。徐渭与这些人一起饮酒游玩，写诗作画相送，他们或是碍于吴兑的情面或者是真心喜欢，纷纷接纳并索要徐渭的诗文书画，又以酒食财物作为回赠。当然既是入幕，徐渭也会代吴兑写些诗文，如万历四年（1576）十月，张居正官擢左柱国，徐渭代作《贺张相公启》。不过，由于留在宣府时间短，加上边陲处于和平时期，所以此时徐渭代撰的文字不是很多。在到达宣镇后的次年春天，徐渭辞别南归。总计在宣府逗留的时间大概也就半年多，此后他再没进过幕府。

二、府幕代耕

徐渭三次入府幕加在一起，时间不足六年，为幕主或其下属代

① 徐渭：《徐文长三集》卷十九，539～540页，北京，中华书局，1983。

② 徐渭：《徐文长三集》卷十六，481页，北京，中华书局，1983。

撰了不少文字，其中以胡幕居多。现在《徐渭集》中，有线索可资证明是代笔的篇章为：总督府40篇，[①] 尚书府无，宣府4篇（见附表五）。这些篇章大致可分为表、启、记、祭文和寿文，内容包括谢官、谢赏、进献、祭亡、贺寿、志功等，由于主要是用来呈给比幕主官职或地位高的人，所以徐渭代撰时语气谦卑，词多阿谀。四库馆臣对此多有指责，说：“其文则源出苏轼，颇胜其诗，故唐顺之、茅坤诸人皆相推挹。中多代胡宗宪之作，进白鹿前后二表，尤世所艳称。其代宗宪谢严嵩启云：‘凡人有疾痛痾痒，必求于天地父母，然天地能覆载之，而不能起于颠挤。父母能保全之，而未必如斯委曲。伏惟兼德，无可并名，名且不能，报为何计？’云云。虽身居幕府，指纵惟人，然使申谢朝廷，更作何语。录之于集，岂止白圭之玷乎？”[②]

四库馆臣为皇家修书，有一份薪俸，衣食无虞，当然不是很能理解徐渭身世处境，且责难由文及人，不免失之偏颇。对于为何将谀人的代撰文字收入集中，徐渭在《抄小集自序》一文中自嘲自解，说山鸡爱其羽、孔雀爱其尾，即便眩溺至死和遭匿刃断尾亦不悔，意在敝帚自珍，人不能夺其爱，并说代胡公撰谄文是“处地然耳”。情形是否如此呢？以下试作分析。

1. 表、启谀文

徐渭在胡幕五年，代撰的文章约一百篇上下，存留下来近一半，其中被人称誉一时的进白鹿前后二表，很能代表此类诗文的内容和风格。

《代初进白牝鹿表》是胡宗宪捕获一只白牝鹿后，让徐渭写一篇骈文，文章三百来字，字句整饬，简洁有致。内容有二：一是赞美皇帝本性清真，无为而治，天下太平，结果祥瑞呈现；一

---

① 《徐文长三集》卷三《幕抄小序》云：“予从少保胡公典文章，凡五载，记文可百篇，今存者半耳。”这与统计的数字大致相近。

② 《四库全书总目》卷一百七十八，别集类存目《徐文长集》提要，1 605页，北京，中华书局，1965。

是平倭获捷，应归功于圣上的策略。没过多久，又捉到一只白牡鹿，于是再写了一篇《代再进白鹿表》。嘉靖帝收到祥物，览阅呈文，龙颜大悦，先后赐给胡宗宪许多彩缎玉带，并官升一品。这事轰动了京城，徐渭撰写的表文自然也被人传扬。但是，只要仔细想想就能发现，嘉靖帝奖赏胡宗宪，并非单靠徐渭的文章。不可否认，徐渭的两篇白鹿表确实迎合了嘉靖帝好斋醮的心理，并能将这种心理与白鹿的出现巧妙地糅合在一块，让皇帝看了高兴，可是少了胡宗宪在沿海平倭连连胜利的战功、严嵩等人在朝廷的暗中庇护援引等至关重要因素，十有八九不会有此结果。所以说，胡宗宪的封官受宠，是一果多因，徐渭的表文只是其中的一个原因，并且不是实质性的。

表、启、记等文章的总体特点怎样呢？在《幕抄小序》中，徐渭自言为胡宗宪代撰的文字可概括为“谀”和“工”。“谀”当指文章的内容与行文的口气，由于是上呈君王、阁臣及部院长官，必要的恭敬甚至多几句溢美之词乃是人之常情，且敬与谀有时仅是一线之隔，稍不留意就有可能滑入后者。另外一个很重要的前提是“代撰”，是为人捉刀，要表达的是幕主的心理与意愿，而非撰者的本意，如果硬说徐渭谄谀，未免偏颇了。

“工”是指表、启等文形式上的工整、典雅，因为是代撰，不能见撰写者的性情，但可以见其才气，这也是官府公文的普遍特点。齐梁时的刘勰说：“章、表之为用也，所以对扬王庭，昭明心曲。既其身华，且亦国华。章以造阙，风矩应明；表以致禁，骨采宜耀。”① 启文，“必敛饬入规，促其章节，辨要轻清，文而不侈，亦启之大略也”②。这些都概括出了表、启的文体特征，具体要求虽然在不同的时代有变化，但总的特征没大的改变。如果用“风

① 刘勰：《文心雕龙》，《章表第二十二》，123 页，杭州，浙江古籍出版社，2001。

② 刘勰：《文心雕龙》，《奏启第二十三》，129 页，杭州，浙江古籍出版社，2001。

矩应明”、“骨采宜耀”、“敛饬入规”等标准来衡量徐渭代撰的表、启文，应当没什么问题。

此处还要说明一点，除了在胡幕代撰了大量的谀文外，在尚书府和宣府，徐渭代撰的表、启很少，前者几乎没有，这与幕主对待徐渭的态度及徐渭自己的处境、思想性格、文艺主张有关。

2. 代撰的苦恼

徐渭遭人诟责，源于在幕府里代撰谀文，文中的阿谀逢迎，实际上是呈文者而非撰者的态度。那么，作为捉刀者，徐渭的真实心理怎样呢？这里以徐渭代胡宗宪撰写的严嵩生日启文为例，进行分析。

胡宗宪由御史巡按浙江，到后来的总督沿海军务，其间得到了严嵩及其党羽赵文华等人的大力庇护。嘉靖三十八年（1559），严嵩八十寿辰时，为了感激，胡宗宪置办了不少礼物，并让徐渭代写一份启文，一同奉上。其中有词句云：

> 伏念某官，河岳储精，凤麟协瑞，生缘吉梦，盛传孔释之征，出遇明时，绰有皋夔之望。历几迁而入相，同一敬以格天，四海具瞻，万邦为宪。……某夙侍讲筵，幸承余教。自叨节镇，几动浮言，曲荷保全，尚充任使。知我比于生我，益征古语之非虚，感恩图以报恩，其奈昊天之罔极。①

一代奸相，被比作孔、释、皋、夔，而且“四海具瞻，万邦为宪”，自然是谄谀至极，说“知我比于生我”，也只能适合于胡宗宪。徐渭对严嵩的态度，可以见其本人的诗文。嘉靖三十年（1551）同郡人沈炼以十大罪状上疏弹劾严嵩，被削职，发配保安州，六年后，被严嵩党羽捏罪名杀害。就此事，徐渭先后有诗篇寄赠和哀悼，摘抄两首如下：

---

① 徐渭：《徐文长三集》卷十五《代贺严公生日启》，216页，北京，中华书局，1983。

终军愤懑几时平，远放穷荒尚有生。两疏伏阶真痛哭，万人开幕愿横行。朝辞邸第风尘暗，夜度居庸塞火明。纵使如斯犹是幸，汉廷师傅许谁评？①

参军青云士，直节凌邃古。伏阙两上书，裸裳三弄鼓。万乘急宵衣，当廷策强虏。借剑师傅惊，骂座丞相怒。遗帼辱帅臣，筹边著词赋。截身东市头，包成死谁愿。②

这两首诗，一首作于严嵩倒台前，一首作于倒台后，但都流露出了徐渭的不平与愤怒。与代胡宗宪写的生日启文相比，风格、内容、态度截然不同，正好表明徐渭在府幕中撰文是笔不由己，尤其是呈奉权要或君王时，必须按照幕主的意愿，仿其心理、拟其佞容而下笔。这种与己意相悖的代耕，自然苦不堪言，可对于徐渭来说，却又是无可奈何的。

对于诗文书画创作，徐渭提倡以意为主，反对模仿，反对规矩法度。这种文艺主张，与他接受的“王学”思想和疏狂率真的性格有关。下面几段话可窥其大概：

师心横从，不傍门户，故了无痕凿可指。诗亦无不可模者，而亦无一模也。③

非特字也，世间诸有为事，凡临摹直寄兴耳，铢而较，寸而合，岂真我面目哉？临摹兰亭本者多矣。然时时露己笔意者，始称高手。④

夫不学而天成者尚矣，其次则始于学，终于天成，天

---

① 徐渭：《徐文长三集》卷七《保安州·寄青霞沈君》，216～217页，北京，中华书局，1983。

② 徐渭：《徐文长三集》卷四《哀四子诗·沈参军》，67页，北京，中华书局，1983。

③ 徐渭：《徐文长逸稿》卷十六《书田生诗文后》，976页，北京，中华书局，1983。

④ 徐渭：《徐文长三集》卷二十《书季子微所藏摹本兰亭》，577页，北京，中华书局，1983。

成者非成于天也，出乎己而不由于人也。敝莫敝于不出己而由乎人，尤莫敝于罔乎人而诡乎己之所出，凡事莫不尔，而奚独于书乎哉?①

这些，是徐渭平常跟朋友与生徒谈论艺文时的见解，他不仅在理论上主张，而且付诸创作实践，因而获得了时人及后人所公认的巨大成就。但是，这些主张与实践，只能见之于超功利的性情之作，却不能用于幕府代耕，只有在极少数不涉及幕主利益的情况下，才能偶一为之。如《代祭阵亡吏士文》，徐渭写道：“窃念歼贼有日，而终无益于死者，故遣吏斋品物如前，召诸灵使饮食之。”② “歼贼有日，而终无益于死者”所蕴涵的深沉悲哀与同情，应为内心感情的真实流露。

综合本节论析，可以得出结论：徐渭在幕府中的代耕文字，不是自身情感意志的真实抒写，而是幕主周旋官场的谀文。作为一个有才气、有个性的文人，由于身世、处境的限制，为了谋生，不得已为人代撰，其内心的痛苦可想而知。在当时社会中，徐渭的这种遭遇，对于认识贫寒士子如何以文治生，很有代表意义。后来，清代的蒲松龄在知县孙蕙府中做幕僚，被人索要文章时，曾慨叹说：“人生世上，具有须眉，无端而代人歌哭，胡然而自为啼笑？无谓矣哉！且也：人皆鼎烹，尔独藜藿，人且重裘，尔无絮衣，徬彷永夜，亦孔之悽！”③ 这种处境与情形，同样也适用于徐渭。

---

① 徐渭：《徐文长佚草》卷二《跋张东海草书知字文卷后》，1 091 页，北京，中华书局，1983。

② 徐渭：《徐文长三集》卷七，657 页，北京，中华书局，1983。

③ 蒲松龄：《蒲松龄集》《戒应酬文》，300～301 页，上海，上海古籍出版社，1986。

附：表五

府幕代撰篇目

府幕名称	文体	篇名	出处	小计	合计
总督府	表	代胡总督谢新命督抚表	《徐文长三集》卷十三	20	
		代初进白牝鹿表			
		代初进白鹿赐宝钞彩段谢表			
		代擒王直等降敕奖励谢表			
		代江北事平赐金币谢表			
		代再进白鹿表			
		代再进白鹿赐一品俸谢表			
		代被论蒙温旨谢表			
		代闽捷赐银币谢表			
		代被论乞免得温旨谢表			
		代被论得温旨谢表			
		代考满复职谢表			
		代封先谢表			
		代荫子谢表			
		代改兵部尚书谢表			
		代谢温旨表			
		代进白龟灵芝表	《徐文长逸稿》卷十一		
		代谢钦赏表			
		代闽功钦赏表			
		代谢钦赏表			
	启	代奉景王启	《徐文长三集》卷十五		
		代谢阁下启三首			
		代贺严公生日启			
		又启三首			
		又启三首			
		又启三首			
		代元旦贺礼部某公启			

续上表

<table>
<tr><th>府幕名称</th><th>文体</th><th>篇名</th><th>出处</th><th>小计</th><th>合计</th></tr>
<tr><td rowspan="13">总督府</td><td rowspan="8">启</td><td>代贺严阁老生日启</td><td rowspan="8">《徐文长逸稿》卷十一</td><td rowspan="8">15</td><td rowspan="17">44</td></tr>
<tr><td>代贺李阁老生日启</td></tr>
<tr><td>代贺徐阁老考满启</td></tr>
<tr><td>代贺冢宰吴公加太子保启</td></tr>
<tr><td>代贺大司马李公公启</td></tr>
<tr><td>代贺大司寇江公启</td></tr>
<tr><td>代加荫谢阁老启</td></tr>
<tr><td>代谢部院启</td></tr>
<tr><td rowspan="5">祭文</td><td>代督府祭赵文书文</td><td rowspan="4">《徐文长三集》卷二十八</td><td rowspan="5">5</td></tr>
<tr><td>代祭许通判文</td></tr>
<tr><td>代祭阵亡吏士文</td></tr>
<tr><td>代祭李太夫人</td></tr>
<tr><td>代督府祭王封翁文</td><td>《徐文长佚草》卷五</td></tr>
<tr><td rowspan="4">宣府</td><td rowspan="3">启</td><td>代宣大诸大吏扩邀宴开府公启二首</td><td rowspan="3">《徐文长三集》卷十五</td><td rowspan="3">3</td></tr>
<tr><td>代贺张相公启</td></tr>
<tr><td>代请吴总督启</td></tr>
<tr><td>寿文</td><td>代边帅寿张相公母夫人序</td><td>《徐文长三集》卷十九</td><td>1</td></tr>
</table>

第三节　性情文字与谋生文字论析

诗文历来被看做文人抒情言志的工具，明代中后期由于社会生活和人们观念的变化，它也被广泛地用于人情往来与官场应酬，因此又可作为文人谋生的一种工具。诗文这两方面的功用，在徐渭的身上得到了充分的体现。

一、性情文字

人在社会生活中所经历的种种遭遇，必然引起内心情感的变化，将之形于言辞，即成诗文，所以刘勰说："人禀七情，应物斯感，感物吟志，莫非自然。"钟嵘亦云："气之动物，物之感人，故摇荡性情，形诸舞咏。"这些论断，均说明了诗文是作家性情的流露。徐渭自幼丧父，二十来岁时妻死兄亡，后来入幕下狱，晚年贫病交加，靠诗文书画糊口，直至辞世。苦难的人生经历，在他心灵上划下了一道道痕迹，也为后人留下了许多感人肺腑的诗文。

先从亲情说起。徐渭一生，亲情似乎很缺失：出生不久父亲就死了，10 岁时生母被逐出家门，14 岁嫡母又过世；次兄徐潞很早就前往贵州谋发展，结果在徐渭 20 岁时病死他乡，跟着长兄徐淮过日子也很窘迫，因为徐淮不会治生，胡乱花钱，当徐渭生员考试失利时，甚至"骨肉煎逼，萁豆相燃"，然而不久徐淮也死了。

由此看来，徐渭成人后，能让他领略到人间亲情的，只有妻子潘氏了。徐渭 20 岁议婚，次年成亲，五年后妻病亡，这五年多的婚姻生活让徐渭刻骨难忘。潘氏之后，徐渭又娶过几名女子，但均没有留下什么相关的诗文。究其原因，大概有先入为主的缘故，也与潘氏的温柔聪慧有关。"与渭正言，必择而后发，恐渭猜，蹈所讳"，初看觉得潘氏是敬惧而小心翼翼的，细思一下，却发现其实是对丈夫的一份体贴、照顾。徐渭的生母是陪嫁的丫环，很早被赶出去了，在生父、嫡母过世后，想要得到他人的尊重与关爱，恐怕是件难事；聪颖敏感的徐渭在这种环境里长大，很自然地会多疑猜忌，并由此可能受到伤害。而潘氏以少女特有的细腻心理，尽力呵护，不触忌讳，这怎能不使徐渭感动？因此，在墓志铭中他写道："生而赘其夫，死而不识其姑，女虽慧，魂怅然其踟蹰。生而缀其佩，死而归于其妹，女则廉，魂释然而勿憨。生则短而死则长，女其待我于松柏之阳。"① 生死相隔，幽冥异途，让存者感慨万端，而悲戚之情，亦溢于言词。

对亡妻的追思，不仅见于墓志铭，也见于涉及潘家人物的其他诗文。在贺妇翁潘公五十的寿序中、送潘兄赴京城谒选的诗中，均

① 徐渭：《徐文长三集》卷二十六，634 页，北京，中华书局，1983。

有怀念潘氏的句子，最感人的莫过于几首睹物思人的小诗。如：

> 箧里残花色尚明，分明世事隔前生。坐来不觉西窗暗，飞尽寒梅雪未晴。
>
> 黄金小纽茜衫温，袖摺犹存举案痕。开匣不知双泪下，满庭积雪一灯昏。①

前一首题为《嘉靖辛丑之夏，妇翁潘公即阳江官舍，将令予合婚，其乡刘寺丞公代为之媒，先以三绝见遗，后六年而细子弃帷，又三年闻刘公亦谢世。癸丑冬，徙书室，检旧札见之，不胜悽惋，因赋七绝》，后一首题为《内子亡十年，其家以甥在，稍还母所服，潞州红衫，颈汗尚泚，余为泣数行下，时夜天大雨雪》。潘氏此时已经过世多年，然而人亡物在：箧里残花，色彩尚还明艳；黄金小纽茜衫，似乎依然能感觉到亡妻的余温，一切恍若隔世而又宛如昨日，让人不胜悲凉。诗句平易，却感人至深，尤其是“坐来不觉西窗暗”与“开匣不知双泪下”两句，更见真情，所谓“情至于忘，始为真情”。沉浸在悲伤中的诗人，此时已情深忘己，悲不自知。在写这些诗时，徐渭全然跳出了现实生活中物物相逐、名利相争的桎梏，一任感情自然流淌，从而产生“无意于感人，而欢愉惨恻之思，溢于言表”的艺术魅力。

再说科场不遇的悲愤。杀妻入狱之前，徐渭先后参加过八次乡试，每次都不售。长期的失意与愁苦历经累积，终于爆发，在《题自书杜拾遗诗后》中，徐渭写道：

> 余读书卧龙山之巅，每于风雨晦暝时，辄呼杜甫。嗟乎，唐以诗赋取士，如李杜者不得举进士；元以曲取士，而迄今啧啧于人口如王实甫者，终不得进士之学。然青莲以清平调三绝宠遇明皇，实甫见知于花托而荣耀当世；彼拾遗者一见而辄阻，仅博得早朝诗几首而已，余俱悲歌慷慨，苦不胜述。为录其诗三首，见吾两人之遇，异世同

① 徐渭：《徐文长三集》卷十一，342页，北京，中华书局，1983。

轨，谁谓古今之人不相及哉!①

题跋全用议论，心中的郁愤一泄而出，行文如急弦繁管，大有非吐不可之势，诚如袁宏道在《徐文长传》中所言：“其胸中又有一段不可磨灭之气，英雄失路托足无门之悲，故其为诗，如嗔如笑，如水鸣峡，如种出土，如寡妇之夜哭，羁人之寒起。”道出了这一类悲愤诗文的风格。

士子读书的现实目的，是通过科举考试来安身立命，许多人为此耗尽毕生心血却不遂，其中的穷愁潦倒况味，没有亲身遭遇者是难以体会与理解的。徐渭因杀妻入狱，最后连生员资格也丢掉了，仕进之路彻底断绝。由此产生的悲愤、无奈，尽形诸出狱后的诗文，试看《葡萄》中的几首：

半生落魄已成翁，独立书斋啸晚风。笔底明珠无处卖，闲抛闲掷野藤中。

璞中美玉石般看，画里明珠煞欲穿。世事模糊多少在，付之一笑向青天。②

正式出狱时，徐渭已是一皤然老翁，才华横溢却注定要落魄，终生的失意更与谁人诉说？只能“付之一笑向青天”，悲愤中饱含苍凉，诗人的肺腑也尽见之于读者眼前了。

除了发生在自己身上的事，能引起徐渭强烈情感的宣泄外，对于国家大事、身边亲友的遭遇，他也特别关注，并撰文写诗，将自己的同情或愤怒，一无隐藏地呈露于其中。有一郑姓老者，“姚人，为塾师于富阳，老而贫，人侮之。醉而为予一击大鼓，绝调也”。因此事，徐渭作了题为《少年》的诗：

少年定是风流辈，龙泉山下鞲鹰睡，今来老矣恋胡狲，五金一岁无人理。无人理，向予道，今夜逢君好欢笑，为君一鼓姚江调。鼓声忽作霹雳叫，掷槌不肯让渔

① 徐渭：《徐文长佚草》卷二，1 098页，北京，中华书局，1983。

② 徐渭：《徐文长三集》卷十一，401页，北京，中华书局，1983。

阳，猛气犹能骂曹操。①

老人贫而受人欺侮，见出人情浇薄。徐渭慷慨陈歌，对老人的击鼓绝技大力叫好，也为老人的艰难遭遇表示同情。又如嘉靖二十九年（1550），蒙古的俺答率军攻破古北口长城，入逼京城，一路上烧杀抢掠，屋舍变废墟。徐渭虽未亲见，但听闻此事，也忧心如焚，一方面愤然批评边塞将官无能，另一方面热血沸腾，拳拳报效之心形于言辞，《今日歌》中有诗句云：“假令真有募士者，吾亦领银乘马匹。年年抱书不曾舍，夜夜看书烛成炧，治生作产建瓴泻，何以将之供母寡？丈夫本是将军者，今欲从军聊亦且。”②

生活中的种种经历，诸如抗倭、羁旅、送别、游历、诗酒酬唱、亲友凋零、边塞事变、修祠建庙等，无不使徐渭“情动于中而形于言”，写下许多情感奔放的诗文。在创作这些诗文时，徐渭不受规矩法度的束缚，任情做主，以真面目示人，正如他在《选古今南北剧序》中所说的那样：“人生堕地，便为情使。聚沙作戏，拈叶止啼，情昉此已。迨终身涉境触事，夷拂悲愉，发为诗文骚赋，璀璨伟丽。”③ 论的虽然是戏剧，又何尝不可以指诗文？

对于生活中的诸多苦难，人通常会寻求解决的办法，努力从精神上解脱，徐渭也不例外。这方面，与常人相比，徐渭有得天独厚之处，一是他生长在心学氛围浓厚的浙江山阴，亲朋师长中，像季本、王畿等人都是当时有名的学者，另一个原因是他本人对老庄思想特别感兴趣，而且自言独有心得。在《自为墓志铭》中，他说自己：“既而有慕于道，往从长沙公究王氏宗，谓道类禅，又去扣于禅，久之，人稍许之，然文与道终两无得也。……余读旁书，自谓别有得于首楞严庄周列御寇，若黄帝素问诸篇，倘假以岁月，更用绎绸，当尽斥诸注者缪戾，摽其旨以示后人。而于素问一书，尤

① 徐渭：《徐文长三集》卷五，138～139页，北京，中华书局，1983。
② 徐渭：《徐文长三集》卷五，121～122页，北京，中华书局，1983。
③ 徐渭：《徐渭集》补编，1 296页，北京，中华书局，1983。

自信而深奇。"[1] 入狱后，又致力于《参同契》的校注。因此说，如何看待生活的苦难，如何超脱生命的局限，徐渭当有自己的见解，这些都散见于他的诗文中。

如，写友人龙山子新建了一所宅子，喜爱隔邻的竹地却无力购买，只好暂借竹子搭楼，因而有"借竹楼"之说。针对友人因只能借竹、不能买而据为己有产生的不快，徐渭自托为方蝉子，告诫对方说，即使能借近，却不可能借远；纵能借远，却不可能借近，最后指出："能忘情于远，而不能忘情于近，非真忘情也。物远近也，凡逐逐然于其可致，而飘飘然于其不可致，以自谓能忘者，举天下之物皆是矣。"[2] 这种观点，对生活中的患得患失者，不能说没有启发意义。

在对朋友的劝慰中显现出来的睿智、达观，大约源于徐渭自己的生活经历与感悟。年轻时，他就亲历了父母兄弟和爱妻的死亡之痛；中年时，又亲眼目睹了总督胡宗宪盛衰遽变的无常；入狱后，自己与外界隔绝，生死难料。一连串的变故、打击，势必引发他对生死得失、祸福荣辱等人生命题的思考，老庄的虚无思想与心学的"心外无物，心外无理"观点正好可以应对这些问题。隆庆元年(1567) 五月望日，尚在狱中的徐渭写了两首诗，酬答少颠和尚，其一曰：

浮沉不计逍遥大，校量才生烦恼多。未了旧时逋敢欠，要知山下路须过。百龄枉作千年调，一手其如万目何？已分此身场上过，枉他悲哭任他歌。[3]

其中流露出来的是老庄"齐万物，一死生"思想。这种思想就徐渭而言，不是要否定生死、得失的本质区别，而是要看淡生命中的失去，甚至是死亡。唯有如此，在面对艰辛和苦难时，才能轻装上阵，更好、更快乐地生活。所以后来在给友人的对联中，

---

① 徐渭：《徐文长三集》卷二十六，638～639 页，北京，中华书局，1983。

② 徐渭：《徐文长逸稿》卷十九《借竹楼记》，995 页，北京，中华书局，1983。

③ 徐渭：《徐渭集》补编，1 299 页，北京，中华书局，1983。

他说：

世间无一事不可求，无一事不可舍，闲打混亦是快乐。

人情有万样当如此，有万样当如彼，要称心便难脱洒。

乐难顿段，得乐时零碎乐些。

苦无尽头，遇苦处休言苦极。①

这两副对联较之狱中写给和尚的诗，基调明朗许多，处世态度也更乐观，第二联尤其见饱经风霜后的达观，在一定程度上，可以说是徐渭晚年生活贫困，心态却傲然、乐观的写照。

徐渭在向朋友谈论自己对生活、生命的认识和理解时，一如他的个性，率性任真，无所矫饰。由于不过于计较得失，超然于世俗的蝇营狗苟之外，所以徐渭在生活中，能发现许多可爱的事物，并体会到其中的乐趣，在一组题风鸢图的诗中，即可见之：

柳条搓线絮搓绵，搓够千寻放纸鸢。消得春风多少力，带将儿辈上青天。

春风语燕泼堤翻，晚笛归牛稳背眠。此际不偷慈母线，明朝孤负放鸢天。

高高山上鹞儿飞，山下都是刺棠梨。只顾鸢飞不顾脚，踏着棠梨才得知。

偷放风鸢不在家，先生差伴没寻拿。有人指点春郊外，雪下红衫便是他。

这组诗，《徐文长三集》中有25首，加上佚稿中的4首，共29首，节选的只是其中的几首。诗名为《郭恕先为富人子作风鸢图，偿平生酒肉之饷，富人子以其谩己，谢绝之。意其图必立遭毁裂，为蝴蝶化去久矣。予慕而拟作之。噫，童子知羡乌获之鼎，不知其不可扛也。虽然，来丹计粒而食，乃其报黑卵必请宵练快自握，亦取其意之所趋而已矣。每一图必随景悲歌一首，并张打油叫

① 徐渭：《徐文长佚草》卷七《赠人》，1 162页，北京，中华书局，1983。

街语也，亦取其意而已矣》①，是徐渭晚年触事见图之作，诗中描述了儿童做风鸢、放风鸢的种种快乐场景，是诗人平时所见与幼年放风鸢的经历及感受相互交融的产物。富家子弟只知羡乌获之鼎，而不解风鸢图中所包含的艺术之美及由此唤醒的童年的快乐记忆，进而在精神上自足自乐的生活情趣，徐渭却童心不减，一气呵成，写下了近三十首趣味盎然的诗。

综合上论可知，徐渭在抒写自己内心的感触时，完全脱离了现实中的利害得失考虑，进入游心的艺术境界，一任情、理、趣真实、自然地流淌，从而产生出感人的艺术力量。这些作品，是时人及后人认可、称赞徐渭的诗文成就的基础，也为他以文谋生提供了条件。

二、谋生文字

用诗文谋生，在徐渭身上，主要表现为两种方式，一是酬应索请而作，一是代为撰写。虽然都是为人捉刀，但有很大不同，前者可以相对自由地融入自己的思想观念，而后者必须站在索请者的立场上考虑问题，以对方的社会地位、口吻，甚至是观点来撰写诗文。由于存在这些差异，所以写出来的文章内容、风格也就不同。对现存《徐渭集》粗作统计，题目表明是索诗的有64首，文中说明是因人嘱请而写的楼阁杂记有13篇，这些诗文的特点是什么呢？

先看几首诗，题为《老子出函谷图，友人索题，寿其所好》和《建阳杨君，县壶越市，云是杨文敏公荣之孙，莫春将之京，钱王孙持其土物，索诗送之》的诗，云：

> 柱史当年走函谷，倒跨青牛映山翠。关尹那为伏道迎，紫气如虹映牛背。关门古树白月昏，一授道德五千言。从此人间修浑沦，丹炉鼓铸皆傍门。徐翁八龄童子色，意者此术真传得。试教清水起黄尘，还看桃花几回碧。

---

① 徐渭：《徐文长三集》卷十一，411～415页，北京，中华书局，1983。

久矣县壶始得知，良医良相故家儿。相为乃祖称文敏，医是曾孙住武夷。艾叶捻余留越市，杏花开遍到京师。双瓶海鲊半斗酒，吴越王孙为索诗。①

两首诗，一为贺寿诗，一为送行诗，无论是贺寿还是送行，均看不出里面有什么感情，这与诗歌的抒情本质大相径庭，主要原因在于，这些诗歌是应人索请而非由诗人受内心情感驱使而写的，所以见文不见情。这种现象，徐渭本人也已认识到，说“古人之诗本乎情，非设以为之者也”，而后世“乞诗之目多至不可胜数，而诗之格亦多至不可胜品，然其于诗，类皆本无是情，而设情以为之。夫设情以为之者，其趋在于干诗之名，干诗之名，其势必至于袭诗之格而剿其华词”②。对于前来索诗的人，撰文者既然“本无是情，而设情以为之”，则只能“袭诗之格而剿其华词”了。

再看楼阁杂记。徐渭为友人写的《坐卧房记》说：

凡人居一室之中，旦则坐，夜则卧，坐则箕焉弓焉，卧则蛇焉龙焉，此梦觉之常耳，人孰不然？而青野子顾作室而房之，而名之，而使予记之，何居？庄周有言：“夔怜蚿，蚿怜风，风怜目，目怜心。”谓行者不如无行者之妙也。行者动以形也，无行者动以神也，无形之动是之谓至动。然则不必不行也，不必行也，而一室之中可以照天下，观万有，通旦夜，一梦觉而无不知。不然，其坐也箕焉弓焉而已矣，其卧也蛇龙焉而已矣，人皆能之，而青野子何以之而名房哉？③

这篇房记，围绕“无形之动是之谓至动”展开论述，篇幅简短，文字简洁，观点一旦阐述清楚，行文即戛然而止，虽不能见作者的性情，才华、学识却一露无遗，不得不令观者叹服。其他受人索请而写的祠记、庙记、赠序、文集序等，也莫不如此，徐渭的才

① 徐渭：《徐文长三集》卷七，125页、254页，北京，中华书局，1983。
② 徐渭：《徐文长三集》卷十九《肖甫诗序》，534页，北京，中华书局，1983。
③ 徐渭：《徐文长三集》卷二十三，596页，北京，中华书局，1983。

学尽现其中，却很难发现他流露的情感，一是这些文字多是即兴之作，“本无是情”，二是不允许露己之情，在题目标明是“代”的诗文中，这一点尤为突出。

徐渭将用于生活中人情应酬的诗文，统称为“应俗之文”，其中当然包括日常事务中自用的诗文和谋生文字，自用的诗文虽不直接表现为谋生之用，其实，有时也间接的为谋生服务。对于这些“应俗文字”，徐渭深感惭愧。在《胡公文集序》中，他说开始对韩愈的“至于应事作俗下文字，下笔令人惭，小惭者人以为小好，大惭者即必以为大好”的说法感到怀疑，其后当自己“学为古文词，亦辄稍应事，则见其书于手者，类不出于其心，盖所谓人以为好而已惭之者时有焉。复归罪于身之微而势不可直”，而韩愈写此类文章时，做官已经很久了，因此感叹道：“文之难，人知之，而应俗之文之难，人其知之哉?”① 韩愈作“俗下文字”，大约是迫于人情，而徐渭不仅迫于人情，还有一份生计压力，自然就更难了。

综合上述两方面的论析，我们可以得出结论说，谋生文字的特点就在于“本无是情，而设情以为之”，“书于手者，类不出于其心”，不同于“情动于中而形于言”的性情文字，两种文字分别代表了文人对人生、自然及社会在情感上的自发反应与理性权衡。文人撰文时，有无受功利因素的影响或影响程度的大小，往往决定着这类文字的内容与风格。

① 徐渭：《徐文长三集》卷十九，518～519页，北京，中华书局，1983。

第八章 “山人竞述眉公”

陈继儒（1558—1639），字仲醇，号眉公，松江华亭（今上海市松江区）人。少有才名，21 岁取得诸生资格，参加过两次乡试，未第，于 29 岁时弃去诸生，此后隐居不起，读书著述，足迹不出吴越。晚年朝廷屡次征聘，均被谢绝。

但是，就这么一介布衣，在父辈白丁、家无恒产的情况下，却获得了巨大的社会名声。《列朝诗集小传》中说：“眉公之名，倾动寰宇。远而夷酋土司，咸丐其词章，近而酒楼茶馆，悉悬其画像，甚至穷乡小邑，鬻粔籹市盐豉者，胥被以眉公之名，无得免焉。”① 不仅是市场上的糕、布等物，有取名为“眉公糕”、“眉公布”者，连溷厕之物也有称为“眉公马桶”的，② 在商品经济较为发达的松沪地区，这是商贩运用名人打广告的一种经营手段，由此可见陈继儒在当时的名声之盛。与他交往的士大夫同样是赞不绝口，董其昌说他“性敏心通，多闻博识”，“钟鼎之业，乃在山林”；③ 黄道周辞职时上疏自惭“志尚高雅，博学多通，不如华亭布衣陈继儒”④；《静居志诗话》说：“仲醇以处士虚声，倾动朝野，守令之臧否，由夫片言，诗文之佳恶，冀其一顾。市骨董者，

① 钱谦益：《列朝诗集小传》丁集下，637 页，上海，上海古籍出版社，1983。

② 李渔：《闲情偶记》卷五《饮食部·肉食第三》，230 页，杭州，浙江古籍出版社，2000。

③ 陈继儒：《白石樵真稿》卷首序，《四库禁毁书丛刊》集部 66 册，2～3 页，北京，北京出版社，2000。

④ 张廷玉等：《明史》卷二百五十五，6 596 页，北京，中华书局，1974。

如赴毕良史榷场，品书画者，必求张怀瓘估价。”① 更难得的是，一班靠诗文谋生的山人把他奉为榜样，后人在评论山人及山人习气时，也往往以他为典型。

陈继儒不宦不耕，却声华浮动，日子过得清闲、舒适，为什么会如此？实际上，与他的才华名气、处世态度及以文谋生的生活方式关系密切。

第一节 不一样的隐士

明史收录隐士 12 人，相对于其他朝代而言，人数比较少，这与入选者须有一次以上谢绝征聘的标准有关，也与朝廷不许隐逸和科举正途对士子的巨大吸引有关，《隐逸列传》前言说：“明太祖兴礼儒士，聘文学，搜求岩穴，侧席幽人，后置不为君用之罚，然韬迹自远者不乏人。迨中叶承平，声教沦浃，巍科显爵，顿天网以罗英俊，民之秀者，无不观国光而宾王廷矣。其抱瑰材，蕴积学，槁形泉石，绝意当世者，靡得而称焉。”② 由此导致在正德以后的一百多年中，以隐士身份载入史册的唯有陈继儒一人。作为一名隐士，陈继儒与传统的隐士不一样，既没有栖身山林，也没有断绝与官员的来往，下面从他的经历说起。

一、弃诸生与谢荐举

据《眉公府君年谱》记载，陈继儒自幼聪颖，读辄成诵，习举子业时勤奋刻苦，晚必挑灯，不鸡号蠡竭不就寝。21 岁参加童子试，取冠曹耦，华亭邑侯杨公特别欣赏他。闲职在家的首辅徐阶听闻他的才名，也亟欲延见，当陈继儒青衣小帽前往，讲时习之学时，让徐阶叹服不已。因少负盛名，所以在 26 岁时，被辞职在家、不久就拜为礼部尚书兼文渊阁大学士的王锡爵招至家中，与其子王

---

① 朱彝尊：《静志居诗话》卷二十，601 页，北京，人民文学出版社，1998。

② 张廷玉等：《明史》卷二百九十八，7 623 页，北京，中华书局，1974。

衡读书支硎山，之后又教授“娄东四王”其他的子弟。坐馆王家的第二年，年近花甲的王世贞邀陈继儒在弇园缥缈楼饮酒论诗，能与王世贞坐到一块谈诗，得到他的指点，对个人名声的传播无疑大有帮助，因为在当时，王世贞“才最高，望最显，声华竟气，笼盖海内，一时士大夫及山人诗客，衲子羽流，莫不奔走门下，片言褒赏，声价骤起”①。但是，这么一个被人看好的才俊，两考不第自然被人讥论，陈继儒心里也难以承受，在《唐李公子传》中说：“余下第归，抱幽忧之疾，以道书淘汰之，心猛气急，强抑不下。”②

科场不顺利，年轻的陈继儒做出了一个让人瞠目结舌的举动，主动放弃科举，向地方官上交了《告衣巾》文，其词曰：

> 例请衣巾，以安愚分事：窃惟住世出世，喧寂各别；禄养志养，潜见则同。老亲年望七旬，能甘晚节，而某齿将三十，已厌尘氛。生序如流，功名何物？揣摩一世，真拈对镜之空花；收拾半生，肯作出山之小草。乃禀命于父母，敢告言于师尊，长笑鸡群，永抛蜗角，读花谈道，愿附古人。复命归根，请从今日。形骸既在，天地犹宽。偕我良朋，言迈初服。所虑雄心壮志，或有未堕之时，故于广众大庭，预绝进取之路。伏乞转申。③

在小农经济社会里，想要在经济上获得制度性的保障，政治上获得权势与名望，最有效的途径莫过于读书做官，其他路子常不被人看重。这一点，赵用贤看得很明白：“今仕于邦国者，类以科闻发第为重，其次则文学岁献士，世所号为正途。下是，虽聪明才谞

① 张廷玉等：《明史》卷二百八十七《王世贞列传》，7 381 页，北京，中华书局，1974。

② 陈继儒：《白石樵真稿》卷九，《四库禁毁书丛刊》集部66册，187页，北京，北京出版社，2000。

③ 王应奎：《柳南续笔》卷三，183页，北京，中华书局，1983。

卓荦出群者，亦屈为杂流，悉处以卑冗。”① 尽管当时也有焚弃儒衣冠的行为，毕竟是少数，又各人处境不一样，如家贫，犯病，才拙，父母过世而不用再承担社会责任等。世情如此，陈继儒不可能不懂，可见他的弃衣巾，应当经过慎重考虑，故而在他“裂其冠，投檄郡长”时，“一郡之人皆惊，郡长勉留数四，不能夺”②。

从《告衣巾》里叙述的内容及陈继儒日后的言行看，陈继儒断绝仕进的因素很多，有家庭经济的缘故，如第一次乡试失利后，“念家贫不能养亲，势必借馆谷；然而无事而食人之食，不无少惭，偶欲开家塾，聚里中三四生徒为糊口计……”所以从 22 岁起，他就在富家设馆授徒；有不堪迎谒官员困苦而援例告免和屡试不第、对科举产生厌倦情绪而弃去巾服的因素；也有一时意气行事的可能，毕竟父母尚在，家事不用自己去分心，所要做的就是将授徒所得的束脩交给父母，像《年谱》中说的那样：“是年（1580）馆于范长白家，凡得糈，悉进父母以赡菽水”；再有就是父辈的理解与支持。在陈继儒获请后，有人前来劝慰其父陈濂石，说“翁慎无戚戚，如翁之未有仲醇时也”，不料，陈父竟然笑答：“不然，吾今日始有吾儿耳。”对于儿子的苦处、难处大约也能同情，在陈继儒请罢诸生之日，日高犹未起时，说：“咄！鸡肋在而口，欲吐则吐耳！”③ 并劝慰：“丈夫自有志，长安尺寸地，人取尔须弃……少可一月十朝醉。我醉儿扶，儿寒母衣，有儿在膝，花在眼生，愿与儿共脯糜。”④

在弃衣巾的诸多因素中，借隐逸求自适的人生志向是不容忽视

① 赵用贤：《松石斋文集》卷九《送吴汝容之往河南藩幕序》，《四库禁毁书丛刊》集部 41 册，113 页，北京，北京出版社，2000。

② 陈梦莲等：《眉公府君年谱》前附《空青先生墓志铭》，北京，北京图书出版社，1999。

③ 王衡：《缑山先生集》卷八《寿陈濂石先生序》，《四库全书存目丛书》集部 178 册，715 页，济南，齐鲁书社，1997。

④ 王衡：《缑山先生集》卷四《赠陈濂石先生歌并序》，《四库全书存目丛书》集部 178 册，663 页，济南，齐鲁书社，1997。

的因素。在呈文中，陈继儒慨叹“生序如流，功名何物？揣摩一世，真拈对镜之空花”，年近三十的他，生命几乎过了一半，追求功名但为功名所苦，且科举得失充满变数，不免滋生强烈的人生虚幻感，这是人之常情，在心学流行、自我意识抬头的晚明更有滋生的环境。生，既然不快乐，自然要寻求解脱，好读老庄典籍的陈继儒选择了隐逸，希求获得精神上的独立与自由，“肯作出山之小草”，“读花谈道，愿附古人”。事实上，在呈《告衣巾》之前，他就有避世隐居的想法，在《岩栖幽事》中自称：“吾家于陵及华山处士，世有隐德。余辈胶粘五浊，羁锁一生，每忆少年青松白石之盟，何止于浩叹。”① 与王衡读书支硎山时，两人也曾有“辋川王裴”之约。② 因为事前有了这种意愿，在遭遇科举挫折后，就很容易激发，将之付诸实际。

弃去衣巾之后的陈继儒，一边教授生徒，一边读书著述，过着清简、安逸的隐居生活，在此期间，他连续编撰了十多部书稿，刻行于世，声名鹊起。万历十五年（1587），松江地区大涝，他积极上书当道者，痛陈灾情，要求朝廷赈贷蠲租，建议“以蠲租为第二义，而以赈贷为第一策”③，20 年后松江又大祲，十室九空，陈继儒此时家境宽裕，陈请义赈，捐资设灶，日供粥百余锅，这些类似于乡绅性质的义行，提高了他在地方上的名望。文名加上乡誉，使陈继儒终于为官方所注意，地方与朝廷、识面与不识面的官员纷纷举荐他，希望他入仕为国家效力。根据《眉公府君年谱》的记载统计，自万历三十七年（1609）南都学政杨淇园特疏荐举起，至崇祯十年（1637）江西巡抚解学龙疏荐止，在近 30 年的时间里，陈继儒一共被举荐过十次。这些举荐少数是吏部未复议，其他

① 陈继儒：《岩栖幽事》，《四库全书存目丛书》子部第 118 册，694 页，济南，齐鲁书社，1997。

② 王衡：《缑山先生集》卷首序，《四库全书存目丛书》集部 178 册，554 页，济南，齐鲁书社，1997。

③ 陈继儒：《白石樵真稿》尺牍卷一《上荆石王相公》，《四库禁毁书丛刊》集部 66 册，438 页，北京，北京出版社，2000。

则像明史中所说的“皆以疾辞”①。以病辞可能是其中的部分原因，毕竟陈继儒此时已年逾五十，身体、精力不比年少，但主要的原因却不应当在此，大约有三：

原因之一，是荐举一途流于形式，被荐者不受人重视，只能得个闲职或小官。《明史》载：“自（永乐）后科举日重，荐举日轻，能文士率由场屋进以为荣，有司虽数奉求贤之诏，而人才既衰，第应故事而已。宣宗尝出御制《猗兰操》及《招隐诗》，赐诸大臣，以示风励。实应者寡，人情亦共厌薄。”科举日重、荐举日轻的社会情形，又可从前引赵用贤的话看出来。被推荐的人通常授予什么职位呢？《选举志三》举例称：“万历中，湖广举人瞿九思亦授待诏，江西举人刘元卿授国子监博士，江西处士章潢仅遥授顺天府训导。而直辖处士陈继儒、四川举人杨思心等虽被荐，下之礼部而已。”② 官小俸薄，处于生存困境中的人或许会视如甘饴，但陈继儒此时已经有了相当的社会名声与经济基础，按常理他会慎重考虑这种举荐，不贸然应允。

原因之二，是为了远祸全身。万历一朝，君臣因国储问题长期争执，结果弄得党派纷争，许多大臣为此被廷杖、罢黜，甚至丧命。对于时局，陈继儒有清醒的认识：“时方龙战，非特飞则难，即潜亦不易。”③ “夫目今时局，以争殿之虎，而兼战野之龙；以雌黄之口，而洒玄黄之血。”④ 形势颓乱，明智之人是不会卷入其中的。在与朋友的信里，陈继儒表明了自己的处世态度：“弟五十矣，近况详金粟冢跋中。当今宰相公卿，且无完肤，何论处世？弟

① 张廷玉等：《明史》卷二百九十八《陈继儒列传》，7 631 页，北京，中华书局，1974。

② 张廷玉等：《明史》卷七十一《选举志三》，1 713 ~1 714 页，北京，中华书局，1974。

③ 陈继儒：《白石樵真稿》尺牍卷一《答朱先生》，《四库禁毁书丛刊》集部66册，435 页，北京，北京出版社，2000。

④ 陈继儒：《白石樵真稿》尺牍卷二《答长州胡使君》，《四库禁毁书丛刊》集部66册，450 页，北京，北京出版社，2000。

无复世念，世亦不复念吾矣。”①

天启年间，魏党擅政，大肆屠戮异己，形势更糟。陈继儒描绘当时的京城是：“不独战场，几乎骷髅场矣。”② 魏党爪牙遍布全国各地，言语稍有忤逆，一旦被侦知，“辄被擒僇，甚至剥皮、刲舌，所杀不可胜数，道路以目”③。面对恐怖现实，退隐求保全性命，应当是大多数人的选择，陈继儒自然也不会激流勇进，他写信给杨淇园说：“当今风波刺天，虞罗匝地，非特求进难，即求退尤难。自今后，策韩蕲王之骡，放林处士之鹤，山北山南，安往而不自适哉？时事极可怖，未敢深言。”④ 极端险恶的社会环境引发的恐惧，事后还令人心有余悸。崇祯初年，魏党被除后，陈继儒给郑超宗作《文娱序》时仍未忘记天启年间的事：“往丁卯（1627）前，珰网告密，余与董思公云：吾与公此时，不愿为文昌，但愿为天聋地哑。”

崇祯帝即位，虽有心廓清群秽，整刷积弛，但边急频繁，内乱不已，加之连年灾荒，整个王朝已陷入内外交困的境地。年逾古稀的陈继儒即便有心为朝廷效力，但业已老矣，在《答徐观察》的信中，他自言：“弟今年正七十二矣，盼望知己，报效何时？第闻东坡云：忧患虽已过，更宜慎口，以安晚节。”⑤ 杜门隐逸，安享晚年之意甚为明显。纵观万历、天启、崇祯三个朝代的社会形势与陈继儒写给亲友的信，不难得出他谢绝荐举的原因所在。

原因之三，是追求闲适的生活。官场不仅险恶，时有性命之

---

① 陈继儒：《白石樵真稿》尺牍卷一《与康季修》，《四库禁毁书丛刊》集部66册，436页，北京，北京出版社，2000。

② 陈继儒：《白石樵真稿》尺牍卷三《复李九疑》，《四库禁毁书丛刊》集部66册，472页，北京，北京出版社，2000。

③ 张廷玉等：《明史》卷三百零五《魏忠贤列传》，7 821页，北京，中华书局，1974。

④ 陈继儒：《白石樵真稿》尺牍卷三《与杨淇园》，《四库禁毁书丛刊》集部66册，499页，北京，北京出版社，2000。

⑤ 陈继儒：《白石樵真稿》尺牍卷四，《四库禁毁书丛刊》集部66册，518页，北京，北京出版社，2000。

忧，还繁文缛节太多，不能顺情适性，对于一心求做“读古人书，识古人字，淡然无营，屣脱名利，不出户庭，短褐茹粝，为圣人氓，如此而已”① 的陈继儒而言，居官是没有多大吸引力的，为此他写了篇“闲居胜于居官”的文章，说明闲居的好处。非但居官不舒适，即便居于城市也有诸多应酬，名利扰人，《岩栖幽事》中说：“山居胜于城市，盖有八德：不责苛礼，不见生客，不混酒肉，不竞田宅，不问炎凉，不闹曲直，不征文逋，不谈仕籍。如反此者，是饭侩牛店，贩马驿也。”② 话虽牵来绕去，其实意旨只有一个，即隐居求闲适，这与他早年弃诸生时的某些动机是一致的，也是谢绝征辟的重要原因。

当然，事情往往是一果多因。陈继儒谢荐举也是如此，明史中只说他“皆以疾辞”，实在是有维护官方正统的嫌疑，也可看作是陈继儒自我保护的一种托词。再者，陈继儒能够成功谢绝，与当时纲纪松弛有关，若换在明朝初期，兴许是另一种结果。

二、鸢飞鱼跃与履薄临深

《眉公府君年谱》记载，陈继儒临终时，手书影堂一联：“启予足，启予手，八十岁履薄临深；不怨天，不尤人，千百年鸢飞鱼跃。”作为对子孙的遗训。陈继儒终其一生，名声倾动寰宇，享高名食清福，被人羡慕得不得了。按常理，人生的主要感受是闲适、快乐，生命活力当如鸢飞鱼跃一般，得到了充分的释放，他却说八十多年来的生活如履薄临深，这就使人困惑了。为了理解他的这种说法，以下从两方面来阐释。

先说鸢飞鱼跃。陈继儒的隐逸跟古代的高人幽士不一样，他既没有林居壑处，也没有断绝与尘俗的来往。之所以如此，他有自己

① 陈继儒：《白石樵真稿》卷十五《自题小像》，《四库禁毁书丛刊》集部66册，250页，北京，北京出版社，2000。

② 陈继儒：《岩栖幽事》，《四库全书存目丛书》子部118册，696页，济南，齐鲁书社，1997。

的苦衷：“古隐者多躬耕，余筋骨薄，一不能；多钓弋，余禁杀，二不能；多有二顷田，八百桑，余贫瘠，三不能；多酌水带索，余不耐苦饥，四不能。乃所能者，唯嘿处淡饭著述而已。”① 餐芝茹薇、盟鸥狎鹿的隐士生活过于清苦，生于江南富奢之乡的陈继儒受享乐世风的熏浸很难接受，他心目中的理想生活是：“不能卜居名山，即于冈阜回复及林水幽翳处辟地数亩，筑室数楹，插槿作篱，编茅为亭。以一亩荫竹树，一亩栽花果，二亩种瓜菜，四壁清旷，空诸所有，畜山童灌园薙草，置二三胡床著林下，挟书砚以伴孤寂，携琴弈以迟良友，凌晨杖策，抵暮言旋。此亦可以娱老矣。”② 或者是这样的情形：“住山须一小舟，朱栏碧幄，明棂短帆，舟中杂置图史鼎彝、酒浆荈脯，近则峰泖而止，远则北至京口，南至钱塘而止，风利道便，移访故人，有见留者，不妨一夜话、十日饮。遇佳山水处，或高僧野人之庐，竹树蒙茸，草花映带，幅巾杖履，相对夷然。至于风光淡爽，水月空清，铁笛一声，素鸥欲舞。斯也，避喧谢客之一策也。”③ 类似的设想在他文集中屡屡出现。从中可见，陈继儒追求的是一种居在半城半乡、身份非僧非俗的隐逸生活，这种生活的最大特点是闲适不空寂，淡雅不俗杂。

为了理想中的生活，陈继儒努力经营着。从 22 岁开始觅馆授徒，一直到 50 岁，中间几乎没断过；又不停地著述、梓印，代人撰序写记。通过自己的奋斗和朋友帮助，终于积攒了一份家业，陈继儒在《书山居》中交代得很详细，如：先后建过“婉娈草堂”、“含誉堂”、“老是庵”、“笤帚庵”等多处、多间宅屋，收藏的石刻有东坡风雨竹碑、米元章甘露一品石碑、黄山谷此君轩碑、朱晦翁耕云钓月碑，墨迹有颜鲁公巨川诰、倪云林鸿雁柏舟图、又良常草堂图、钱舜举茄菜图，等等。文中所列物品，俨然如一份家产清单，名目多却不奢华，颇与闲适情趣相匹配。

物质上相对宽裕些，精神上是否愉悦自足、自得其乐呢？试看

①②③ 陈继儒：《岩栖幽事》，《四库全书存目丛书》子部 118 册，698 页、708 页、702～703 页，济南，齐鲁书社，1997。

其自述："人生江南，是极乐园，而余又以男子身际清朝，丁康年，老亲许以二十有九解青衿，为逍遥布衣。余因此得读未见之书，眠渐高之日，优哉游哉，聊以卒岁。"① "余入冬喜负暄读书，已渐相昵，往往狎夏日鼾睡以为快，庶几有鲁恭士行阳之意，与客笑不能从，曰：'王僧达云：寒荣共偃曝。孟浩然云，草堂时偃曝。则请与眉道人麈尾共之。'余退而记与客谈者。"② 这些附在诗集或文集前面的序言，刻印之后是要给人看的，可以当作陈继儒有意或无意地给自己作宣传，也许会遮掩某些不快意或者对功名的念念不忘，那就看看他朋友的描述："眉公先生禅心道宇，饮人以和。今年夏过访山园，先生止余顽仙庐中，聊床听雨，拂石看花，名利之心一时都尽。因出近作田园诗示余，淳古之风，笔笔画出，先生真畎亩乐道者欤？读之而恍乎入罗浮矣。"③

以上所举都是些概括性很强的话，不能明显突出陈继儒怡然自得的隐逸情致，下引《香案牍序》中的一段话，以证明他无拘无束，一任性情流淌的闲适生活：

> 甲午（1594）三月，郡文学就试荆溪。余出城南，读书孟直夫郊居。不五日，而客有迹者，挈罂相饷。余与客班坐树下，视树影所至，辄起迁席。风日淡宕，则枕藉红花田，以隐囊、博山酒枪佐之。有古陶斗，柄如鹦鹉啄，腹如瓠，丹砂锈蚀，厚如指甲数片，斑斑桃花色，而斟酒有异香，盖三代物也。出以酌客，客为引满。已忽闻林端反舌声，时改夏矣，而声小涩。余戏指曰："何异文通才尽！"又笑曰："岂老氏多言数穷耶！"客大笑醉去。余与直夫退而相对，起居无恒。时憩矶头桥畔，布衲宽

① 陈继儒：《太平清话》卷一，《四库全书存目丛书》子部244册，244页，济南，齐鲁书社，1997。

② 陈继儒：《偃曝谈余》卷首，《四库全书存目丛书》子部111册，842页，济南，齐鲁书社，1997。

③ 陈继儒撰，华淑订：《田园诗》卷末，《丛书集成续编》集部118册，604页，上海，上海书店出版社，1994。

博，落落不知何如人。村中父老小儿，习余无他，则剪蔷薇花、缚蔬笋馈余。余愧谢不能当。已复余山人又摘茶寄余，试以惠泉，绀碧沁齿。蕉衣竹粉，婆娑北窗，为枕书而卧。①

风和日丽，影随树移，饮酒读书，怡然自得，几乎忘却时序的变化；村中父老小儿习熟无嫌猜，赠以蔬笋。陈继儒与朋友的身心不仅溶于熙和的大自然中，也融于淳朴的乡居生活中。此境界可谓空灵无碍，天人合一。

次说履薄临深。受时贤推重的陈继儒，先是弃衣巾，后是屡屡谢征聘，其间又刻印了不少被人争购的书籍，这无疑会扩大他的名声，古语说“不颠不狂，其名不张”。一个人名声大了，社会对他就关注较多，前面提到的官员多次举荐即是例证。为了远祸全身和追求闲适的隐逸生活，陈继儒不仅要小心应酬官场上的人物，在日常生活中也须谨小慎微，这使他在待人接物上表现出一种“战战兢兢，如临深渊，如履薄冰”的心态，用他自己的话说叫“临事而惧，好谋而成”②。这与当时的社会环境有关，也跟他以文谋生有关。下举数端证之：

一是拒绝书院的邀请讲学。万历十七年（1589），大陈继儒 8 岁的顾宪成过访，次年邀他同船到秀州，两人在舟上相谈甚欢，事后顾宪成书问递至，招请他入东林书院，陈继儒“以疾不得往”。而真正原因并不在此，因为当时的文人社团不是纯粹的做学问，而是带有较强的政治色彩，一旦卷进去可能会惹祸上身，所以尽管他本人对顾宪成的人品才气极为赞赏，说他与邹元标“皆以文章风

---

① 陈继儒：《白石樵真稿》卷一，《四库禁毁书丛刊》集部 66 册，37 页，北京，北京出版社，2000。

② 《白石樵真稿》尺牍卷二《与王遂东使君》说：“某尝谓临事而惧，好谋而成。所成何事？盖行有行之事，非谋与惧不成，藏有藏之事，非谋与惧不成。”“临事而惧，好谋而成”出自《论语·述而》：“子曰：‘暴虎冯河，死而无悔者，吾不与也。必也临事而惧，好谋而成者也。’”陈继儒在与朋友的信中多次提及，表明他于此独有心得。

节镇天下，望之如二曜丽天，而皆砥砺圣学，为后进倡”①，对于他们的邀请却礼貌地拒绝了。顾宪成过世后，在写给许郡侯的信中，陈继儒才道出了自己的真实想法，说：“琴川东林招讲学，谢不往，智者以为畏大人，不知者恐以为游大人也。今泾阳游岱矣，此教欲悉近耗，故附及之。”② 任何时候，人的言论自由总是相对的，处于衰世之际的陈继儒当然更懂得自我保护，在信中他经常向朋友提及要“杜门”、“闭口”、“闭心”，屏迹荒山，削影城市，做三家村学究。因而，对于其他书院的邀请，陈继儒也一样地拒绝了，如写给戴悟轩的信中说：“弟看一切薄俗，比三年前又一光景，上闭口，次闭门。前者常熟杭州，皆以书院相招，弟皆不敢赴会，非有异同，正为贤人君子相聚，一语出之，皆有关意。”③

二是乞请做官的朋友缴毁赝书。陈继儒声名大，书行销，书稿脱手后，往往有文人跟着仿撰，如《销夏部》、《辟寒部》编成，周诗雅扬其余波，续编了《广销夏》、《广辟寒》、《销夏补》、《辟寒补》、《销夏再》、《辟寒再》、《寒夏合再》等书。跟风著书现象的出现，一方面表明陈继儒识力独具，敢为人先，另一方面也反映出他的书在市场上很受欢迎。在续书或模拟作品出现时，假托其名的赝作伪序也纷然见于市场，用此法牟利在晚明是常事，是普遍的社会风气。但伪书与续作不同，续作有署名，出了问题有人承担，伪书如有什么不利于社会政治的言论，陈继儒就得担责任。对于这些赝书伪作，陈继儒在给友人的信中说：“但书坊所刻秘笈之类，皆伪以弟名冒之，念此曹病贫，听其自行，多有极可笑可厌者。”④尽管伪书可笑可厌，但终究涉及个人性命问题，因此在给费无学的

---

① 陈继儒：《白石樵真稿》卷七《寿顾泾阳先生六十序》，《四库禁毁书丛刊》集部66册，136页，北京，北京出版社，2000。

② 陈继儒：《白石樵真稿》尺牍卷二《与许郡侯》，《四库禁毁书丛刊》集部66册，466页，北京，北京出版社，2000。

③④ 陈继儒：《白石樵真稿》尺牍卷一《与戴悟轩》，《四库禁毁书丛刊》集部66册，442页，北京，北京出版社，2000。

回信中说虽“不忍督付丙丁”，但“终当整顿”。[①] 这样做，源于现实生活中的教训，属不得已而为之。万历三十年（1602）李贽被拘，不久在狱中自刎，事件的起因是他越礼任诞、愤世嫉俗的言行与著作，这件事在士人中引起强烈震撼。对于同样是名声在外的陈继儒来说，不可能无警示作用，在写给在吴中做官的友人袁石公的信中，陈继儒明确说：“李卓老以笔舌杀身，可为殷鉴。”个人著述虽然可以悬寄身后千秋，但伪书“近关目前七尺，若使赝书日炽，则歌谣章奏皆可乱行域中，士大夫语言文字之祸，方自此始”。所以请友人出面干预其辖区内的赝书：“仰烦明公霹雳手处分，得书爇书，且感且涕。”又认为“明公此举，极中吴下膏肓，非止为不肖一洗瑕垢也”[②]。

三是主张逃名、无名。陈继儒深知：“名盛则责望备，实不副则訾咎深，甚且无疾而早衰，非罪而得谤，角与齿缺，骨竭翠销。孰非名为的而招之射哉?”因而主张：“啖名不如逃名，逃名不如无名。”[③] 又将“走不实之名不如养晦，近不祥之人不如养愚”[④]的话写入顽仙庐的座右铭。在写信给举荐自己的学政杨淇园时，说：“不肖买山穿矿，业十六年余，宁复有他念者？若鼓作声价，借隐为通，天道忌盈，必罚以奇祸，人情责备，必中之以奇谗。惟置之无咎无誉之地，处之不衫不履之间，则阴受大人君子之洪恩多矣。”并多次称自己唯有埋首做三家村学究，无誉无咎，才是安稳

① 陈继儒：《白石樵真稿》尺牍卷一《答费无学》，《四库禁毁书丛刊》集部66册，442页，北京，北京出版社，2000。

② 陈继儒：《白石樵真稿》尺牍卷一《与袁使君石公》，《四库禁毁书丛刊》集部66册，433页，北京，北京出版社，2000。

③ 陈继儒：《读书镜》卷五，《四库全书存目丛书》史部288册，440页，济南，齐鲁书社，1997。

④ 陈继儒：《白石樵真稿》卷十五《顽仙庐座右铭》，《四库禁毁书丛刊》集部66册，254页，北京，北京出版社，2000。

本色。[①] 其实质在于，怕树大招风，给自己带来祸端，破坏安逸的山居生活，甚至危及性命。

四是著述不言人是非的原则。陈继儒乞请朋友缴毁赝书，是防止他人带来不利，而在日常的人际交往和编撰过程中，为了避免笔舌惹祸，又警诫自己："看棋不若抄书，谈人过不若述古人佳言行"、"著述家切弗批驳先贤，但当拈己之是，不必证人之非"，希望能像邵雍那样做到"但看花开花落，不言人是非"[②]。不仅这样要求自己，也以此来劝勉朋友。如，在给刘仲熙的回信中说："读新诗宛然袁石公也，第就中多刺时语，不可令临邛长见也。诗以和平清坦，迥然与世味自别，若怨吻骂舌，正与性情相远，王右丞孟浩然吾师乎？"在给张丈的信中说得更直接："但笔底留人，甚于刀上剑头，上念鬼神，下念子孙，则生路宽矣。"[③] 综观陈继儒现存的著作，几乎看不到贬斥人事、讽刺时政的内容，能见的多是古人的琐言僻事、佳言懿行。陈继儒的书最大功用，诚如钱谦益所言，在于"款启寡闻者"。这一点，他与放胆为文、否定权威的李贽截然不同，所以两个人在世时的命运也不一样。

由于所处时代纷乱多事，著述必然要小心谨慎，但收入的很大部分来自代替官员乡绅笔耕的酬谢与馈赠，这使陈继儒割断不了与官场人物的来往，同时又得保持一定的社会名声，否则会影响书的销路。所有这些，让陈继儒在生活中时时战战兢兢，如履薄临深一样，这是身处太平盛世之人不易理解，甚至容易生出误解的地方。

综合来说，一方面要追求个人的隐逸自适，一方面要避免社会的是非祸害，二者不免存在冲突，这种个人与社会之间的矛盾，在

---

① 陈继儒：《白石樵真稿》尺牍卷三《上杨淇园侍御》。其他如卷一《复范光甫》云："揣分度涯，惟有三家村学究，差有安稳本色耳。"《复闵康侯》云："年届知非，渐老渐实，惟有低首三村学究中，差觉无誉无咎耳。"

② 陈继儒：《岩栖幽事》，《四库全书存目丛书》集部118册，702页、698页、703页，济南，齐鲁书社，1997。

③ 陈继儒：《白石樵真稿》尺牍卷三《答刘仲熙》，卷二《与张丈》，《四库禁毁书丛刊》集部66册，489页、453页，北京，北京出版社，2000。

任何时候、任何个人身上都会出现，关键在于如何调和。陈继儒为人“重然诺，饶智略，精心深衷，妙得老子阴符之学”①，成功地解决了这一问题。他把自己的隐逸比作瓶中之花，最贴切不过了，说：“花寄瓶中与吾曹相对，既不见摧于老雨甚风，又不受侮于钝汉麄婢，可以驻颜色，保令终，岂古之瓶隐者欤?”② 这段话，又完全可作为陈继儒遗训的注释。

第二节 闲人和闲人的生计

陈继儒一生的经济及生活状况，《眉公府君年谱》中有段概述性的描述：“府君自少垂老，取资于秃管残煤。子弟得稰悉以奉亲，不知谁为生活。大父所遗，无中人产，俱逊先叔，无染指而且为之赡养，婚嫁存殁如一日。中年自小昆、天马、细林、东佘、凤皇，拮据凡五峰，墓田不及半，倾至荒丘瘠壤，岁输动以百计。西归之顷，私语：‘藏无饼金，自外惟遗编万卷，落落山庐，而催残已过半矣。’盖卖文之外，绝妄渔，愧于请，交大游广，时与山水花木作缘。”③ 陈继儒家无恒产，不耕不宦，又未能行商坐贾，靠什么来维系隐士的生计呢？除了长子陈梦莲说的“卖文之外，绝妄渔，愧于请”之外，他自己也称是“卖文为活”④。他为何可以卖文为活，并能取得成功？这得先从他的社会身份谈起。

一、闲人不是等闲人

《空青先生墓志铭》中，陈继儒自言：“吾貌癯削，而衣田衣，

① 钱谦益：《列朝诗集小传》丁集下，637页，上海，上海古籍出版社，1983。

② 袁宏道：《陈眉公重订瓶史》卷末跋语，《续修四库全书》子部1 116册，630页，上海，上海古籍出版社，2001。

③ 陈梦莲等：《眉公府君年谱》前附，380～381页，北京，北京图书出版社，1999。

④ 《白石樵真稿》尺牍卷三《与萧象林启部》云：“若不肖屏迹佘山，卖文为活，惟有白醉黑甜于茆茨篱落之间。”

而冠山冠，以游于缙绅中笑其太质，以入于鹿豕中则疑其太文。我处于不质不文之间，是缙绅鹿豕之相迷失，而不知吾为若何人氏，我以此老矣。”① 缙绅士大夫和乡野草民对陈继儒的社会角色难以辨明，则表明了他非士非农、亦士亦农的身份。在“士农工商”四民分明的社会里，陈继儒找不到合适的身份，因而有时称自己是宇宙之赘人，这见于《艺苑赘言序》：“余宇宙之赘人也。方其翩翩为儒生也，近儒；及其毁冠绅，游戏于佛奴道民之间，近二氏；醉卧酒炉，高吟骚坛，近放；遇人伦礼乐之事，扪舌屏气，斤斤有度，近庄；好谭天文禽道及阴阳兵家言，近迂；浪迹山根树林之傍，与野猕瘦猿腾跃上下而不能止，近野。故予之游于世也，世不知其何如人，余亦不自知其何如人。其五行所不能束，三教之所不敢收者耶？盖宇宙之赘人也。”② 赘人，意指多余而无用之人，这是陈继儒自嘲的说法，也有自谦和戏谑的成分。这一意思，与“眉公”之号的含意有一致的地方。沈德符说，陈继儒取号眉公，“谓如人眉在面，虽不可少而无实用，以寓自谦”③。陈继儒说自己不知为若何人氏，或者是不可少而无实用的宇宙之赘人，其实不必太信。古代文人有借自嘲来讽世与述志的习气，就像张岱在墓志铭中说自己少为纨绔子弟，带着各种常人没有又几乎难以接受的癖嗜，其性质是一回事。

那么，陈继儒真实的社会身份是什么呢？除了公认的隐士身份外，又有人称他“征君”、“征士”、“处士”等，这是从政治的角度来说的，不足以概括他的社会生活和精神面貌。根据他自取的“眉公”、“空青公”、“清懒居士”、“无名钓徒”等名号，再结合他不是执“四民”之业中任何一业的谋生方式，说他是当时社会上一“闲人”也未尝不可。

---

① 陈梦莲等：《眉公府君年谱》前附，380～381页，北京，北京图书出版社，1999。

② 陈继儒：《陈眉公先生全集》卷十二，崇祯刻本。

③ 沈德符：《万历野获编》卷二十三“别号有所本”条，623页，北京，文化艺术出版社，1998。

在《檐曝偶谈》中，陈继儒有一句耐人寻味的话：“不是闲人闲不得，闲人不是等闲人。”为了理解这句话，先从《花史题词》和《花史跋》谈起。陈继儒十分喜爱花木，弃巾后隐居小昆山，月采四方名花以祭祀二陆，此兴趣历久未衰，自称：“独生负花癖，每当二分前后，日遣平头长须移花种之。犯风露，废栉沐。”闲居无事，又打算编一部《花史》，不料朋友王仲遵在他之前，辑好了二十四卷《花史左编》，请他写题跋。他写道：“有野趣而不知乐者，樵牧是也；有果窳而不及尝者，菜佣牙贩是也；有花木而不能享者，达官贵人是也。”樵牧、菜佣牙贩由于生计逼迫，没闲暇也没闲财去体味山林幽趣、品尝瓜果鲜味；达官贵人有空闲，且无生计之虞，却因为忙于追名逐利，缺乏超俗的审美情趣，即便有花木在眼前也不能享受其乐趣。因此，就这些人来说，“好山好水，清风明月，何尝见此风景。纵或见之，何尝识此旨趣。劳劳扰扰，死而后已”。如果把《花史左编》强塞给他们，他们“将艴然掷而去之”。只有类似于陶渊明、苏轼等“性近而复好焉”的人，在欣赏花木和观看《花史左编》的过程中学到知识，获得乐趣，达到经世、避世作用。这些人，才称得上“闲人”，而“飞而食肉者，不略谙此味耳”①。

根据陈继儒的标准，樵牧、菜佣牙贩和达官贵人都不是闲人。二者虽然劳劳扰扰，关注的对象却不在野趣与花木上，不是没闲暇就是缺乏相应的审美能力，所以陈继儒说“青山未尝拒人，人自拒青山耳”②。幽人韵士心思不在嚣崖利薮，得闲便涉足山水间，这才算是闲人。在《王季重游唤》一文中，陈继儒借着批评山水中乡愿之际，肯定了那些“胸中有丘壑，故能得山水之乐”的闲人：

> 大抵山川有眉目，借人而发；又无口，借人而言。若

① 胡绍棠选注：《陈眉公小品》，44～46页，北京，文化艺术出版社，1996。

② 陈继儒：《白石樵真稿》尺牍卷一《答费无学》，《四库禁毁书丛刊》集部66册，442页，北京，北京出版社，2000。

游者非文人才子，正如醉梦人，梦骨以为丘陵，梦发以为草木，梦耳鼻以为洞门，梦口以为河，梦舌以为沙，梦眼以为日月，梦气以为云雾，困惑迷离，游而不得出，则呓语沸发，辄以一唤为幸。问其梦何状，则欠呻呿张，莫能名其所以。俗儿见山迫欲归，归则愦愦如故者，何以异此？更有强作解人，漫无可否，每辄言佳，此山水中乡愿。①

凡夫俗子只能见山川的面目外形，而不能得其神韵，用以娱情汰俗。所以说，不是人人都有条件做闲人，闲人也不是平常人眼中的游手好闲、不务正业之徒。

陈继儒是不是闲人？先看他对“闲”的理解，《小窗自纪》载：“眉公以懒为清事，盖高闲不尘，无如一懒。尝谈《南唐野史》，见吴禄道士曰：‘人若要闲，即须懒，如勤，即不闲。’眉公深得此意。”② 以懒为闲，并不是什么都不做，而是不去应酬尘俗之事，意欲选择娱情适性、常人眼中是无用的闲事，即通常说的不为而为，无用而用。陈继儒眼中的“清事”，可以举些例子说明。《岩栖幽事》中记道：有客人问他：“是何功课而能遣日？”答曰：“种花春扫雪，看箓夜焚香。”林居的情形是：“箕踞于斑竹林中，徙倚于青石几上，所有道笈梵书，或校雠四五字，或参讽一两章。茶不甚精，壶亦不燥，香不甚良，灰亦不死。短琴无曲而有弦，长讴无腔而有音，激气发于林樾，好风送之水涯。”裒访古帖置于几上，欣赏临摹，其作用有：“消永日，汰俗情，一益也；分别六书宗派，二益也；多识古文奇字，三益也；先贤风流韵态，如在笔端，且可以搜其遗行逸籍交游宅墓，四益也；不必钩榻，日与聚首，如薰修法自然得解，五益也。”

从中窥知，陈继儒生活清闲而有雅致，淡然名利又能安于山

① 胡绍堂选注：《陈眉公小品》，32页，北京，文化艺术出版社，1996。

② 吴从先：《小窗自纪》，《四库全书存目丛书》子部252册，641页，济南，齐鲁书社，1997。

居。这种名利之外的清闲，谢肇淛概括得很准确：“‘名利不如闲’世人常语也。然所谓闲者，不徇利，不求名，澹然无营，俯仰自足之谓也。而闲中，可以进德，可以立言，可以了生死之故，可以通万物之理，所谓‘终日乾乾欲及时’也。”①能使陈继儒保持这种安逸的生活与心态的前提是相对宽裕的经济条件，这一点在《岩栖幽事》中有交代，“东坡投荒时，答程大侔云：‘此间食无肉，病无药，居无室，出无友，冬无炭，夏无寒泉，大率皆无耳。’余拥山居，公所无者尽有之，不省何德而享此，惟日拈一瓣香，向古佛忏罪耳。”闲人所应有的条件他都具备，因此说陈继儒是闲人，在情理上说得过去。

作为闲人，陈继儒还努力追求并保持人格的独立，这是他有别于当时山人游士的一个重要原因。山人游士以诗卷为贽，干谒公卿以图谋生，难逃阿谀奉承之嫌，陈继儒在答毛抚台的信中，指出了这一点：“大抵门下士，非诉穷以祈哀，则颂德以求悦，不然则多膻词以劝驾。”② 对于游士的这种作为，陈继儒非常鄙薄和厌恶，在与朋友来往的信里多次提及，兹举数例如下：

> 视一切游大人者，落落如飞鸟投兔，心窃羞之。
>
> 某蠖伏林泽间，惟孙登草衣，袁宏土室，差了半生。即明公为千秋循吏，文苑中第一流人物，不敢逡巡求见。交远游大，某实耻之，古人耻之。
>
> 鄙儒硁硁，虽盈盈一水，不敢荷衣蕙带，以谒兰台之室，正恐类于山人游客耳。③

以上三封信，都是写给官员的。由于对方地位高，作为布衣的陈继儒得罪不起，且他们又是衣食来源的途径之一，为此陈继儒采

① 谢肇淛：《五杂俎》卷十三，261页，上海，上海书店出版社，2001。

② 陈继儒：《白石樵真稿》尺牍卷四《答毛抚台》，《四库禁毁书丛刊》集部66册，504页，北京，北京出版社，2000。

③ 陈继儒：《白石樵真稿》尺牍卷一《与陆公》、《答李少参》，卷二《与萧公复》，卷三《复卓令君》，《四库禁毁书丛刊》集部66册，427页、436页，北京，北京出版社，2000。

取了较为稳妥变通的办法：变被动于人为主动于己。用他自己的话来说，是："宁使讶其不来，毋使厌其不去。"① 这样一来，将有求于人变成了人求于己，而不是自己被动地去求人。当然要做到这一步，跟陈继儒本身的名声才气关系很大，但如此一来，反倒扩大了他的名声。

陈继儒的这种处世原则，很容易招来人的误会和非议。如清人顾公燮在《丹午笔记》中记道："云间陈眉公继儒入泮，即告衣顶，自矜高致。日奔走于太仓相王文肃公锡爵长子衡缑山之门，适临川孝廉汤若士显祖在坐。陈轻其年少，以新构小筑命题，汤书'可以栖迟'，盖讥其在衡门下也，陈衔恨之。自是，文肃主试，汤总落孙山。文肃没后，始中进士。其所作《还魂记》传奇，凭空结撰，污蔑闺阃，内有陈斋长即指陈眉公。其填词实称绝唱，但口孽深重，罪干阴谴，宜哉。"② 这里首先要澄清，汤显祖科场蹭蹬的原因是不肯应承张居正的私人托请所致，而非肇始于陈继儒；其次，陈继儒陪读王文肃之子于支硎山，是受对方邀请，不是求访上门。由于陈继儒生前名气大，有关他的事自然流播甚远，传来传去，难免失实。如在卢洪澜笔下，陈继儒是另一形象："荐绅布素以及当路造谒者，俱以真率，无异同，故遐迩野朴咸曰：吾将访眉公，初虞公之轻己也；及晤后，亦各满志而返，曰公厚我。"③ 从

① 《眉公府君年谱》载陈继儒："交游几遍天下，奚敢忽视一人，轻发一幽，浪鼓一棹？每以钱塘杨子为限，耻作山人游客态。尝云：王公布衣交仅存一线于天壤，宁使讶其不来，毋使厌其不去。又云：踯躅公庭，必为双鹤所笑。"另外，《白石樵真稿》尺牍卷四《答刘碧山代巡》载："并州旧子弟每挑不佞而招之曰：'刘公祖龙门咫尺，盍往登乎？'甘亟止之，云：'吾侪行行避骢，无为三匝绕鹊，宁使讶其不来，无令厌其不去。'"卷一《与张卫所使君》云："每叹子贱师数十人，终不如子游灭明一士。盖近世士风，与其多宁少，与厌其不去宁怪其不来，若藉口子贱则华竞者肩摩踵接而至，即琴庭双鹤将掉翅而避矣。"

② 顾公燮：《丹午笔记》，《江苏地方文献丛书》，78～79页，南京，江苏古籍出版社，1985。

③ 陈梦莲等：《眉公府君年谱》附《陈眉翁先生行迹识略》，北京，北京图书出版社，1999。

中可见陈继儒的谦和。两种评价，孰是孰非？下面论之。

二、闲人的生计

陈继儒身为隐士，祖上既无丰厚家财，自己又不事生产，靠什么支撑家用呢？这是人们长期关注的话题。清人蒋士铨撰的剧本《临川梦》中，提到陈继儒的生计状况，这样写道：

> 少年颇工八股文，做秀才时，与董思白、王辰玉两人齐名学校。年未三十，焚弃儒冠，自称高隐。你道这是什么意思？并非薄卿相而厚渔樵，正欲藉渔樵而哄卿相，骗得他冠裳动色，怎知俺名利双收。又得董思白极力推尊，更托王太仓多方延誉。以此费些银钱饭食，将江浙许多穷老名士养在家中，寻章摘句，别类分门，凑成各样新书，刻板出卖。吓得那一班鼠目寸光的时文朋友，拜倒辕门，盲称瞎赞，把我的名头传播四方。而此中黄金、白镪不取自来。你道这样高人隐士，做得过做不过！①

这里，陈继儒的隐逸被当作是“徇放逸之曲怀，猎高尚之浮誉”，走终南捷径以获取名声，然后养一班穷老名士，编书糊口，自称高隐而其实是“隐奸”。暂不论这种定性评价是否合乎历史实际，仅此就可见出以蒋士铨为代表的部分后人对陈继儒的整体印象与评价，这种评价对再后来的人也会产生影响，如近人张仲谋在《明词史》中也说陈继儒“好名而称隐，刻意作名士而作逃名之态”②，基本未跳出《临川梦》的认识框架。不过经验告诉我们，对一个人所处的时代背景、经历遭遇及社会关系进行细致的探讨分析，要比简单的定性难度更大；同时在实际评价过程中，难免会掺入评价者本身及其所处时代的是非观念。可行的办法是分析陈继儒留下的文字材料及亲友对他的评价，先不管他人的论断。

陈继儒的隐逸情况前一节已阐释，这里谈当时人对他的印象。

---

① 蒋士铨：《蒋士铨戏曲集》，222 页，北京，中华书局，1993。

② 张仲谋：《明词史》，231 页，北京，人民文学出版社，2002。

上引《陈眉翁先生行迹识略》中说到荐绅布素以及当路造谒者，以能得到陈继儒厚待为荣，具体情形又可从黄宗羲的记载中得到证实。崇祯二年（1629）秋，黄宗羲因事拜访陈继儒，其见闻是：

> 侵晨，来见先生者，河下泊船数里。先生栉沐毕，次第见之。午设十余席，以款相知者。饭后，书扇亦不下数十柄，皆先生近诗。①

一天中，“来见先生者，河泊船数里”、“午设十余席”，可见人数之多，场面之盛，难怪董其昌誉之为“钟鼎之业，乃在山林”。设想陈继儒的隐逸如果是“并非薄卿相而厚渔樵，正欲藉渔樵而哄卿相”，凭沽名钓誉就能招来这么多信拜者，无疑是在怀疑与侮辱当时许多人的智商，这明显是错的。但也不能否认，混杂其中的也有一些附庸风雅之徒，如下面一则轶事：

> 董玄宰三楚督学归，怡情赴宴，一旧族子骤富，仿名公家营构精舍，中藏书画、鼎彝、琴棋、玩好之物，充物无序，又与算格、法马、账簿等交互错置。因邀玄宰、眉公与张侗初辈花会谈叙，饭后引入清谈。主人各为夸指某物，矜所自来，某为的系真迹，某件价值多少，玄宰闭目摇首曰：太多太多，秽杂矣！主人领意，急令各去半，又问玄宰：眼前清旷否？仍曰：正未正未！再为割情裁减，几至于无，复问：如何？玄宰目眉公曰：兄意以为畅适否？眉公曰：毕竟不洁净。玄宰曰：晓人。主人曰：如此尚多，乞示何法？玄宰曰：更无别法，如吾兄亦可去之可耳。满室大噱。②

富人多赀财，文人工鉴赏，两相邀合，于是有了一次诙谐调侃的聚会。作为名士的陈继儒、董其昌等人，如果不应邀请，可能被

① 沈善洪主编：《黄宗羲全集》第一册，340～341页，杭州，浙江古籍出版社，2005。

② 《花村谈往》。见吴承学、李光摩编：《晚明文学思潮研究》，488页，武汉，湖北教育出版社，2002。

人讥为清高；去了不能与主人清谈到一块，曲为迎合或恣意嘲笑，少不了被人指为不厚道。不管进退，都会给人留下诟责的话柄。

上述两例，均可见陈继儒在当时名声之大。名声大了，对他以文谋生有帮助：一是刻印的书容易卖出去，二是请他写序撰记、题诗作画、鉴赏鼎彝的人很多，三是便于寻馆授徒。这些谋生途径，以下依次论析。

陈继儒一生著述繁富，难于统计。据其长子陈梦莲等人编的《眉公府君年谱》及相关序跋的记载，略作检索，发现陈继儒从37～46岁编撰的著作有：《香案牍》、《辟寒部》、《建文史待》、《岩栖幽事》、《虎荟》、《见闻录》、《逸民史》、《论脍》、《读书镜》、《古文品外录》，数量之多，可谓与身等高。编书的目的当然是为了刻印和销售，这些书在市场上的情况如何，虽然未见文字具体描述，但从一些蛛丝马迹的记载及相关的资料中，还是能推测出大概情况。钱谦益说陈继儒他们编纂的书，“款启寡闻者，争购为枕中之秘”，“争购”一词可以见出热销的场面。接着说“近而酒楼茶馆，悉悬其画像，甚至穷乡小邑，鬻粔籹市盐豉者，胥被以眉公之名，无得免焉”。陈继儒不是达官显贵，不可能用权势逼迫或影响商贾这样去做。反过来说，如果冠以“眉公”之名的商品不能行销的话，酒楼茶馆怎么会都悬挂他的画像、鬻粔籹市盐豉者怎么会套用他的名号？再者，陈继儒在写信给朋友时说“书坊所刻秘笈之类，皆伪以弟名冒之”、“秘笈非弟书，书贾赝托以行，中无二三真者”；① 为王衡的文集写序时也说“余著术不如辰玉远甚，忽为吴儿窃姓名，庞杂百出，悬赝书于国门”②。书只有好卖，才会被人摘出翻刻，乃至冒名伪造，这是常识。由此可见，陈继儒的书在当时非常畅销，否则他不可能连续不断地编辑、刊印书稿，这

① 陈继儒：《白石樵真稿》尺牍卷一《与戴悟轩》、《答费无学》，《四库禁毁书丛刊》集部66册，442页，北京，北京出版社，2000。

② 王衡：《缑山先生集》卷首序，《四库全书存目丛书》集部178册，554页，济南，齐鲁书社，1997。

既要有成功所带来的精神动力，还要有相应的周转资金。

陈编书外，陈继儒又大量地为人撰写诗文。在与戚友往来的书信中，他曾反复称自己为“文逋”所苦，如《与张五修》云：“家山多客多文逋，屐舄相啮，不复小有胜情，天赐闲而不得真闲，吾曹求清而不得清。”《与吴先生》说：“弟年来十九在山，小结苑蕉，杂莳花竹，袁闳土室，茅容草疏，时与山朋溪友共之。独苦文逋相责，不能作熟睡汉，以此相愧。”① 因为名气大，不单国内的人谒请诗文，连偏远的夷酋土司都争着向他索要词章。接踵而至的拜谒者、请文者，使陈继儒不胜烦苦，烦苦之处不仅在于不能拒绝对方，更在于要认真对待，不能敷衍了事，否则怎能做到“莫不当意去？”② 这从陈梦莲的话中可得到印证：“四方贽文者履满户外，未尝冗倦倩斲，必欲摹写神情，大会款曲。方握管，命草草成矣，于发潜阐幽未畅厥旨，丙夜篝灯帏幕中，屡加改窜，肖其为人而后上，亦必寓规讽忠厚之意，不忍以卮词绮语欺塞也。”③ 在给朋友冯公的信中，也可见出陈继儒的慎重态度：“忽承专使专币，千里惠临，惓惓悬墓铭见属，藉手有道之碑，以代延陵之险，幸甚。第浙中多上衮巨儒、韩欧大手笔，项背相望于朝野，而某乃牧唱农歌，何能使逝者名世重，得无门下好奇之过耶？幸小宽期，当呻吟盘薄，宛转摹写，以报所知。”④

陈继儒自言苦于“文逋”，不知他在说这话时，是否存在快乐

① 《白石樵真稿》尺牍。此外，又如《与李贯之》云：“古人非远高士无奇，但一味真耳。弟镜霜苍苍，百无所苦，苦客苦文逋，恨不入深山土室，蒸藜斫木，作一无事人。”《答印泉施君》云：“今年近六十，不见生客，不习俗事，课儿弄孙，左弦右诵，逃虚而不能逃人，人又不能逃文逋。”《复李公开藻》云：“不愁罄耻，但苦学贫而多文逋，未若村童田老，黑甜白醉之为适也。”

② 张廷玉等：《明史》卷二百九十八《隐逸列传·陈继儒列传》，7 631 页，北京，中华书局，1974。

③ 陈梦莲等：《眉公府君年谱》卷后，495～496 页，北京，北京图书出版社，1999。

④ 陈继儒：《白石樵真稿》尺牍卷四《答冯公》，《四库禁毁书丛刊》集部 66 册，505～506 页，北京，北京出版社，2000。

诉苦的心理？因为众人争相请文，是敬重他名气大；其次替人撰文，不仅有助于他扩大名声，从中也得到了许多物质方面的酬谢，特别是为官员写序文、撰墓铭，回报可能更丰厚，实在是衣食之资的重要来源。在与官员往来的书信中，陈继儒屡屡提及这一点，以下拈举数例，以资佐证：

《复马仲良使君》云：“自喜衡门之下，病不及身，贱不执役。今明公又赠一万酒钱，便可作月余无求老人矣。”

《与蔡郡侯》云：“某山泽之姿，蠖伏蛰隐，不敢求通于明公。遽辱于旌顾之，表宅旌庐，重以粟帛，即北海之于正平，平原之于志和，靡以加矣。”

《答杨盐院》云：“某老耽章句，自屏于海隅山曲间，编蓬拾橡，教授诸生，以安命守拙而已。忽承冰俸瑶笺，超出常格。”①

其他如“辱损书币”、“明公之赐适至”、“适接厚贶”、“忽承远贶”、“适承使者捧札入山，分我冰俸”、“远书重贶”一类感激兼客套的话语，频频见于信函，这与陈继儒自言“苦客苦文逋”、陈梦莲说“四方贽文者履满户外”可互为印证。在文人眼中，钱财是俗物，大约言之不雅，所以陈继儒很少明言某某酬赠多少，多以厚贶、重贶等词概而掩之，但施赠方多为达官贵人，且有时是派专人专使上门拜访，由此推测，携带的礼物肯定不至于微薄吧。

另一条重要的谋生途径是坐馆授徒。据年谱记载，陈继儒从22岁开始教授生徒，直至48岁以后没有明确的文字记录为止，前后近30年，几乎很少间断过。因为名气大，邀请者多是富庶之家，如徐阶、王锡爵、王士骐、王翼明等人，其中同里徐元普一次就赠田50亩为馆饩。这方面的收入，对于改善和提高陈继儒的生活也起了不少作用。

---

① 陈继儒：《白石樵真稿》尺牍卷一、卷三、卷四，《四库禁毁书丛刊》集部66册，444页、445页、474~475页、523页，北京，北京出版社，2000。

综合本节论述可以得出结论，陈继儒谋生的成功，离不了个人的才气与名气，也跟当时社会的文化风尚有关，而不像蒋士铨认为的那样："藉渔樵而哄卿相，骗得他冠裳动色"、"吓得那一班鼠目寸光的时文朋友，拜倒辕门，盲称瞎赞"，即便有少数附庸风雅的卿相和时文朋友拜倒辕门，盲称瞎赞，那也是他们过度追从所致，咎责未必全归在陈继儒身上。

第三节　词坛中之文将

陈继儒在当时文坛的名气很大，除了前引人们对他的高度评价外，吴从先又说他是"词坛中之文将"①。那他撰写的诗文和编纂的著作，到底有何特色，文人为什么大力推崇？又是怎样吸引读者，让他们争相购买呢？以下从他的创作与编纂两方面谈起。

一、短章小词，皆有风致

陈继儒少有才气，非一般士子能比。史传说他"幼颖异，能文章，同郡徐阶特器重之。长为诸生，与董其昌齐名。太仓王锡爵招与子衡读书支硎山。王世贞亦雅重继儒，三吴名下士争欲得为师友"②。只是不久后他就弃去青衿，终生隐居，凭着自身的才名与对民众阅读心理的把握，以著述谋生。

陈继儒的文才到底怎样呢？光凭时人的夸誉而不见具体的例证，难让人信服，我们来分析他创作的诗词散文。这类作品，钱谦益的评价值得重视，他说："仲醇通明俊迈，短章小词，皆有风致，智如炙輠，用之不穷。"③ 这一评语很确切，它道出了陈继儒个人创作类作品的风格。

---

① 吴从先：《小窗自纪》卷一《杂著》，《四库全书存目丛书》子部252册，632页，济南，齐鲁书社，1997。

② 张廷玉等：《明史》卷二百九十八《隐逸列传·陈继儒列传》，7 631页，北京，中华书局，1974。

③ 钱谦益：《列朝诗集小传》丁集下，638页，上海，上海古籍出版社，1983。

先看其尺牍：

别来从句读中暗度春光，不知门外有酒杯华事。每忆祇园昙观，草绿鸟啼，追随杖履之后，笑言款洽。如此佳况，忽落梦境矣。(《与王元美》)①

今日午后，屈兄过七夕。因思牛女之会，当新秋晚凉，故不热；女之外，无小星，故不争也不妒；一年一渡，故不老。容把杯共笑也。(《与王闲仲》)

初坚客戒，如棘篱护笋，咫尺相隔。顷者柳花如霰，鸳鸯倦飞；小阁褰帷，残炉尚烬。此时恨不与吾丈共之。二诗小儿涂鸦，不堪一笑，差有米家云山，少能忏垢耳。(《答楚项东》)②

这是写给朋友或长辈的书信，虽然只有三言两语，但读来颇觉亲切，意味隽永。写给王世贞的信，全文不过48字，却内容丰富，有隐居不出而自得其乐的交代，有对美好往事的回忆和对友情的珍视，也有对岁月倏忽易逝的感慨。信中景语与情语交错，叙事与抒情结合，结尾“忽落梦境矣”一句语意双关，既包含了对往日欢乐不再的一丝惆怅，又流露了世间繁华终属虚空而甘愿居山、不去追名逐利的处世思想。邀请王闲仲来过七夕的信，总共也是48字，行文诙谐俏皮，情调欢快，尤其“女之外，无小星（喻指小妾），故不争也不妒”一句，读罢让人顿生笑意，从中能见写信人才思之清新、活泼。第三封信开头巧设比喻，非常形象地说明了自己闭门谢客却难挨孤寂、先张后弛的变化过程；后一句引用典故，客套而不失文人雅趣。三封信都写生活琐事，却充满诗意，既能见出陈继儒隐居的闲适快乐，又折射出晚明文人将生活艺术化的时代倾向。

接着看诗词作品。陈继儒长期过着山居生活，诗词自然多写山

① 胡绍棠选注：《陈眉公小品》，99页，北京，文化艺术出版社，1996。

② 陈继儒：《白石樵真稿》尺牍卷一，《四库禁毁书丛刊》集部66册，431页，北京，北京出版社，2000。

林景色、隐居情状及其感悟等内容。如，向来被人称道的《岩栖幽事》，记载的就都是些接花艺木、焚香点茶之类的山居琐事。以下摘录诗词各一首，以见证这类作品的内容与风格：

树老常缚牛，屋老难踏鸟。入门恐倾欹，客至俱班草。薄酒三四升，取醉不取少。笑指东邻花，桃李口杲杲。昨梦是何祥，吹来故人好。（《田园诗》）①

"有儿事足，一把茅遮屋。若使薄田耕不熟，添个新生黄犊。闲来也教儿孙，读书不为功名。种竹浇花酿酒，世家闭户先生。"右调《清平乐》，余醉中书，付儿曹以为家券。（《岩栖幽事》）②

诗词语句明白如话，写出了乡村景色的特点和处于其中怡然自得的心情。种竹浇花，饮酒读书，熟睡宴友，这些俨然如世外桃源般的生活场景，读后的确让人欣羡，使人在纷争喧扰的尘世之外找到另一个平和快乐的精神家园。

除了写生活琐事及其趣味外，他又写过醒人劝世的小品文。这些小品文包含了陈继儒对人生和社会的认识与感悟，有很深的哲理。如：

乘舟而遇逆风，见扬帆者，不无妒念。彼自处顺，于我何干？我自处逆，于彼何与？究竟思之，都是自生烦恼。天下事大率类此。

金帛多，只是博得垂死时子孙眼泪少：不知其他，知不争而已；金帛少，只是博得垂死时子孙眼泪多：亦不知其他，知有亲而已。③

昔诸葛孔明为相，惟成都八百桑。唐元载为相，及其

---

① 陈继儒撰，华叔订：《田园诗》，《丛书集成续编》集部118册，604页，上海，上海书店出版社，1994。

② 陈继儒：《岩栖幽事》，《四库全书存目丛书》子部118册，698～699页，济南，齐鲁书社，1997。

③ 陈继儒：《安得长者言》，《四库全书存目丛书》子部94册，469页、473页，济南，齐鲁书社，1997。

> 败也，籍其家，胡椒八百斛。呜呼！夫人以百年之身，天假以年，不过八十九十。姑以八十为率计，其得志不过三四十年而已。岂有三四十年之间，能食胡椒八百斛之理？亦愚矣哉！自古居相位者，何尝死于饥寒，而常死于财货，可笑也！①

这些语录式的清言及短文，无不给人以警醒或启发，对沉迷于财利和昏庸无能的蠹禄之辈，更如一记猛鞭。从生活小事与古人古事中，总结出一些人生道理，在陈继儒的著作中占了很大的比例，如《狂夫之言》、《偃曝谈余》、《安得长者言》、《群碎录》等。这些作品的功用如沈德先所言：“陈眉公每欲以语言文字津梁后学，故热闹中下一冷语，冷淡中下一热语，人都受其炉锤而不觉。”②

以上所举短章小词，无论写隐居生活，还是写对社会、人生的认识，总的特点如钱谦益说的“皆有风致，智如炙髁，用之不穷”，能充分看出陈继儒的才情和学识，与他“热肠付之泉石，冷眼付之朝市”③ 的处世态度是一致的。此外，这些篇章的一个鲜明特色是富有生活气息，读来亲切有味，仿佛在跟睿智的老人聊谈，这也是陈继儒的书所以畅销的重要原因。但是清代四库馆臣却视此为“佻纤”，如《岩栖幽事》提要说：“所载皆山居琐事，如接花艺木以及于焚香点茶之类，词意佻纤，不出明季山人之习。”《古今韵史》云：“是书摭拾诸书隽语，分类编次。凡韵人二卷，韵事二卷，韵语三卷，韵诗二卷，韵词二卷，韵物一卷。皆以古事与明人事参录，亦《世说新语》之支流，而纤佻弥甚。”④ 又将陈继儒

---

① 胡绍棠选注：《陈眉公小品》，235页，北京，文化艺术出版社，1996。

② 陈继儒：《安得长者言》卷后，《丛书集成初编》14册，北京，中华书局，1985。与此相类似的评论，又可见于朱国祯为《狂夫之言》所作的题辞：“（陈眉公）以捧持戒律为主，而斯编又似乎浮杯曳履，喝杖踢岳掌颊骂祖之义。”

③ 陈继儒：《白石樵真稿》尺牍卷一《与朱平翁》，《四库禁毁书丛刊》集部66册，445页，北京，北京出版社，2000。

④ 《四库全书总目》卷一百三十，子部，杂家类存目七，1 115页；卷一百三十二，子部，杂家类存目九，1 127页，北京，中华书局，1965。

作为这一文风的典型人物，屡屡加以指责。若用经国治世的标准来要求陈继儒的这些“接花艺木以及于焚香点茶之类”的短章小词，自然是纤佻有余而厚重不足了。

明代后期，社会政治、经济、文化各个领域都起了很大变化，这给士人的生活和思想造成深刻影响，表现之一是对政治失去热情，转为寻求自适任性的个人享受，反映在文学上就是“以文自娱”的创作观念流行一时。作为一方名士的陈继儒，便是这种观念的提倡者和实践者。在为小品集《媚幽阁文娱》写序言时，他一方面认可杂作小品具有“一读之蠲愁，再读之释涕，三读之不觉呻吟疾痛之去体也”① 的功能，另一方面列举吴道子画壁的故事，强调文士嬉戏山水不如著文自娱。

与多数文士不同的是，在主张“以文自娱”的同时，陈继儒又有意识地追求以文娱人，这显然与他“卖文为活”的谋生方式有关。试想：一个人单想着“以文自娱”，不设身处地去考虑他人的文娱需要，这人的书不能畅销。事实上，陈继儒很会想到这一点，在《销夏部》序中可以看出来。序言云：

> 昔人避暑者曰：愿得泰岱之长松焉，潇湘之修竹焉，匡庐之飞瀑焉，太湖之明月焉，峨眉之古雪焉。又有渴思金茎之露，困忆石步之廊，又有饱风欲为蜩，泳水欲为鱼者，其苦不胜与祝融敌矣。独一老宿云：“避暑向镬汤里去，此众热所不到。”余深省斯语，而终不能举似人，相与共享醍醐甘露之乐。惟当长夏候，转徙山中，解簪冠，挂蕉服，展薤簟，卷筠帘，敞清风于北窗之下，钓秋水于南华之上，刺莲剥芡，战茗嚼冰，蔗境弥甘，槐国非远。而时于晒书之暇，随命大儿续记《销夏部》一卷，以配《辟寒》。夫造化之凉燠，大寒暑也；疹疾之冷热，小寒暑也；人情之炎凉，外寒暑也；胸中之冰炭，内寒暑也。

① 陈继儒：《白石樵真稿》卷一《文娱序》，《四库禁毁书丛刊》集部66册，28页，北京，北京出版社，2000。

四者潜移密运，如循环辘轳，使人垂老颠倒而莫可解脱；非有道之士，其谁能出火坑而笑冰山者乎！如曰能之，则此集又为风雪中清凉扇子矣。①

表面上看这是篇序文，其实无异于一则促销广告。开篇说，避暑想得到佳物不容易，“其苦不胜与祝融敌矣”；一老宿却说“避暑向镬汤里去，此众热所不到”，这是什么意思呢？陈继儒说自己虽能“深省斯语”，却偏偏“终不能举似人，相与共享醍醐甘露之乐”，显然在故设悬疑。接着介绍大小内外四种寒暑“如循环辘轳，使人垂老颠倒而莫可解脱”，有道之士却可以出火坑而笑冰山。陈继儒不但对老宿的话独有会心，避暑山中时又能至于“蔗境弥甘，槐国非远”的境界，能否算有道之士？答案不言自明。避暑的种种佳境，他让儿子记成一卷《销夏部》了，所以“此集又为风雪中清凉扇子矣”。言下之意说，要领会避暑的要义，就赶快买书吧。

序言中虽没明说如何替读者着想，但他意欲让《销夏部》成为避暑用的“风雪中清凉扇子”。从这一意图推测，陈继儒“以文娱人”的功利性是明显存在的。再说文人著书不是漫无目的，总有自己的打算，陈继儒也不例外。在《读书镜》中，他将著书目的分成五类，说：“大抵著书，上者羽翼世道，次者磨砻身心，又次者淘汰俗气，又次者资辅聪明，又次者摩娑岁月。”② 可见他对书的功用是非常明确的。

“以文自娱”或者“以文娱人”，着眼点在“娱”字上，这与以“载道”为归宿的正统文学存在差异，文人自身也意识到了这一点，但他们依然热情不减地从事着这种文学的创作及作品的搜集整理，反复阐述它们存在的合理性。如王纳谏说：“余于文何得，曰：‘寐得之醒焉，倦得之舒焉，暇得之销日焉。是其所得于文

① 胡绍棠选注：《陈眉公小品》，49页，北京，文化艺术出版社，1996。

② 陈红火儒：《读书镜》卷一，《四库全书存目丛书》史部288册，413页，济南，齐鲁书社，1997。

者，皆一饷之欢也，而非千秋之志也’。”① 文学的功用不仅在于教化民众，还可以宣泄情感，愉悦身心，这使“一饷之欢”的杂作小品有它存在的理由。而人的需求的多样性在一定的历史环境中会部分地达成现实，这是以“自娱”、“娱人”为特征的文学在晚明得以出现并蔚为大观的原因。

由于娱己悦人的文学扎根在晚明这块社会土壤上，故能形成一时风尚，这是陈继儒“卖文为活”的前提条件。试想，尽管陈继儒才情隽逸，如果不是去创作或编纂生活气息很浓、怡情悦性的作品，而是专写端庄严肃、济世忧民的篇什，在当时情况下，他的书怎会有那么多人争相购买？他又何能以文谋生？

二、博学多通，款启寡闻者

陈继儒一生编撰的书特别多。《四库全书总目》里提到的有《古今韵史》、《书画史》、《养生肤语》、《读书镜》、《虎荟》、《佘山诗话》、《邵康节外纪》、《建文史待》、《秦汉文脍》、《书蕉》、《文奇豹斑》、《枕谈》、《群碎录》等三十余种。

这些书，有的是陈继儒自己撰写，如《岩栖幽事》，自序说：“丁酉（1597）始得筑婉娈草堂于二陆遗址，故有长者为营栽竹地，中年方惬住山，心之句然，山中亦不能如道家保炼吐纳以啬余年，即佛藏六千卷，随读随辍，惟喜与邻翁院僧谈接花艺果、种秫劚苓之法，其余一味安稳本色而已。暇时集其语为《岩栖幽事》，藏之土室。”② 或与朋友合编，如《香案牍》序云：“甲午（1594）三月，……卧起，抽一编读之，则浮云道士《仙史》在焉：出《道藏》咸字函卷三十有二。所载古今真人、列仙四百四十有七。顾其言不雅训，余与直夫汰而洗之，存其奇逸可喜者，精为一卷，

① 王纳谏：《苏长公小品·自序》。见罗筠筠：《灵与趣的意境——晚明小品文美学研究》，27页，北京，社会科学文献出版社，2001。

② 陈继儒：《岩栖幽事》卷首，《四库全书存目丛书》子部118册，694页，济南，齐鲁书社，1997。

以资麈尾。”① 有的是出自门生和不知名的穷老寒士之手，陈继儒起策划或主编的作用，《列朝诗集小传》中载：“仲醇又能延招吴越间穷儒老宿隐约饥寒者，使唤之寻章摘句，族分部居，剌取其琐言僻事，荟蕞成书，流传远迩。”②《古论大观》的序言自称：“往者坊刻论脍，皆门生辈裒集成之。”③ 此外，陈继儒又对《唐书演义》、《列国志传》、《东西两晋演义》、《西厢记》、《琵琶记》等小说戏曲作过评点，大约是应书坊商贾邀请而作的。

陈继儒编写的这些书，四库馆臣除了以“佻纤”一词评价外，用得最多的是“抄撮成书”、“漫为牵缀”、“颇无伦次”、“冗芜”、“征引舛错”、“讹舛”一类词语，如：《书蕉》提要曰：“是书皆杂抄《古今名物训诂》及奇文隽字可供词藻之用者，随笔札记，颇无伦次。”④《珍珠船》提要云：“是书杂采小说家言，凑集成编，而不着所出，既病冗芜，亦有伪舛。”⑤ 类似的批评，几乎涵盖了陈继儒所有的著作。从中不难看出，四库馆臣的批评显然打上了乾嘉时期“考据求实”的时代烙印。另外，四库馆臣是以学者而不是一般读者的眼光来衡量这些作品。时代不同，读者不同，必然出现欣赏的口味与要求也不一样。孰是孰非，不宜妄下结论，还是看明人的评价及陈继儒自己的说法吧。

陈继儒的书在市场上受欢迎的情形，上一节已经论述，接下来要探讨读他的书有什么益处。钱谦益说是“款启寡闻者”，即富于知识性、趣味性，由此可大致推测陈继儒编书的方法，这从诸多自

① 陈继儒：《白石樵真稿》卷一，《四库禁毁书丛刊》集部66册，37页，北京，北京出版社，2000。

② 钱谦益：《列朝诗集小传》丁集下“陈继儒”条，637页，上海，上海古籍出版社，1983。

③ 《四库丛书总目》卷八十八，史部，史评类，1 761页，北京，中华书局，1965。

④ 《四库全书总目》卷一百二十八，子部，杂家类存目五，1 105页，北京，中华书局，1965。

⑤ 《四库全书总目》卷一百三十二，子部，杂家类存目九，1 127页，北京，中华书局，1965。

序中可看出来：

> 《古文品外录》云：“择两汉以来之文，未经前人采拾而言远情深者，得三百篇。其或词章之处，别具世变，余亦间为笺其始末，附纸尾以务咨考。凡余所为如是者，要欲学者知九洲之外复有九洲，九略之外复有九略。引申鼓舞其聪明，使之不倦而已。”①
>
> 《见闻录》说：“余生东海之滨，足不出里门，不标国论，仅得名臣之碑志与大人先生之语言，辄拾残牒书之，虽零星杂碎，然史书稗志之所不具者。……戊戌(1598)病疟，终日无事，乃荟撮成卷，题曰《见闻录》。”②

编书内容侧重“未经前人采拾而言远情深者”、“史书稗志之所不具者”。这样做的目的不仅让学者“知九洲之外复有九洲，九略之外复有九略”，更重要的是可以使识字不多、见闻不广的市民大开眼界，益智娱情，这也是市民“争购为枕中之秘”的原因。钱谦益将这种编书方法称为“刺取其琐言僻事，荟蕞成书”，这说明陈继儒很会把握读者的阅读兴趣。此外，“刺取其琐言僻事，荟蕞成书”一说，恰与四库馆臣指责的“漫为牵缀”、“颇无伦次”互为表里，因为出发点不一样，一是以学术的条理性、系统性作标准，一是考虑如何适应、吸引读者。

陈继儒所以能“摭拾”、“杂采”、“杂录”、“抄撮”琐言僻事，诠次成书，与他博学多通分不开。29岁去青衿后，他隐居不起，读书是生活的主要内容。《岩栖幽事》中，他自述愿望说：“余每欲藏万卷书，袭以异锦，薰以异香，茅屋芦簾，纸窗土壁，

---

① 王衡：《缑山先生集》卷五《古文品外录序》，《四库全书存目丛书》集部178册，694页，济南，齐鲁书社，1997。

② 陈继儒：《见闻录》卷首，《四库禁毁书丛刊》集部244册，北京，北京出版社，2000。

而终身布衣，啸咏其中。”① 为此，陈继儒一直努力着。这在他的书信和文序中屡有提及，如：

《与熊际华父母》中说：“年来以扁舟载书，往来峰泖间，无论伧父，即家人罕得而迹。”

《复王公》中说：“某蠖伏东海之曲，如在陶穴墐户中，不能从海内大人先生游，而窃于诵书知人事。”②

《古今粹语序》云：“余遁峰泖间，如秋蝉翳叶，无四方之观，又家少秘典，仅于残书中蠹游三十余年，未尝一食神仙字。”③

陈继儒不停地读书，当然不是为谋取功名，而是博闻强识，为编书写书作准备。他兴趣广泛，举凡经、史、诸子、儒、道、释及至术伎、稗官，无不了然，这在他编的书里能得到印证。如《养生肤语》主要讲寡欲保精及起居调摄等养生之法，《妮古录》多是评论字画古玩的篇什，《香案牍》搜集神仙故事，《逸民史》杂录从周代至元朝史传、郡志中所录隐士，诸如此类，不一而足。再说，陈继儒若不能知晓各方面的知识，又怎能做到“履常满户外，片言酬应，莫不当意去”④、“故遇之者，大至于国家之事，细至于农桑渔牧之间，无不各得其意以去”⑤？在通常情况下，读书多有助于积累知识，提高鉴赏力，从而利于编撰。这种常理陈继儒不会不明白，因此除个人兴趣外，编书谋利当是他读书不辍的重要原因。

---

① 陈继儒：《岩栖幽事》，《四库全书存目丛书》子部118册，697页，济南，齐鲁书社，1997。

② 陈继儒：《白石樵真稿》尺牍卷一、卷二，《四库禁毁书丛刊》集部66册，443页、459页，北京，北京出版社，2000。

③ 陈继儒：《白石樵真稿》卷一，《四库禁毁书丛刊》集部66册，35页，北京，北京出版社，2000。

④ 张廷玉等：《明史》卷二百九十八《陈继儒列传》，7 631页，北京，中华书局，1974。

⑤ 陈子龙：《安雅堂稿》卷六《寿陈眉公先生八袠序》，《续修四库全书》集部1 387册，748页，上海，上海古籍出版社，2001。

书读得广博势必不精，书编得多势必杂乱，故四库馆臣从学术思想上讥责陈继儒“浅陋”。如《妮古录》提要云：“是书多评论字画古玩，盖仿赵希鹄《洞天清录》、周密《雲烟过眼录》而作，然议论殊为浅陋。”①《史折》说：“是书取明人评史诸书义有未当者，折衷其是。……至于陈继儒之浅陋，李贽之狂谬，复为之反复辨论，更徒增词费矣。”② 但这并不影响书的销路，因为编撰时，陈继儒不仅从语言方面进行提炼，而且注意融入自己的思想观点和审美趣味，故读起来觉得便娟轻俊、风致隽永。

如在《古今粹语序》中，他明确反对崇古，也不喜欢过分的轻浅新奇，认为：“古有古之粹言，今有今之粹言，二者皆时为之，而血脉条理，古今人非甚相远也。天下无粹白之狐，而有粹白之裘，第采而集之何如?”③ 恰当的方法莫如以人的血脉条理，即精神情感为出发点，去采集古今粹语，因为古今异代，人心却是相通的。这种主张，对编纂和鉴赏文艺作品的人而言，不无启迪作用。

由于编书时能融入己意，并从语言上加以润饰，所以异书旧籍中的琐言僻事，经陈继儒的手后变得清新可读，如秦一鹏说的那样：“眉公文章，名宿宇内，异书一经其手，便不属黄发外道，读是编者为大开眼界，无蹈不识字之诮。”④ 试以《颜子身讽》为证：

> 颜子居陋巷，一箪食，一瓢饮。孔子贤之，非贤其安贫乐道也。安贫乐道，独行苦节之士皆能之，何足以难颜

---

① 《四库全书总目》卷一百三十，子部，杂家类存目七，1 114～1 115 页，北京，中华书局，1965。

② 《四库全书总目》卷九十，史部，史评类存目，766 页，北京，中华书局，1965。

③ 陈继儒：《白石樵真稿》卷一，《四库禁毁书丛刊》集部 66 册，35 页，北京，北京出版社，2000。

④ 陈继儒：《文奇豹斑》卷首《文奇豹斑题辞》，《四库全书存目丛书》子部 219 册，3 页，济南，齐鲁书社，1997。

> 子？颜子，王佐才也。箪瓢陋巷中，却深藏一个王佐！当是时，不特仲由、子贡诸侪辈拉他不去，即其师孔子栖栖遑遑，何等急于救世，而颜子只是端居不动，而且有以身讽孔子之意。其后孔子倦于环辙，亦觉得陋巷的无此劳攘；厄于绝粮，亦觉得箪瓢的无此困顿；又其后，居夷浮海，毕竟无聊，原归宿到蔬水曲肱地位，而后知颜子早年道眼清澈耳，所以有感而三叹其贤也。古人云：“智与师齐，减师半德；智过于师，乃堪传授。”其颜氏之谓耶！故终日不违，不见他如愚，惟于箪瓢陋巷时味之，绝不露王佐伎俩，亦绝不露三十岁少年圭角，至此方见得颜子如愚气象。①

在《狂夫之言》提要中，此文被特意批评了一番：“至于指颜子端居不动为以身讽孔子，左丘明《春秋内传》非有意于发明孔子，则尤为臆见矣。”先不论颜子身讽孔子是否实有其事，从陈继儒一生屡荐不起的经历看，文中的颜子在仲由、子贡等人拉他、其师孔子栖栖遑遑急于救世的情况下“只是端居不动”，何尝不是他本人隐居生活的写照？陈继儒不惜笔墨阐发颜子安贫乐道、端居不动的旨意，难道不是在为自己述怀？借古人古事写个人幽思，本是文人创作的传统，四库馆臣既说《狂夫之言》是“杂论古今得失，才辨亦颇纵横”，又何必在乎撰者的臆见呢？从中又可看出，陈继儒编书不是简单地罗列琐言碎事，而是有选择，有加工，将古今人事融会贯通，注入自己的思想情趣。唯有如此，才能吸引更多读者。

值得注意的是，由于名气大，书畅销，所以文人之外，书商刻坊也会请陈继儒或冒用他的姓名编书写序，一些文稿甚至还盗用他与他人的名号刻印、销售。如，《五侯鲭字海》提要说：“不著撰人名氏，……前有陈继儒《序》云：‘取《海篇》原本，遵依《洪

---

① 陈继儒：《狂夫之言》卷一，《四库全书存目丛书》子部94册，411～422页，济南，齐鲁书社，1997。

武正韵》，参合成书。’然其注释极为简略，体例亦颇芜杂，每字皆用直音，尤多讹谬。至卷首以《四书五经难字》别为一篇，则弇陋弥甚。显祖犹当日胜流，何至于此？盖明末坊贾所依托也。”①这些赝书伪作，无论是思想内容还是艺术水平，与陈继儒编撰的诗文相比，肯定存在不小的差距。这多少会让他背黑锅，增加后人对他的指责。

① 《四库全书总目》卷四十三，经部，小学类存目一，376页，北京，中华书局，1965。

第九章　以文治生现象在文学史上的地位与意义

前面章节通过分析以文谋生者的谋生活动、群体特征及相关作品的内容与风格，解决了社会史中有关方面的问题，尚未凸显他们对晚明文坛的影响，更没说明他们在文学发展史上的地位和意义。事实上，以文治生文人群体的出现，不仅促成了晚明诗文创作的繁盛局面，更影响到晚明文坛的创作风格。

第一节　治生者的文学活动——晚明小品蔚盛不可或缺的因素

古文经历先秦两汉与唐宋两个辉煌阶段后，很长一段时间里似乎静寂无声。明代中后期，名为“小品”的文言散文悄然出现，并蓬勃发展，成为文人士大夫喜闻乐见的文学样式。论者多认为是由社会政治混乱、商品经济发达、心学流行及文士追求适情任性的生活等所致，这些阐释很有说服力。但笔者认为，另有一个重要的事实常被人忽视，即参与小品创作、编印的文人当中，很大一部分是未入仕籍、佃文治生的布衣文人，这些人的社会身份与传统的文人士大夫不同，因而更容易接受并创作异于传统古文的晚明小品，进而推动这一文学样式的全面繁盛。为了说明这个问题，下面拟从小品高潮的具体表现及其形成原因加以探析。

一、小品蔚盛

要说明小品在晚明全面繁盛这一事实，先得对“小品”的概念有所了解。现有研究表明，“小品”一词本于佛学，相对于“大品”而言，是指佛经的节略本。明代中后期，一般把篇幅短小的文学艺术性散文称为“小品”，也有叫“小题”、“小文”的。那么，晚明小品具体包含哪些文体呢？恐怕难有一个明确的范围，如：陈继儒的《晚香堂小品》包括诗、诗余、序（书序、类序、集序、诗序、时文序、贺序、寿序）、传、记、疏、祭文、题跋、志林等，卫泳编辑的《古文小品冰雪携》包括了序、记、赋、引、书、启、笺、拟、檄、碑、传、文、词、偈、辨、解、颂、疏、说、议、歌、题辞、跋语等。这些文集或选辑中的小品既有重合部分，也有不同的类别。

由此可知，晚明文人对此也没确切的概念，所指极为宽泛，在编选文集或给文集命名为“小品”时大约是从总的艺术风格进行把握的。小品包含的文体如此纷杂，一方面，表明文人在撰文过程中，抒写自由，较少受到法度的限制，可以选择自己喜爱的文体样式来表情达意；另一方面，似乎也暗示了当时的审美风尚并不局限于一种文体或专重于一种趣味。当然，这也是布衣文人能恃文治生以及晚明小品蔚为大观的重要前提。

晚明小品的繁盛，首先表现为作家、作品数量多。当时有许多文人士大夫参与了小品的创作或小品集子的编纂，直接命名为“小品”的，如：朱国桢的《涌幢小品》、田艺衡的《煮泉小品》、陈继儒的《晚香堂小品》、王思任的《谑庵文饭小品》、潘之恒的《鸾啸小品》、黄奂的《黄玄龙先生小品》，以及王讷谏编选的《苏长公小品》、陈天定选辑的《古今小品》，等等；那些虽不以小品命名，实际上是小品的则更多，如孙七政仿《世说新语》所作的人物品藻集子《社中新评》，陈枚编选的晚明各家尺牍文集《写心集》与《写心二集》，蒋奇明编的《明文致》，周亮工编的《尺牍新钞》、《藏弃集》与《结邻集》，等等。尤其值得一提的是，崇祯年间相继出现、很有影响的三部小品选集：崇祯三年（1630）郑元勋编纂的《媚幽阁文娱》、崇祯六年（1633）陆云龙选辑的《翠娱阁评选十六家小品》和崇祯十六年（1643）卫泳编辑的《古文小品冰雪携》。这些明代末年出现的小品选辑，可看成是小品创作的数次总结。试想，若无热情高涨的创作活动及遗留下来的丰富作品，何来其后的编选与整理？

对于隆庆、万历以来小品繁盛情形，万历年间的郑元勋曾这样描述：

> 近年缘读《礼》之暇，搜讨时贤杂作小品而题评之，皆芽甲一新，精彩八面，有法外法、味外味、韵外韵。丽典新声，络绎奔会，似亦隆、万以来气候秀擢之一会也。①

郑元勋因爱读时贤杂作小品，于是搜集成册并题评，请名士陈继儒撰序。序文中，陈继儒记下了两人当时的对话，这才有“丽典新声，络绎奔会，似亦隆、万以来气候秀擢之一会也”的说法。博闻多识的陈继儒将之写进序言，说明他自己也承认这一事实和观点，否则他大可不必记下来。另一个可资佐证的材料是陈继儒本人也编撰过小品丛书《宝颜堂秘笈》，是书规模宏大，分为正集、续集、广集、普集、汇集、秘集，收入唐宋元明的各种杂著小品约250种，其中“秘集”收录了自撰的小品15种。这些均表明当时文人创作、编纂小品的风气非常浓厚。

小品在晚明趋于全盛，不仅作家作品数量多，更重要的是从理论上进行了探讨。就小品的特性、功用及其存在的合理性等问题，许多文人发表了自己的看法，如郑元勋、叶襄分别说：

> 吾以为文不足供人爱玩，则六经之外俱可烧。六经者，桑麻菽粟之可衣可食也。文者奇葩，文翼之，怡人耳目、悦人心情也。若使不期美好，则天地产衣食生民之物

---

① 陈继儒：《白石樵真稿》卷一《文娱序》，《四库禁毁书丛刊》集部66册，28页，北京，北京出版社，2000。

足矣，彼怡悦人者，则何益而并育之？以为人不得衣食不生，不得怡悦则生亦槁，故两者衡立而不偏绌。六经不可加，而诸文可加，犹花鸟非必日用不离，而但取怡悦，不无今昔开落之异，若以代开代落之物，必勿许荐新而去陈，则亦幽滞者之大惑已。①

卫子永叔爰自万历以后，迄于启、祯之末，为文凡若干卷。自郊庙大章，与夫朝廷述作，照碑版而辉中脔者，姑一切勿论，特取其言尤小者，遴数百篇以行于世。涂酌义专，又无訾于挂漏之病。曰吾识其小者，而其大者因将有待云尔。譬诸观溟海者，苦无津涯，而临清流则易以浏览；陟乔岳者，弥望无极，而视拳石或足以寄畅。卫子之志，亦犹是也。②

值得注意的是，郑、叶两人为小品助威呐喊时，并没有否定"六经"、"郊庙大章，与夫朝廷述作，照碑版而辉中脔者"，而将两者相提并论，指出各自的作用：前者像"桑麻菽粟"，生活中必不可少；后者像"花鸟"、"清流"、"拳石"，可怡情悦性，少了它们则"生亦槁"。两者的作用可一言以蔽之："两者衡立而不偏绌"。

不管这种提法是否恰当。从精神层面讲，经国济世的高文大册和抒情写性的小品均为意识的产物，两者不存在主次优劣之分。前者由于关注国计民生，具备更广泛的实用性和理想价值，这是历代士人反复提倡并付诸实践的重要原因。后者主要是个人生活方面的内容，主体色彩很强，在崇尚纲常伦理、排斥个体价值的社会里，这种文风或者创作潮流往往很难抬头，只有在特定的时代如明代中后期，才能蓬勃发展，兴盛一时。郑元勋、叶襄等敢于正面提倡、

① 郑元勋：《媚幽阁文娱初集》卷首《文娱自序》，《四库禁毁书丛刊》集部172册，8页，北京，北京出版社，2000。

② 《古文小品冰雪携》卷首序。见尹恭弘《小品高潮与晚明文化》，11页，北京，华文出版社，2001。

赞美“怡人耳目、悦人心情”的小品，自然离不开当时的社会环境，这是下面要探讨的。

二、蔚盛的原因

如上所述，小品在晚明确实走到了顶峰。此后明清易代，随着社会政治、经济、文化等方面的变化，喧闹一时的小品迅速衰微，一蹶不振。

小品为什么单在晚明蓬勃兴起，而不在其他时候或朝代取得瞩目成就？许多学者试着回答这一问题，主要看法有：当时政治混乱，士人丧失了从政热情，转而寻求精神快乐和物质享受；思想领域里，程朱理学衰微，心学流行，自我意识抬头；商品经济发达，为文人雅士的享乐生活提供了物质基础；文艺思潮方面，在历经奉秦汉还是宗唐宋的一番折腾后，形成了以抒写性情为主的创作风尚……这些论述，无疑是正确的。但是，很少有人注意到小品的文体特点与使用它的文人之间的关系，忽略这一点，想全面了解晚明小品兴盛的原因是不可能的。

先从小品的文体特点说起。

前面提到，小品很难说是一种文体，它是各种文体的汇合，类似大杂烩，文人虽统称为“小品”，但对其特质应该有一个大致相同的认识。它的特质是什么呢？看文人自己的相关表述：

> 袁中道评《祭酒集》说：“近阅陶望周《祭酒集》，选者以文家三尺绳之，皆其庄严整栗之撰，而尽去其有风韵者。不知率尔无意之作，更是神情所寄，往往可传者托不必传者以传，以不必传者易于取姿，炙人口而快人目，班、马作史，妙得此法。今东坡之可爱者，多在小文小说；其高文大册，人固不深爱也。使尽去之，而独存其高文大册，岂复有东坡公哉？”①

---

① 袁中道：《珂雪斋集》卷二十四《答蔡观察元履》，1 045 页，上海，上海古籍出版社，1989。

陆云龙《叙袁中郎先生小品》说："夫人无事不欲行其胸臆。至文字动思摹古，曰如是方合某格，如是方同某人，句程字仿，日变月移以就之。且踵艰深之习，辄作獦獠；学庄严之派，便为翁仲。生旦丑净，日受世转，不解有我，良可痛矣。不知文章亦自抒其性灵而已，揉直作曲，斫圆成方，一种灵气乃受屈折剥削，止水断山，有何生韵?"①

袁、陆二人认为小文小说应当"自抒其性灵而已"、"易于取姿，炙人口而快人目"，是"率尔无意之作"。其实，这种论调正是当时崇尚性情、抒写自我的文学思潮的自觉反映，大批文人都有相同或类似的主张，知名者如李贽、汤显祖、徐渭、陈继儒、王思任等人，毋庸细举。

文人普遍地标举性灵，在明中叶之前是难以想象的。诗文历来被看成是载道、明道的产物，明初宋濂就认为："吾之所谓文者，天生之，地载之，圣人宣之，本建则其末治，体著则其用章，斯所谓乘阴阳之大化，正三纲而齐六纪者也。"② 迟至弘治、正德年间，前后七子论文提倡师承秦汉，唐顺之、茅坤等人主张宗唐宋，争来争去，他们的创作仍未跳出载道的范畴。到了明代中后期，在个性解放思潮的冲击下，文人纷纷畅言性灵，一唱百应，形成前所未有的小品创作热。

晚明小品除了内容异于传统古文，在表现形式上也有它自由灵活、不拘格套的一面。20 世纪 30 年代，林语堂等人提倡"以自我为中心，以闲适为格调"的性灵小品时，就抬出晚明小品作标榜。在论述小品文与学理文的不同风格时，他说：

大体上，小品文闲适，学理文庄严，小品文下笔随

---

① 丁允和、陆云龙编：《皇明十六家小品》，1 877 ~ 1 879 页，北京，书目文献出版社，1997。

② 宋濂：《文宪集》卷二十五《文原》，《四库全书》集部 1 224 册，359 页，台北，台湾商务印书馆，1985。

意，学理文起伏分明，小品文不妨夹入遐想及常谈琐碎，学理文则为题材所限，不敢越雷池一步。①

“下笔随意”一语，道出了小品在形式上的主要特点，这大概是林氏多年创作的心得。对于小品的文体特征，当前有学者做了深入研究，各自发表了见解：

吴承学通过对晚明小品作家、流派、文体类型进行研究后，得出结论说：“它不像小说戏曲那样要苦心经营情节结构、塑造人物性格，也无须像古文那样讲究起承转合、纵横开阖之法，更不用像诗歌那样追求句式工整、音韵和谐。总之，到了晚明，小品文已成为中国古代文学文体中最为自由的‘公民’。”②

罗筠筠从美学的角度出发，认为晚明小品“从形式上讲，它在古典文学中是最自由的，既不受诗、词、曲、赋等文体在韵律、声调上的限制，也不像古文、八股文那样有一定结构上的定制，同时它像小说一样可以把民间的俚语纳入其中，长短随心所欲，有话则长，无话则短，从十几个字的尺牍到六七百字的游记均可”③。

在表现形式上，吴承学、林语堂一致认为晚明小品是最自由的文体，这一论点为学界广泛认可。此外，晚明小品的美学风格也不容忽视，主要为言近旨远，空灵隽永，用明人的话来描述是：“小品一派，盛于昭代，幅短而神遥，墨希而旨永。野鹤孤唳，群鸡禁声；寒琼独采，众卉避色。足以一字可师，三语可掾，与于斯文，乐曷其极。”④

晚明小品的思想内容和艺术特色，当如吴承学概括的那样：“晚明小品在传统古文之外，另立一宗，它们不但走出‘文以载

① 林语堂：《论小品文笔调》。见罗筠筠：《灵与趣的意境——晚明小品文美学研究》，24页，北京，社会科学文献出版社，2001。

② 吴承学：《晚明小品研究》，421页，南京，江苏古籍出版社，1997。

③ 罗筠筠：《灵与趣的意境——晚明小品文美学研究》“导论”，2页，北京，社会科学文献出版社，2001。

④ 唐梅臣：《媚幽阁文娱》卷首《文娱序》，《四库禁毁书丛刊》集部172册，6页，北京，北京出版社，2000。

道’的轨辙，而且逸出古文体制，以悠然自得的笔调，以漫话和絮语式的形态体味人生。晚明小品淡化了‘道统’而增强了诗意，这可以说是其主要的特点。”①

这里要解决的问题是，晚明小品为什么可以专写性灵而不载道？为什么可以逸出古文体制而不重规矩、不守法度，用最自由的文学形式来表情达意？除了学者常提到的政治、经济、哲学思潮以及文学本身等因素外，笔者认为，跟当时大量创作小品的文人构成有必然的联系。

先从陆云龙选辑的《翠娱阁评选十六家小品》谈起，入选的作家有徐渭、屠隆、王思任、虞淳熙、黄汝亨、李维桢、陈继儒、董其昌、张鼐、陈仁锡、袁宏道、袁中道、钟惺、汤显祖、曹学佺、文凤翔共16人，其中布衣身份的仅有徐渭和陈继儒2人，其他是任过各种官职的文人。陆云龙选择这些作家时，所持标准是各家名气的大小还是作品的不同艺术风格，是不同地域的文人代表还是鉴于自己所熟知的作家范围？目前不得而知。

但有一个事实是清楚的，即古代文人的社会地位有时非文学的因素起着重要作用。诚如康保成所言：“古代没有作家协会（有诗社、书会，但性质不同），也基本上没有靠创作吃饭的专职诗文作家。少数作家是帝王，当然居于中心的中心。位居高官的，写《贵粟疏》、《出师表》、《陈情表》、《治安策》等等，其人其作也都是中心。即如王维、韩愈、苏东坡等人，诗文写得再好，本职依然是做官；吟诗填词，对于他们来说只是‘馀事’而已。说他们是‘文学家’，那是后来的事；如果当时让他们作‘文学家’，就等于宋仁宗让柳永去‘填词’一样。古代诗文作家的中心地位，是靠非文学的因素维系下来的。”② 陆云龙编选文集时，有无受非文学因素的影响，我们不能确定，但当时较有成就的布衣文人所占

① 吴承学：《晚明小品研究》绪论，2页，南京，江苏古籍出版社，1997。

② 康保成：《90年代景观：“边缘化”的文学与“私人化”的研究》，《东方文化》第2期。

的比例肯定不止这么少，这既可从本文“诗在布衣”一节推知，又可从今人尹恭弘撰的《小品高潮与晚明文化》一书列举的作家数得到证实。该书评点的小品作家共73人，其中布衣和生卒年不详的文人多达26位，占总数的三分之一强，当中除了恃文治生的徐渭、陈继儒外，有善于编纂畅销书的吴从先、何伟然、华淑，有弃去诸生资格或终身未仕的张大复、李流芳、顾大绍、宋懋澄、谭元春、卓人月、张岱……有关这些人及其小品的论述，在该书中占了很大篇幅。试想，如果抽掉了这三分之一强的布衣文人及其作品，何以知道晚明小品数量之多？又何谈小品高潮？

另外，清代编修《四库全书》时，借征书、献书之名，曾禁毁大量书籍。许多晚明作家的著作在禁毁之列，这里面有政治的原因，也有出于对晚明文风的厌恶。譬如，四库馆臣屡屡指责晚明小品“词意轻儇”：

评闵景贤、何伟然编的《快书》说：“是编割裂诸家小品五十种，汇为一集。大抵儇薄纤佻之言，又多窜易名目。”①

评谢肇淛撰的《文海披沙》云：“是编皆其笔记之文，偶拈古书，借以发议。亦有但录古语一两句，不置一词，如《黄香责髯奴文》之类者。大抵词意轻儇，不出当时小品之习。”②

评陆云龙编纂的《十六家小品》曰：“每篇皆有评语，大抵轻佻儇薄，不出当时之习。前有何伟然序，伟然即尝刻《广快书》者，宜其气类相近矣。”③

类似的批评，在《四库全书总目》中经常可见。四库馆臣对晚明小品如此鄙薄，我们有理由相信，一些名不见史传的布衣文人及其作品遭删毁淘汰，则是情理中的事。不然，四库馆臣也不会说

---

① 《四库全书总目》卷一百三十四，子部，杂家类存目十一，1 138页，北京，中华书局，1965。

② 《四库全书总目》卷一百二十八，子部，杂家类存目五，1 103页，北京，中华书局，1965。

③ 《四库全书总目》卷一百九十三，集部，总集类存目三，1 765页，北京，中华书局，1965。

这样的话来："隆万以后，运趋末造，风气日偷。道学侈称卓老，务讲禅宗；山人竞述眉公，矫言幽尚。或清谈诞放，学晋宋而不成；或绮语浮华，沿齐梁而加甚。著书既易，人竞操觚，小品日增，卮言叠煽。求其卓然蝉蜕于流俗者，十不二三。"① "著书既易，人竞操觚，小品日增，卮言叠煽"一句，尤能反映当时小品的繁盛局面，而"求其卓然蝉蜕于流俗者，十不二三"一语，又似乎暗示堕入"流俗者"当摒弃不收，以免污人耳目。至于"山人"，如第五章阐述的那样，多是一些以文治生的布衣文人。

综上所述，小品作者当是由仕籍文人和布衣文人组成，尽管两者的社会身份不同，但他们撰写出来的小品，无论是内容、风格还是在审美情趣上，却表现出令人吃惊的大体相同的面貌来，这不得不让人去思考个中原委。

先分析仕籍文人共有的特征。就郑元勋、陆云龙、卫泳等人所编小品文集里收录的仕籍文人看，他们多是因事被削职、罢职的官员或受排挤、打击的致仕官员，在政治上找不到出路，转而把精力和时间耗费在诸如花草果木、鸟鱼虫兽、器物珍玩、饮食起居等日常事物上，并将之导入艺术的殿堂，用以表现自己的性情及文人特有的雅趣。这种处世态度，用儒家的价值观看，则是放弃了修齐治平的抱负，这是他们异于正统文人的一面。也正因为如此，他们的文学创作才跳出了相沿既久、几乎被奉为圭臬的"载道"框子。袁宏道所言"独抒性灵，不拘格套"中的"不拘格套"，后人多理解为摆脱形式上的繁琐规矩，不知实有跳出"载道"文学观的意思，不然他倡导的"性灵"说在当时文坛怎会引起如此大的反响和得到普遍支持？换言之，文学主张只有契合了当时文人的思想状况与表达需要，才能引领创作方向，才能掀起一股以抒发"性灵"为基调的小品高潮。

由此看出，仕籍文人撰写小品，之所以济世忧民的内容少，风

---

① 《四库全书总目》卷一百三十二，子部，杂家类存目九，1 124 页，北京，中华书局，1965。

格趋于“轻佻儇薄”，跟文人有意识地疏离政治有关。或者说，不拘格套独抒性情的小品，与担负着劝惩使命的“载道”文学之间存在某些冲突。当然，这种冲突源于为官者的职责和社会责任。如，陆云龙评点袁宏道的小品，点明了做官对文人个性及作文的束缚，其文曰：

> 小修称中郎诗文云率真，率真则性灵现，性灵现则趣生。即其不受一官束缚，正不蔽其趣，不抑其性灵处。夫士栝棬其已以比时，只博一官，至不受官制，必解脱后快，更何事得转移哉？冲口信手，具写其中郎，中郎遂自成一中郎矣。然趣近于谐，谐则韵欲其远，致欲其逸，意欲其妍，语不欲其沓拖，故予更有取于小品。①

说“不受一官束缚，正不蔽其趣，不抑其性灵处”，表明做官会压抑文人的性灵。就小品反映的主要内容和风格而言，正好与当时仕籍文人的身份特征和社会职责有不一致的地方。

既然仕籍文人只有在不做官或者远离政治的情况下，才可能随意地抒写性情，那么原本未入仕、终身布衣的文人，不是可以更自由无拘地表现胸臆吗？因为他们没有职务上的羁绊，没有教化庶民的责任，偏又身处纲纪弛废、心学流行、人情以放荡为快的时代，自然可以更不循常规，不恪守传统的“载道”文学观念，用最自由的文体来抒情写意了。这是常理，无须用长篇大论来阐述。而布衣文人中的以文治生者，由于要治生，更须苦心孤诣以求写出好的小品，为谋生打开方便之门，这在客观上更能推动小品创作，从而促成晚明小品的繁盛。

所以说，形式上不拘格套、内容上随意抒写的小品，只有到了借艺治生的布衣文人手里，更能充分发挥它的最大自由度，展现丰富多彩的社会生活和个人性情。晚明小品，如果缺少这一群文人的创作和编纂活动，繁盛的局面肯定逊色不少。以文治生者的这种历

---

① 丁允和、陆云龙编：《皇明十六家小品》，1 879～1 882 页，北京，书目文献出版社，1997。

史功绩，陈平原在题为《晚明小品谈略》的论文中，这样描述道：

> 明小品的制作者与欣赏者多为“山人”。山人古已有之，何以明季特盛？最直接的解释是明中叶以后商品经济发展，江南城市日渐繁荣，加上富商巨贾之附庸风雅，使落第举子、失意文人得以凭借诗文书画的一技之长谋生。与其从“冠带”与“布衣”的外在身份，不如从“世俗”与“风雅”的生活趣味来理解山人的追求。实际上，自称或被目为“山人”者，身份地位相当复杂，只有求“雅”的心态相通。……这些不官不商的读书人，成了明末出版界主要的生产者与消费者，尤其是其喜欢山水田园、多识草木虫鱼、关注民风民俗、寄情琴棋书画、欣赏小说戏曲的审美趣味，对晚明的思想文化乃至文学艺术产生了巨大的影响。①

陈平原虽然没举具体例子论述晚明小品的制作者与欣赏者多为“凭借诗文书画的一技之长谋生”的“山人”，但他以知名学者所具有的敏锐洞察力，一语中的，道出了晚明小品何以蔚盛的重要原因，令人折服。

总的说来，晚明小品的全面繁盛是布衣文人与仕籍文人共同提倡和创作的结果，缺了任何一方，都不可能取得如此大的成就，这是读者与研究者必须了解的。此外，由于大量布衣文人厕身创作实践中，使晚明小品乃至晚明文化，无论在内容还是形式上都表现出厚重的平民色彩，这与“文学的自觉时代”魏晋时所流露的贵族气质不一样，虽然二者都被视为思想解放的时代标记，但晚明文化的品格更趋于大众化，其中不能抹杀布衣文人尤其是以文治生者，他们积极投身于诗文创作所起到的历史作用。

---

① 陈平原：《晚明小品谈略》，《中州学刊》，1995（4）：95。

第二节　以文治生行为给文学创作带来的影响

以文治生，其实是将诗文工具化、商品化，难免会出现敷衍应付的现象，至于程度的轻重、次数的多少，因人因事而异。但有一个事实很明白，即在恃文谋生之前，他们在文人圈子里或商贾士绅之间有相当的文名，必是无疑的。现在的问题是，获得文名的诗文与治生行为存在怎样的联系？在谋生的具体过程中，他们进行的文学创作与传统文人相比有何不同？内容有何变化？以下从内容与风格两方面进行分析。

一、内容不在“经邦济世”中

先从诗文的内容说起。

文学是人学，是作家对社会、自然、生命的认识与反映，因各人的环境、遭遇、才情学识等不一样，表现在诗文中的内容和风格也就各有差异。宋濂在论及台阁大臣与山林隐士的文章风貌时，说：“昔人之论文者，曰有山林之文，有台阁之文。山林之文，其气枯以槁；台阁之文，其气丽以雄。岂非天之降才尔殊也？亦以所居之地不同，故其发于言辞之或异耳。”① 认为造成山林之文“枯以槁”和台阁之文“丽以雄”的原因在于作者“所居之地不同”，这是合乎事理的解释，因为居于朝庙的台阁大臣位尊爵显，居巍巍宫殿，衣锦食精，所接触的多为国家大事，其所发言辞岂能不“丽以雄”？宋初辞采华赡的“西昆体”、明代前期雍容典雅的“台阁体”都是很好的例证。而身处山林的文士餐芝茹薇，盟鸥狎鹿，所见不外乎寒山瘦水、老林幽壑，诉诸文字难免“枯以槁”了。

不过，说“所居之地不同”是形成山林之文与台阁之文差异的原因，那只能算是直接且直观的诠释，深层次的根源是二者在政

① 宋濂：《文宪集》卷六《汪右丞诗集序》，《四库全书》集部1 223册，396页，台北，台湾商务印书馆，1985。

治地位与经济条件之间的巨大不同。晚明许多文人因为主动地拒绝入仕或被迫地疏远在政治的边缘，过着以文谋生的生活，他们的诗文创作跟安邦济世、辅圣荫民等主题关系不甚紧密，则是很正常的事；况且当时政治不良，许多官员队伍里的文人也丧失了从政热情，转而追求怡情适性的生活，更不用说被堵在仕门之外的山林词客了。

那么借文谋生的这一群文人，诗文创作的内容与思想倾向到底是什么呢？由于涉及的作者和作品众多，难以具体举例，这里以四库馆臣对一些文集的概述或评价为例，稍加分析。如：

评陈继儒《岩栖幽事》说："所载皆山居琐事，如接花艺木以及于焚香点茶之类，词意佻纤，不出明季山人之习。"①

评宋登春《宋布衣集》说："文章简质，可匹卢柟《蠛蠓集》，而奇古之趣胜之。其论诗先性情而后文词，故所作平易自然，而颇乏深意。然五言颇淡远可诵。朱彝尊《静志居诗话》以贾岛、李洞为比，亦庶几拟于其伦矣。"②

评徐渭《徐文长集》说："其诗欲出入李白、李贺之间，而才高识僻，流为魔趣。选言失雅，纤佻居多，譬之隐管幺弦，凄清幽渺，足以感荡心灵，而揆以中声，终为别调。……盖渭本俊才，又受业于季本，传姚江纵恣之派。不幸而学问未充，声名太早，一为权贵所知，遂侈然不复检束，及乎时移事易，侘傺穷愁，自知决不见用于时，益愤激无聊，放言高论，不复问古人法度为何物，故其诗遂为公安一派之先鞭，而其文亦为金人瑞等滥觞之始。"③

评谢榛《诗家直说》说："是但为流连山水，摹写风月，闲适小诗言耳。不知发乎情，止乎礼义，感天地而动鬼神，固以言志为

① 《四库全书总目》卷一百三十，子部，杂家类存目，1 115 页，北京，中华书局，1965。

② 《四库全书总目》卷一百七十二，集部，别集类二十五，1 516 页，北京，中华书局，1965。

③ 《四库全书总目》卷一百七十八，集部，别集类存目五，1 606 页，北京，中华书局，1965。

本也。”①

……

诸如此类，不一而足。

这些文人集子中的作品，举凡时序变迁、人事遭遇、个人悲喜、古怨今情等，都是表现的对象、抒发的感情，但有一样内容少见，即涉及劝惩教化、个人政治抱负的东西不多。也就是说，他们的作品与传统文人相比，很少表现出济世经邦的志向和忧时伤世的情怀。究其原因，乃在于作者是一群靠文才自谋生路的人，他们没有“食君之禄”，不要“忠君之事”，因而在写诗作文时不必承担教化的义务，更多的是以“自我”为中心，反映人性和人情所共有的东西。这种创作指向与当时“公安派”、“竟陵派”提倡的“性灵”说是一致的，为晚明文坛增添了新气象。

对布衣文人和一些仕籍文人的创作旨趣远离政治的现象，有学者这样认为：“在这失去了千秋大志的时代里，文学的确显得目的单纯、格局狭小了，并带有浓厚的消极甚至颓废的色彩，但却更加走近了自我，更加贴近了文学目的本身。当然，满足自我不能作为文学的唯一目的，然而，抒写自我性情、满足自我愉悦，毕竟是文学的主要目的。从此一角度言，说晚明文学找回了久已失去的本质特性，也并非是毫无道理之论。”② 文学的目的本身是不是自我以及抒写自我性情？满足自我愉悦需求是不是文学的主要目的？笔者不能确定。但是，据“人是一切社会关系的总和”的观点可以下此结论：但凡国事朝政、地方祸福、亲朋戚友及个人的是非得失本该是文人普遍关注和表现的对象，不过由于各人在生活中所处的位置不同，所遭遇的事件、所体验的感情不同，文学表现的重点或主要对象也就有差异。

---

① 《四库全书总目》卷一百九十七，集部，诗文评类存目，1 681 页，北京，中华书局，1965。

② 左东岭：《阳明心学与晚明士人心态》，751 页，北京，人民文学出版社，2000。

试想，若官员不问政事，长年累月流连风花雪月、关注一己之性情，那社会生活的组织与管理由谁来承担？因此有“食君之禄，忠君之事”一说。而恃文治生的文人“不在其位，不谋其政”，在情理上通得过，他们的生活为“接花艺木以及于焚香点茶之类”，表现于文学是“流连山水，摹写风月，闲适小诗”，当然也就无可厚非了。再则，这些文人对家国大事也不是不闻不问，譬如，嘉靖二十九年（1550），西北边境虏犯严重，徐渭闻知后义愤填膺，意欲杀敌报国，并将之形于《今日歌》；万历十五年（1587）和三十五年（1607），松江先后发生大涝，陈继儒上书当道，痛陈饥民惨状，提出救荒建议，又捐资施粥，这些经历他记录在《上王相公书》、《复陶太守救荒》、《救荒煮粥事宜》等文章中。只不过，此类诗文数量在他们文集中所占比例很小，大异于正统的仕籍文人，反而显示出以文治生者的诗文特色来。

诗文作品中的内容是作者生活际遇的自觉或非自觉的反映，如果没有外来力量的干预，出自内心的真实成分相对会多些，描写事物、抒写性情大约更自然点。换一个角度，说布衣文人创作的自由度比起那些有一官半职的文人可能更宽松点、更少些顾忌，也未尝不可。这一特征从钱谦益对布衣山人诗文风格的评述可看出来，如下面数例：

（王）承父为诗，豪宕莽苍，天才烂发，最为王元美兄弟所推。敬美序其诗，以为太初让其精，俞谢逊其兼。七言歌行，顷刻数百千言，可喜可愕，种种变幻，真能以牛溲马勃为药饵，嬉笑怒骂为文章，盖其兄弟间之论如此。

（莫叔明）癖好为诗，苦思险诣，务出于人所不经道，高自标置，每谓人：近日出语太易，人得无以岑嘉州目我乎？

（王）舜华顾时时指擿王、李诗，嗤为俗调。元美怒而排之。舜华益自负，作五敌诗，谓慢世敌嵇康，缀文敌马迁，赋诗敌阮籍，述骚敌屈宋，书法敌二王。①

除了《列朝诗集小传》中多如此类的例子外，又可引四库馆臣的相关评价为证：如说徐渭的文集“选言失雅，纤佻居多”，评卢柟的《蠛蠓集》云：“今观其集，虽生当嘉、隆之间，王、李之焰方炽，而一意往还，真气坌涌，绝不染钩棘涂饰之习。盖其人光明磊落，藐玩一时，不与七子争声名，故亦不随七子学步趋，然而榛救之，世贞称之，柟反以是重于世，亦可谓毅然自立，无所依附者矣。”② 他们或苦思险诣以求出于人所不经道，或指摘王、李诗，嗤其为俗调，或以牛溲马勃为药饵，嬉笑怒骂为文章，均有自己的个性，显露出与众不同的追求与思想倾向。

文人的创作心态和关注对象发生变化，后人分析原因时，多着眼于文人的个性，或认为受到了社会思潮的熏染，却较容易忽略经济状况及相应的谋生方式对文人的影响。文人以文治生须有文名，文名大了才有人上门索文请诗，为此得努力经营，以求高于众人，如莫叔明“癖好为诗，苦思险诣，务出于人所不经道，高自标置”，谢榛“学为诗，冥搜苦索，至彻日夜不寐。抵面见客，语依依若骙人，终席不自客所谓何，或偶触坚壁，跌足下坑堑不觉也，以是诗益工”③，可看作这一类人的代表。其二，诗文创作不随人亦步亦趋，任性情自然流露，方能避免千部一腔，明白此理的文人当然不会去模仿某一派或拘泥于某一学说。以文治生的文人中，本来就有许多人是文名冠一时的聪明才俊，他们肯定不屑于仰人鼻息或者拾人唾余。其三，收入不源于政治职位的提供或保障，文人的创作心理自然会发生微妙的变化，这在古今都一样，毋庸举例。由

① 钱谦益：《列朝诗集小传》丁集中“昆仑山人王叔承”条、“莫山人叔明”条、“玄阳山人王逢年”条，丁集下“俞山人安期”条，496页、502页、519~520页、630页，上海，上海古籍出版社，1983。

② 《四库全书总目》卷一百七十二，集部，别集类二十五，1 514页，北京，中华书局，1965。

③ 王兆云辑：《皇明词林人物考》卷九“谢茂秦”条，457~458页，台北，明文书局，1991。

于这些因素共同起作用，使以文治生者的诗文面貌大异于正统文人，也使他们的才华能最大限度地施展出来。

二、风格逸出“温柔敦厚”外

文人以文治生，经济上不依赖朝廷的俸禄，社会身份不是朝廷官员，所以不必承担教化草民的职责，加上受当时文学思潮的影响，不仅作品内容异于传统的载道文学，风格也有新的变化。

古代士人的出路大抵是“学成文武艺，货与帝王家”，科举制度确立之后，文士更是发愤苦读，意欲借考试跻入仕途，从而获得较高的社会地位和经济上的保障。但常情是，多数文士一旦入朝做官，社会等级是直接的君臣关系，人格和心态多少有些“妾妇”意识，身上的文才往往自觉或不自觉地成为辅政的工具，诗文缺乏独立品格，很容易形成士大夫文学特有的“温柔敦厚”风格。明代中后期，由于社会环境和思想观念的变化，文士的出路更宽了，若科举受挫则可从商，又可以文治生，后者虽在仕籍文人行列之外，但未离开文士向来擅长的技艺，吃的是“本行饭”，所以文学创作必然呈现新面貌。

这种新面貌不同于传统诗文固有的“温柔敦厚”，用四库馆臣的话叫做“轻佻纤巧”、“山人之习”。由于涉及面广，四库馆臣不可能对每一位文人及其作品进行挞伐，于是选用典型人物陈继儒作代表，将之归为一类进行批评，摭举数例如下：

> 《元壶杂俎》提要云：“明赵尔昌撰。尔昌字庆叔，钱塘人。官宣城县知县。是书杂采史传说部，钞合成编。分胜事、名言二纪，各为四卷，大致欲仿沈括《清夜录》、周密《澄怀录》之体，而采掇芜杂，或注所出，或不注所出，亦无定例，不过陈继儒之流耳。”①
>
> 《山堂琐语》提要云：“明陈霆撰。……是书乃其自

① 《四库全书总目》卷一百三十二，子部，杂家类存目九，1 125 页，北京，中华书局，1965。

山西提学佥事归田后所作，杂引经传，以己意论断，词意儇薄，已开陈继儒等之派。”①

《清寤斋欣赏编》提要云：“明王象晋撰。……是书分六类，曰葆生要览，曰儆身懿训，曰佚老成说，曰涉世善术，曰书室清供，曰林泉乐事。皆摭明人说部为之，犹陈继儒诸人之习气也。”②

类似的评价，在《四库全书总目》中不下百条。“陈继儒一派”或“陈继儒诸人”虽然不是专指以文治生者（包括致仕或宦意冷淡的官员、隐士、乡绅，他们对政治普遍地缺乏热情，追求恬静闲适的生活），但陈继儒“自少垂老，取资于秃管残煤”③，是山人竞述的偶像，用他的诗文来说明同样是以文谋生的山人词客的文学风貌，有以斑窥豹的意思。

四库馆臣用儒学经世致用的标准来衡量“陈继儒诸人”的闲适怡情文学，难免会鄙夷、斥责。这种“拈己之是，证人之非”的做法在政治强权主宰一切的时代自然不会引来异议，但在特定时代，争议还是不可避免会出现。20世纪30年代，以林语堂、周作人等为代表的文人同左翼作家就“晚明小品文”的争议，即是一例。争议的焦点及情形无须细述，下面两段文字，可见其端倪：

阿英在《明末的反山人文学》中写道：“山人名士的繁荣，大概都在季世。这时候，一部分知识阶级，对时局虽也感到苦闷，但没有做扑灯蛾的勇敢，而‘怯弱者’的名义，在表面上又不愿承当。于是做山人名士，天生的就是做‘山水主’，而不管‘人间世’的。”④

针对左翼人士的攻击，林语堂反问道：“难道国势阽

① 《四库全书总目》卷一百二十七，子部，杂家类存目四，1 096页，北京，中华书局，1965。

② 《四库全书总目》卷一百三十二，子部，杂家类存目九，1 124页，北京，中华书局，1965。

③ 陈梦莲等：《眉公府君年谱》前附，380页，北京，北京图书出版社，1999。

④ 阿英：《阿英文集》，178页，北京，三联书店，1981。

危，就可不吃饭撒尿吗？难道一天哄哄哄口沫喷人，始见得来志士仁人吗？恐怕人不是这样一个动物吧。……况且孔子之时，世风也不胜于今日，孔子尚且有闻人歌而必和之之闲情别致，你能说孔子亡国吗？”①

当时国家处于危亡时刻，双方观点的对错姑且不论。在这场争论中，晚明文学（小品文）重性情、重自我的特质一露无遗，这不能不说是林、周等人的发现，诚如周作人指出的那样：“清朝士大夫大抵都讨厌明末言志派的文学，只看《四库书目提要》骂人常说不脱明人小品恶习，就可知道，这个影响之大，至今耳食之徒还以小品文为玩物丧志，盖他们仍服膺文以载道者也。”② 文学既然是人学，就应该全面地反映社会生活，不应强制规定哪些该写、哪些禁写，否则不利于文学的健康发展。在晚明文坛，之所以能形成一股以“自我”为中心、以人情人性为主要抒写对象的思潮，不能说没有像陈继儒那样一群以文治生文人的巨大功劳，无视这一点或轻易抹杀，自然与史实不符。也许，笼罩在文坛上长期不散的“温柔敦厚”文风，只有在多数文人的经济收入不依赖于俸禄时，才会得以改观，文学才能拥有自己的独立品质。

另外要提及的是，这里谈论以文治生的“文”主要指诗文。文人在晚明特有的文化消费环境中，抓住它的实用性为士绅与庶民服务，进而获得衣食之资。这种环境一旦丧失，用以谋生的文学样式就会起变化，如李渔所用的主要是小说、戏剧，他抓住了文学的娱乐性，这是另一个论题。

第三节 谋生文人的市民化及其在文学史上的地位

明代中后期，随着城市经济的繁荣和商人地位的提高，文人士

① 林语堂：《有不为斋丛书序》。见吴承学、李光摩编：《晚明文学思潮研究》，95页，武汉，湖北教育出版社，2002。

② 周作人：《夜读抄》，193页，长沙，岳麓书社，1988。

大夫乐与商贾交往，并为他们撰写了很多寿序墓铭，这在文士的文集里几乎俯拾皆是。由于长期盘桓市廛，文人士大夫的生活方式、价值观、审美趣味等又受到市民意识与市井文化的熏染，发生很大变化，许多学者通常称之为“文人的市民化”。

“文人的市民化”一说，虽能概括当时文士的整体变化，却不免有些笼统，因为文士本是一个庞杂的阶层，既有李梦阳、王世贞等一类进士出身的仕籍文人，也有像徐渭、陈继儒等无功名、靠诗文谋生的布衣文人。从表面看，这两类文人都在与市民商贾交往，替他们撰序写铭，似乎无区别地被“市民化”了，其实不然。

一、“文人的市民化”

以文治生者多为布衣文人，迫于生计，他们或挟诗卷，出入缙绅门第；或混迹市廛，为商贾细民撰文写序，觅求衣食之资。这些行为，与以一技谋生的手工业者相比，几乎没什么区别，所以当时就有人讥讽他们“接迹如市人”，是“大贾之余”。如王士性和钱谦益说：

> 挽近世所称山人之什，予得而言其概矣。初未能以子大夫取显融，而无以游扬公卿间，则山人；搦三寸管为羔雉，而阴取其值，阳浮慕为名高也，则山人；甚者以揣摩捭阖之术糊其口，而无以自试，不托迹于章缝则不售也，则亦山人。故挽近所称山人者，多大贾之余也。①
>
> 本朝布衣以诗名者，多封己自好，不肯轻出游人间。其挟诗卷、携简牍，遨游缙绅，如晚宋所谓山人者，嘉靖间自子充始，在北方则谢茂秦、郑若庸，此后接迹如市人矣。②

---

① 何白：《汲古堂集》卷首《汲古堂集序》，《四库禁毁书丛刊》集部177册，6~7页，北京，北京出版社，2000。

② 钱谦益：《列朝诗集小传》丁集上“吴山人扩”条，453页，上海，上海古籍出版社，1983。

山人词客虽不是真正的商贾，但他们售艺谋利，其实就是一群依赖文化市场而生存的市民，说他们是市人、大贾之余并无不当。

“市民化”了的文人，名气大的可让权贵屈尊遗贶，或是商贾竞相请文，如张凤翼“文学品格，独迈时流，而耻以诗文字翰接交贵人。乃榜其门曰：‘本宅缺少绝笔，凡有以扇求楷书满面者银一钱，行书八句者三分。特撰寿诗、寿文，每轴若干。’人争求之。自庚辰（1580）至今，三十年不改。”① 张凤翼既是耻以诗文字翰接交贵人，那么前来求购寿诗、寿文、题扇的人，当然是一些有钱财余力的商贾和细民了。市井民众争相购买文人的诗文字画，能30年不变，自是一段佳话，但这只是外人眼中的名士风流，其实他还得设法刻书印卖，以免陷于贫困。

张凤翼生于富庶家庭，两个兄弟中了进士，他卖文求利，自然有得天独厚的条件。贫寒文人则只能在市井或府幕自找售文对象，辛苦情状常溢于诗文间。如徐渭说自己“发白齿摇矣，犹把一寸毛锥，走数千里道，营营一冷坑上，此与老牯踉跄以耕，拽犁不动，而泪渍肩疮者何异”，又说“客中无甚佳思，今之入燕者，辟如掘矿，满山是金银，焚香轮人，命薄者偏当空处，某是也”。②

从总的情况看，以文治生的文人中尽管有不少“四方贽文者履满户外”、“乞诗索书者肩摩踵接”、“以文请者不虚月，以诗请者不虚日”的知名者，但实际上像徐渭、陈昂一类在市井为人佣作诗文的贫寒者，占的比例会更大，因为太平凡太卑微，他们的名姓很容易湮没在历史的尘埃里。

既然以文治生者接迹如市人，那么在谋生过程中，除了受市井趣味的影响外，文人又得努力写出符合市民要求的诗文来。因此说，晚明“文人的市民化”，其主体应当是那些以文谋生或射利的文人，因为他们更接近市井，更能把握市民的思想情趣，而且在文

① 沈瓒：《近事丛残》，29页，北京，广业书社，1928。

② 徐渭：《徐文长三集》卷十六《与马策之》、《与道坚》，483页，北京，中华书局，1983。

学实践上，他们是一群真正的身体力行者。

二、藉文入史册

以文治生者多为布衣文人，他们的社会身份、地位、创作的诗文内容及风格特征等大异于长期主宰文坛的仕籍文人，因而他们及其作品的出现，势必冲击既有的文坛格局。那么，为数众多的布衣文人出现在晚明社会，他们的社会地位及文学地位怎样呢？

综观古代文人，从屈原到李斯、贾谊、晁错、司马相如、扬雄，从建安七子、曹氏父子、阮籍、嵇康、谢灵运到韩柳欧苏，再到前后七子等，被称为“文人”的多数人，不是帝王将相就是官员贵族，几乎少有不是政治场上的人物。文人的这种身份，当然与各朝各代的教育制度、人才选拔制度等关系密切，因为能接受教育的人毕竟有限，他们是实际的文化垄断者。就读书目的而言，多数人的正当理由是出仕做官,“忧黎元”、“济苍生”，借此来实现个人的政治抱负，故而决定了他们是官吏性质的文人，或者说是特别擅文的官吏。

由士、农、工、商构成的社会，士阶层是实际的政权掌握者，他们向来处于社会的中心。因而说，古代文人的社会地位之所以那么高，一方面源于他们的官吏身份，一方面是文可以传世，使人不朽。在重名利的社会里，前者具有立竿见影的效果，使文人生前就声名赫赫，所谓“居高声自远，非是借秋风”；后者则涉及文学本身，似乎与文人职位的高低并无必然联系，但千万别忘了，文人的文名固然跟个人才情有关，但作品的内容及其可能的社会功用尤为重要，故有“文章乃经国之大业，不朽之盛事”的说法。若文人的作品不关“经国”，在当时能否“不朽”呢？让人怀疑。实际上，许多与“经国”关系不大的作家作品能成为“不朽之盛事”，那是后世的事，例如陶渊明、徐渭、蒲松龄、曹雪芹等就是这一类人。所以，许多文人的官吏身份与超众文才合而为一，增加了他们的社会声誉，从而名垂青史。

既然许多文人的文学地位是由生前的官吏身份与作品内容决定

的，那么他们的作品到底有何特点呢？撇开艺术技巧、个人才气不谈，看看他们作品所共有的东西，以见证仕籍文人相同的一面。王国维的话耐人寻味：

> "自谓颇腾达，立登要路津。致君尧舜上，再使风俗淳"，非杜子美之抱负乎？"胡不上书自荐达，坐令四海如虞唐"，非韩退之忠告乎？"寂寞已甘千古笑，驰驱犹望两河平"，非陆务观之悲愤乎？如此者，世谓之大诗人矣。至诗人之无此抱负者，与夫小说、戏曲、图画、音乐诸家，皆以侏儒、优倡自处，世亦以侏儒、优倡畜之。所谓"诗外尚有事在"，"一命为文人便无足观"，我国人之金科玉律也。呜呼，美术之无独立之价值也久矣。此无怪历代诗人，多托于忠君爱国、劝善惩恶之意以自解免，而纯美术上之著述，往往受世之迫害而无人为之昭雪也。①

诗人若无济世忧民的怀抱，则不能称为"大诗人"，只能"以侏儒、优倡自处，世亦以侏儒、优倡畜之"，而小说、戏曲等纯文学"亦往往以惩劝为旨"，这是古代文坛的普遍现象。

为什么诗人"多托于忠君爱国、劝善惩恶之意以自解免"？因为他们多是冀求入仕的士子或在任或致仕的官员而已，忠君爱国、劝惩百姓乃是他们的职责所在，自然的，这些东西就成了他们诗文作品中的主要内容了。何况在思想领域里，儒家所提倡的修身齐家治国平天下的价值观，长期占着主导地位。此外，小说戏曲为何"亦往往以惩劝为旨"？事实上，这些作品的作者多为入仕的文人，不说作者如何借它们宣泄情绪，单刻印传抄就要人慎重考虑了，因为思想内容选择不当，不但作品遭禁毁甚至还危及身家性命。比如，事关风化的《琵琶记》，朱元璋读后大加赞赏："五经四书，布帛菽粟也，家家皆有。高明《琵琶记》，如山珍海味，富家不可无"；《西厢记》写男女逾墙穿窬，不免有诲淫之嫌，则宜加禁毁："若夫《西厢》、《玉簪》等，诸淫媟之戏，亟宜放绝，禁书坊不得

① 傅杰编：《王国维论学集》，296页，北京，中国社会科学出版社，1997。

鬻，禁优人不得学，违则痛惩之，亦厚风俗，正人心之一助。”①同是写男女情事的作品，竟命运如此不同，文人推人及己，不会不考虑其中的利害关系，何况他们当中的许多人本来就肩负着劝惩教化的责任。

仕籍文人的作品除了表现共有的“忠君爱国劝善惩恶之意”外，另有许多写景抒情、叙事记人的佳篇，如写思乡、闺怨、羁旅、悼亡、伤别乃至描绘湖光山色、市井风貌、异域风情等，这些作品不涉伦理风化，无关朝政国事，在文人的文集、选集中俯拾皆是，无须细举。正因为有了这些笔法圆融、意蕴隽永的作品，才进一步巩固或提高了仕籍文人的社会乃至文学发展史上的地位。因而说，多数文人是“官吏”与“文人”的统一体，二者相互支撑，成就了他们在世时的地位。只不过到了后来，文学上的辉煌渐渐遮掩了他们的官吏身份。由此可知，就仕籍文人而言，施政、辅政是他们的本职工作，写诗作文只是“馀事”而已。

布衣文人无官无职，他们的社会地位不高或者说没有仕籍文人高，则是正常的，但是否意味着他们在文坛的地位也低呢？或者说，没有涉及“忠君爱国劝善惩恶之意”，只是一味抒写个人情思的作品地位就不高呢？答案自然是否定的。因为社会生活丰富多彩，即便朝政国事是主要内容，但绝不是唯一。跟常人一样，文士有自己的喜怒哀乐，也有个人的偏爱嗜好，将之形诸诗文，也能写出感人肺腑的篇章来。如《古诗十九首》，内容虽然不在劝惩教化内，主要是写人生的离愁别绪和得失慨叹，但是历来都被推崇备至，清人陈祚明对它的品评尤其入微，说：

> 《十九首》所以为千古至文者，以能言人同有之情也。人情莫不思得志，而得志者有几？虽处富贵，慊慊犹有不足，况贫贱乎？志不可得而年命如流，谁不感慨？人情于所爱，莫不欲终身相守，然谁不有别离？以我之怀

① 陶奭：《喃喃录》。见王利器辑录：《元明清三代禁毁小说戏曲史料》，268页，上海，上海古籍出版社，1981。

思，猜彼之见弃，亦其常也。夫终身相守者，不知有愁，亦复不知其乐，乍一别离，则此愁难已。逐臣弃妻与朋友阔绝，皆同此旨。故《十九首》唯此二意，而低回反复，人人读之，皆若伤我心者，此诗所以为性情之物。①

别离之情、失意之叹和生命短暂的感慨，是每个人都要经历和面对的，这是人生的常态。汉末下层文士用简洁优美的语言，把这些感受准确地表达出来了，所以有“人人读之，皆若伤我心者”的效果。说它是“千古至文”，可谓赞誉极高。这表明反映人的普遍性情的作品，比起某些政治意味过重的作品更有生命力，它们不仅能传诵当时，又能打动现在的读者。

由于政治、经济、文化教育以及科举制度等方面的因素，明代之前尚未出现大量文士滞留于社会下层的现象（元代情况特殊，另当别论），所以布衣文人及其作品冲击乃至影响文坛既有格局的情况就不会发生。只有到了明代中后期，才出现了一大批未入仕的文人，其中有相当部分的人凭借诗文书画的一技之长谋生，他们喜爱山水田园，寄情琴棋书画，关注个人的娱情适性，对当时的思想文化产生了巨大的影响。如，四库馆臣评《张氏藏书》说：

明张应文撰。凡十种，曰箪瓢乐，曰老圃一得，曰兰谱，曰菊书，曰先天换骨新谱，曰焚香略，曰清闳藏，曰山房四友谱，曰茶经，曰瓶花谱。其清闳藏尚可资赏鉴考订，别有刊本，附其子丑《清河书画舫》后，已著于录。其余九种，大抵不出明人小品之习气。……明之末年，国政坏而士风亦坏，掉弄聪明，决裂防检，遂至于如此。屠隆、陈继儒诸人不得不任其咎也。②

---

① 陈祚明：《采菽堂古诗选》卷三《古诗十九首》，《续修四库全书》集部1 590册，642页，上海，上海古籍出版社，1995。

② 《四库全书总目》卷一百三十四，子部，杂家类存目十一，1 137页，北京，中华书局，1965。

屠隆遭黜罢官，回家后“卖文为活”①，除了代人撰文外，先后编过《娑罗馆清言》、《续婆罗馆清言》等清言小品集子；陈继儒家无恒产，是“卖文为活”的典型人物，所撰《销夏部》、《辟寒部》、《枕谈》等都是清赏清玩、消愁解闷一类的书，与经世致用、忧国忠君等内容不甚关联。屠隆、陈继儒等人编书撰书影响之大，以至四库馆臣将“国政坏而士风亦坏”的责任归于他们身上。如果不论四库馆臣的批评正确与否，单看这些人在文化活动中的影响，就知道其地位了。

除了从批评声中见出以文治生者的社会地位外，我们又可在《明史·文苑列传》中，看到清人屡屡对他们的正面评价：

《王稚登列传》云：“吴中自文征明后，风雅无定属。稚登尝及征明门，遥接其风，主词翰之席者三十余年。嘉、隆、万历间，布衣、山人以诗名者十数，俞允文、王叔承、沈明臣辈尤为世所称，然声华烜赫，稚登为最。申时行以元老里居，特相推重。王世贞与同郡友善，顾不甚推之。”

《俞允文列传》云：“允文年十五为《马鞍山赋》，援据该博。年未四十，谢去诸生，专力于诗文书法。与王世贞善，而不喜李攀龙诗，其持论不苟同如此。”

《王叔承列传》云：“少孤，治经生业，以好古谢去。……太仓王锡爵，其布衣交也。再召，会有三王并封之议，叔承遗书数千言，谓当引大义以去就力争，不当依违两端，负主恩，辜物望。锡爵得书叹服。其诗，极为世贞兄弟所许。”②

……

另外如徐渭、谢榛、卢柟、王寅、沈明臣等人也在《明史》的正面推崇中，兹不具引。从这些材料可以看出，布衣文人虽然无

① 张廷玉等：《明史》卷二百八十八《屠隆列传》，7 388 页，北京，中华书局，1974。

② 张廷玉等：《明史》卷二百八十七，7 375 页；卷二百八十八，7 389 ~ 7 390 页，北京，中华书局，1974。

仕宦身份，但在文坛上却享有很高的声誉，得到当时权要和知名文人的普遍认可。这种现象，在明代以前是很少出现的。

综合上述，可以得出结论说，古代文人生前多为官吏，牧民施政是其主要职责，写诗作文不过是表现其忠君爱国劝善惩恶之意的工具，甚至可以说是施政的辅助手段，因此他们的社会身份呈现出官吏与文人一体的性质，文学地位也就与其官吏兼文人的身份有关。而晚明以文治生的文人多是布衣，他们的文学活动并不肩负劝惩教化的任务，因而表现出与仕籍文人大不相同的风貌，他们在文学上的地位源于文学本身，与社会身份关系不大。这是晚明文坛的新动向，值得注意。

第十章　余　　论

晚明文人凭借文才，进入权贵府第，以词章事人，或者在市井笔耕，编、印书稿和教授生徒，从而获得一部分乃至全部的衣食之资。明清易代后，经济、政治等发生了巨大变化，文人的谋生方式相应地有所改变。本章就清中叶以前的下层文人谋生概况及个人的一些困惑思考略作交代，权当结尾。

第一节　清初至清中叶文人谋生类举

清初，许多汉族士人对政治持观望或不合作态度。旗人武夫担任的州县长官中很多人不识汉字，只能招请汉族文士入署帮助处理政务，这种现象从清初至清中叶一直没变，遂成大观。另外，清代州县有品级的官员人数比唐宋要少得多，但事务繁杂，诸如司法、赋税、考试选才等统揽于长官一人，非“全才”难胜任，而具备这种能力的人往往很少（即便是“全才”，时间和精力上通常也应付不过来）。由于这些原因，读书人进入官府“帮忙”机会增多了，也为贫困者提供了出路。以下围绕“幕友”这一话题，略谈清代下层读书人的谋生概况。

一、进衙门充当幕友

与晚明文人挟诗卷入公卿门第不一样，清代读书人凭的是办实事的能力进入官府帮忙。有人对州县府中的幕友进行了分类，说：“州县幕友，其名有五，曰刑名，曰钱谷，曰书记，曰挂号，曰征比。剧者需才至十余人，简者或以二三人兼之，其事各有所司，而刑名、钱谷实总其要。”① “其事各有所司”表明幕友是因事设职，并非为了私人兴趣而招邀读书人，如刑名负责佐理刑事、民事案子；钱谷负责处理财政、税收事务；书记负责撰写官府书文、处理信函，相当于秘书一类。除了这几种外，另外还有章奏、阅卷、著书、账房等。州县衙门的幕友人数，根据事务的繁简及官员收入的多寡决定，没有统一的规定，至于总督、巡抚等官员府中的幕友构成情况要复杂一些。

尽管幕友属于私人聘请，因为是替官员分担公务，所以朝廷对这一用人方式并未制止，反倒认可、注册登记，对立功者授以官职。《清史稿》卷一百零九《选举志四·荐擢条》载道：“征辟幕僚，雍正元年诏吏部，嗣后督抚所延幕宾，将姓名具奏，称职者题部议叙，授之职位，以示砥砺。乾隆元年，侍郎吴应棻以鼓励贤才，请立劝惩之法。康熙时，布衣陈潢佐靳辅治河，特赐佥事道衔。雍正时，方观承为定边大将军平郡王记室，以布衣召见，赐中书衔。乾、嘉间，名臣如王杰、严如煜、林则徐辈，皆先佐幕而后通籍。”② 史书记载的这些人都是名噪一时的名幕，还有更多默默无闻的州县幕友则不为人注意。今人有略做过统计者，说清代县、州、府、省各个地方衙门及朝廷六部、大理寺、理藩院、詹事府、都察院等中央机关，如果按每个衙门请四个幕友计算，全国的幕友总数就有一两万人之多，形成一个不亚于正式官僚队伍的庞大群体。③ 这个群体中，大部分是没有功名的读书人。由此可知，进衙门当幕友是当时读书人的一条谋生途径。

读书人做幕友旨在分担公务，使读书人有意识地增强自身的吏才、治才，而不是诗文才能，这是区别晚明山人的一面。由此产生了专门的“幕学”——在进入官府衙门之前，读书人先拜师学艺，

---

① 汪辉祖：《佐治药言》“办事勿分畛域”条，14页，沈阳，辽宁教育出版社，1998。

② 赵尔巽等：《清史稿》卷一百零九《选举志四》，3 192页，北京，中华书局，1977。

③ 郭建：《绍兴师爷》，2页，上海，上海古籍出版社，1995。

掌握了相应的专业技能，方可能被人聘请，成为幕友。另一方面，官员礼重幕友，当然不是出于戚谊，而是幕友在公务上能替他们分忧解难：“官与幕客，非尽乡里之戚，非有亲故之欢，厚廪而宾礼之，什伯于乡里、亲故，谓职守之所系，倚为左右手也。”① 做幕友的读书人中，有的精通刑律，有的熟悉财赋，有的擅长各种公文写作，等等。总的来说，他们不是以诗文名气被延请，但其中也不乏词采灿然者，如蒲松龄；又不乏善于斟酌字句的人，如马家鼎，他将上呈疏文中的“屡战屡败”改为“屡败屡战”，一时传为佳话。

虽然活跃于各级衙门里的幕友各司其事，不全是以文见长，但须特别注意官府呈文，即便是日常事务的禀报也要非常谨慎，避免有失体统或出现纰漏，如汪辉祖所说：“凡留意人才之上官，往往于禀揭审视疏密，虽报雨、请安，各禀亦不可不慎。蒙头盖面之文，土饭尘羹之语，最易取厌，尽汰为佳。”② 这是笔者为什么把入衙门做幕友看成是文人治生的途径之一，并进行探讨的原因。

未能及第的读书人为何纷纷去做幕友？原因很多，首先是家贫，希望借此来养家糊口，如，龚未斋认为：“所谓幕者，乃家无负郭之田，而有兄弟之养，菽水无资，饘粥不继，读书无成，困穷之至，不得已而以幕救贫也。”③ 龚未斋的话道出了贫寒者做幕友的动因。汪辉祖的经历很能说明这一点，他 11 岁父亲过世，由母亲抚养长大，17 岁中秀才，因家境贫寒无力继续参加科考，23 岁时只好跟着亲戚作书启幕友，以后专习刑名，时间长达 34 年。常年游幕，他有自己的苦衷：“古也有志，俭以养廉。吾辈游幕之士，家果素封，必不忍去父母，离妻子，寄人篱下，卖文之钱事畜（蓄）资焉。”④ 读书人家贫，一时找不到出路，只得去父母，离

① 汪辉祖：《佐治药言》“尽心”条，1 页，沈阳，辽宁教育出版社，1998。

② 汪辉祖：《学治臆说》卷上“禀揭宜委曲显明”条，47 页，沈阳，辽宁教育出版社，1998。

③ 龚未斋：《雪鸿轩尺牍》第十五类《答韫芳六弟》，360 页，长沙，湖南文艺出版社，1987。

④ 汪辉祖：《佐治药言》“俭用”条，4 页，沈阳，辽宁教育出版社，1998。

妻子，四处游幕。

其次，最重要的一点是做幕友可以获厚利，其他途径远比不上此。汪祖辉说："吾辈从事于幕者，类皆章句之儒。为童子师，岁脩不过数十金，幕脩所入，或数倍焉，或十数倍焉，未有不给于用者。"① 读书人中举前，常走的另外一条谋生途径是做塾师，但收入远少于做幕友。除汪祖辉明确提到外，又可从《儒林外史》的描述中得到印证：六十多岁还未进学的周进教授生徒，"每年馆金十二两银子，每日二分银子在和尚处代饭"，照这样计算，扣除六钱银子的伙食费后，他每月只有四钱银子零用。进衙门做幕友情况就大不一样了，小说第二十七回写倪廷珠找到失散多年的弟弟时，说了一番话："我自从二十多岁的时候就学会了幕道，在各衙门里做馆。……幸亏遭际了这位姬大人，宾主相得，每年送我束脩一千两银子。那几年在山东，今年调在苏州来做巡抚，这是故乡了，我所以着紧来找贤弟。"事后拿出一千两银子，给弟弟买了房子，余下的作为做买卖的本钱。周进坐馆一年的收入才十几两银子，倪廷珠充幕一年则有束脩一千两，两者的差距由此可看出来。

进衙门充当幕友，除了可以解决生计问题、获得厚利外，另一吸引人处是可以一边从幕，一边应举，由"佐治"变为"主治"。因为在衙门中所接触的许多东西与科考内容有一定的联系，如刑律、赋税条例是要考的科目，而做阅卷幕友待遇虽然不高，却是见习八股文的一个好机会，做书启、章奏等幕友既可以增长见识又可以锻炼实际的写作能力。正是存在这些有利的方面，所以功名未就的读书人趋之若鹜，汪辉祖谈及个人体会时说："吾辈以图名未就，转而治生，惟习幕一途，与读书为近，故从事者多。"②

读书人通过做幕友这一方式，获得治生的资财或者习文应考，

---

① 汪辉祖：《佐治药言》"自处宜洁"条、"范家"条，3页，沈阳，辽宁教育出版社，1998。

② 汪辉祖：《佐治药言》"勿轻令人习幕"条，14页，沈阳，辽宁教育出版社，1998。

都是社会所认可的行为，其他如人情托请、因功受赏、巧以渔利甚至敲诈勒索等个别人的陋规恶习则不必细说了。从所列举的材料和分析的内容来看，做幕友虽然对文人的创作不会有直接的帮助，对于解决生计问题，却不失为一条较好的途径。

二、“砚田食力”的李渔

说到清代文人以文治生，李渔（1611—约1679，浙江兰溪人）是一个绕不开的人物。一方面，他像晚明文人一样以诗文干谒公卿；另一方面，他撰写小说、戏曲，编印、销售文稿，制作文化用品，又带着家庭剧团四处“打抽丰”。在与友人的信中，李渔交代了家境及自己的谋生途径：“仆无八口应有之田，而张口受餐者五倍其数；即有可卖之文，然今日买文之家，有能奉金百斤，以买《长门》一赋，如陈皇后之于司马相如者乎？子必曰无之。然则卖文之钱，亦可屈指而数计矣！以四十口而仰食于一身，是以一桑之叶，饲百筐之蚕，日生夜长，其何能给？牛山之筏，不若是其酷矣！”① 这种贫困是相对而言的，李渔在杭州和南京先后买过地、建过房，在南京开了间书肆，生意十分红火。康熙元年（1662），五十多岁的他尚写诗自称：“水足砚田堪食力，门开书肆绝穿窬。”② 可见生活状况不至于太差。针对李渔的生平经历，后人给了他多种封号，如小说家、戏曲家、书坊主、编辑家、文化商人等。这些称呼印证了他以文治生的事实。

李渔以文治生，之所以取得成功，主要源于他出众的艺术才华和商业技能，同时也离不开当时特定的社会环境。李渔年轻时热衷科举，中过秀才，两次乡试均因闻警而返，此后明清易代，于是未再应试，但也没有继承父辈经商的传统，而是结合自身喜爱小说戏

① 李渔：《笠翁一家言文集》卷三《上都门故人述旧状书》，224页，杭州，浙江古籍出版社，1992。

② 李渔：《笠翁一家言诗词集》卷二《癸卯元日》，181页，杭州，浙江古籍出版社，1992。

曲的兴趣，走上了专门以文治生的道路。李渔一生的活动范围主要集中在吴越地区，那里自明中叶以来商业活动就一直非常繁盛，是昆曲发源和繁荣之地，市民阶层和富贵家庭都有听曲看戏、读闲书的生活习惯，像李渔说的那样："今人喜读闲书，购新剧者十人而九"①；"近日人情喜读闲书，畏听庄论"②。由于存在巨大的文化消费市场，所以给靠演出谋利的艺人和创作小说戏曲的文人提供了治生的机会。

为了养活一大家人，李渔带着家庭剧团四处干谒，上演自编的戏曲，获得了权贵们的认可并收到了丰厚的馈赠；同时他撰写的小说和剧本，在社会上也受到极大的欢迎。如，《意中缘》第二十八出《诳姻》，有题名为"禾中女史"的批语曰："即使万人观场，看到此处，未有一人不叫绝者。笠翁作词，真是千古绝技。"③当友人索要《风筝误》的本子时，他写信答说："《风筝误》行笥偶乏，无以应命。此曲浪播人间几二十载，其刻本无地无之。台翁索此为贽，岂欲售白豕于河东耶?"④这些材料表明，李渔以文谋利的活动，取得了巨大成功，这种成功跟他个人的艺术才情、创作动机、审美倾向等不无关系。概括地说，李渔的小说、戏曲创作活动与一般文人的发愤著书或自娱自乐不同，他是出于养家糊口的需要，因而注意力主要集中在观众、读者的接受和反应上，以及它们可能带来的经济收益上，这使得他的作品无论是在内容还是在艺术风格上，都表现出与众不同的特点。

那么，李渔的作品究竟有什么特色呢？或者说他在创作时有意识地在追求什么呢？可以从三方面来分析：

一是题材的世俗性。综观李渔编撰的小说和戏曲作品，几乎不

---

① 李渔：《笠翁一家言文集》卷三《与徐冶公二札》（其二），232页，杭州，浙江古籍出版社，1992。

② 李渔：《闲情偶寄》"凡例"，4页，杭州，浙江古籍出版社，2000。

③ 李渔：《李渔全集》第十二卷上，411页，杭州，浙江古籍出版社，1992。

④ 李渔：《笠翁一家言文集》卷二《答陈蕊仙》，176页，杭州，浙江古籍出版社，1992。

涉及社会重大事件，所写多为日常生活中的家居琐事，如男女爱情、妻妾之争、经商风波、惩治妒妻、儿孙不孝以及赌博、宿妓等，而故事中的主人公，也不是那些高高在上的帝王将相、英雄豪杰，而是一些平民百姓，如妓女、村妇、赌徒、戏子、商贩、奴仆等。这样做的目的显然是为了激发大众的兴趣，缩短与读者之间的距离。有人对李渔的戏曲与小说篇目进行过统计，除去内容雷同的几篇外，共计31篇，大多为描写性爱之作。其中性爱类共22篇，约占作品总篇幅的70%，其他包括发迹变泰类2篇、灵异类2篇、义仆类2篇、浪子回头类1篇、归隐类2篇，占总篇目的30%。① 尽管创作重点放在情爱、发迹等一些生活常事上，但李渔能匠心独运，将它们处理得冲突不断、高潮迭起，从而收到引人入胜的艺术效果。

二是审美倾向的娱乐性。李渔从事小说、戏曲创作，非常重视它们的娱乐功用，《风筝误》结尾用的收场诗，很能代表他的创作宗旨："传奇原为消愁设，费尽杖头歌一阙。何事将钱买哭声，反令变喜成悲咽。惟我填词不卖愁，一夫不笑是吾忧。举世尽成弥勒佛，度人秃笔始堪投。"一般说来，市井小民或达官贵人看戏、读小说，在很大程度上是为了消遣闲暇，而不是为了认识生活或社会的某些本质。李渔抓住这一点，在故事中尽力营造诙谐、调笑气氛，进而均以"大团圆"作结局，均表明他是有意识地以娱乐大众作为创作指向。

三是重视情节结构的设置和语言的通俗化。为了避免剧本只能在少数人中间流传而不适合舞台演出和大众阅读的毛病，李渔做了许多有益的尝试，如重视结构，注重新奇机趣，主张自然真实、戒忌荒唐等。对于语言通俗化的认识与推崇，更是别具手眼，说"传奇不比文章，文章做与读书人看，故不怪其深，戏文做与读书人与不读书人同看，又与不读书之妇人小儿同看，故贵浅不贵深"②。李渔提倡并实践的这些观点，旨在吸引更多的观众和读者，

① 张成全：《李渔作品的商品化倾向》，《殷都学刊》，1996（1）：28～31。
② 李渔：《闲情偶寄》卷一，25页，杭州，浙江古籍出版社，2000。

使戏曲走向大众。他说的虽然是戏曲创作，同样也适用于小说创作，因为他常将两者相互改编。

从李渔的作品内容与艺术特色以及他所提倡的理论和实践来看，我们很容易发现一个有趣的事实，即他与传统文人存在明显的不同，李渔的创作是以读者为中心，重在考虑他们的兴趣爱好和接受水平，而传统文人多以自我为中心，这显然跟李渔“砚田食力”的谋生方式有关。

除了自撰作品外，李渔又编辑、梓印过不少书籍，如《尺牍初征》、《尺牍二征》、《古今尺牍大全》、《名词选胜》、《名词类隽》、《四六初征》、《资治新书》初集、《资治新书》二集、《千古奇闻》、《古今史略》等。编书时，李渔能针对不同文化层次的读者进行设计，做到社会效益和经济效益兼顾，如：《千古奇闻》是为妇女编辑的一部通俗读物；《资治新书》是可读性很强的名宦案牍；《尺牍初征》则是李渔运用个人名气和官场上的人际关系，搜集了当时文坛领袖人物如钱谦益、吴伟业、龚鼎孳等人的书信。

另外，如果从图书销售的角度去考察，李渔从事编辑、出版业很有自己的诀窍：第一很会做广告，这主要是预告。当一部书稿脱手梓行时，他往往会预告与此书稿相关的另一部书稿即将问世，李渔又喜欢将自己的小说改编成传奇剧本，如《无声戏》第一、二回回目下就有“此回有传奇即出”、“此回有传奇嗣出”字样，《闲情偶记》曾被称为“笠翁秘书第一种”，此书翼圣堂初版扉页上便印上“笠翁秘书第一种，第二种《一家言》即出”字样，其他如《古今尺牍大全》、《名词选胜》等印行时，也都有类似的广告。第二是他的著作和编撰绝大部分请人写评点，或是序跋。第三是他创作的小说戏曲作品都附有插图，有的还在插图上栏或背后印有当时名流手书的墨迹，内容多半是作品中一两句较为精彩的话，图文并茂，意在吸引更多的读者购买。① 这表明，作为文人的同时，李渔

① 钟明奇：《李渔：一个有作为的书坊主与编辑家》，《复旦学报》，1995（4）：95。

兼具商人的精明干练，使他的以文谋生活动融入了许多商业意识。

最后要提及的是李渔制作的文化用品。据《闲情偶寄》记载，李渔曾自行设计、印制过一种精美的韵事笺、织锦笺，《器玩部》“笺简”条写道：“我能肖诸物之形似为笺，则笺上所列，皆题诗作字之料也。还其固有，绝其本无，悉是眼前韵事，何用他求？已命奚奴逐款制就，售之坊间，得钱付梓人，仍备剞劂之用，是此后生生不已，其新人见闻，快人挥洒之事，正未有艾。……已经制就者，有韵事笺八种，织锦笺十种。韵事者何？题石、题轴、便面、书卷、剖竹、雪蕉、卷子、册子是也。锦纹十种，则尽仿回文织锦之义，满幅皆锦，止留縠纹缺处代人作书，书成之后，与织就之回文无异。十种锦纹各别，作书之地亦不雷同。惨淡经营，事难缕述，海内名贤欲得者，倩人向金陵购之。是集内种种新式，未能悉走寰中，借此一端，以陈大概。”① 这一段话中，李渔交代了制作简笺的辛苦过程及其与众不同之处，顺便也为自己的书肆做了一次广告。

对于私自翻刻、盗印自己作品的行为，李渔非常愤怒，斥责说：“倘仍有垄断之豪，或照式刊行，或增减一二，或稍变其形，即以他人之功冒为己有，食其利而抹煞其名者，此即中山狼之流亚也。当随所在之官司而控告焉，伏望主持公道。至于倚富恃强，翻刻湖上笠翁之书者，六合以内，不知凡几。我耕彼食，情何以堪？誓当决一死战，布告当事，即以是集为先声。”② 作品被仿行、翻刻，一方面反映了当时市场的不规范，另一方面也说明李渔的作品及其文化制品非常受人欢迎，市面上很热销。

综上所述我们可以看出，家无半亩田的李渔，凭着自己的一支笔和出色的文化经营能力，“砚田食力”取得了极大的成功，不仅为当时的民众提供了大量的文娱作品，也为后人留下了丰富的文学硕果。当然，也不是所有人都认可和接受这一事实，如黄启泰在《词贡闲评》中就对李渔及其著述大加指责，说：“李渔一生著作，

①② 李渔：《闲情偶寄》卷四，212～213页，杭州，浙江古籍出版社，2000。

绝少雅间。非惟不容附庸妆点也，即所刻《一家言》，备极猥琐错杂，龌龊芜秽，以缙绅盛会，而侈谈床笫狎亵之事。自问居何人品，而彼竟津津乐道，昌言无忌。此真衣冠之败类，名教之妖凶。坊间有此板，地方官亟宜追搜劈毁，勿污人目，勿落人心，庶足以振颓风而挽恶俗。左文襄严禁流传，非无见也。词曲至李渔，猥亵不太极矣。”① 这说明，由于各人所执的评价标准不一样，再加上作家作品本身也存在某些方面的不足，引来异议和指责是难免的，不过我们在对文人及其创作进行评价时要综合考虑，分清主要的和次要的，毕竟瑕不掩瑜，李渔及其作品应当属于这种情况。

第二节 文人以文治生的几点困惑

本书对古代文人因文获利或以文谋生的情况进行了简单梳理，旨在论述明代中后期布衣文人如何恃文治生及此类诗文的主要内容和艺术风格，既从群体的角度探讨了这一类文人的存在基础、来历、特点、谋生途径、心态及其笔耕形式，又从个案出发，选择了两个有代表性的文人进行了具体分析。在本论行将结束时，仍有一些问题让人感到困惑，由于这些内容不是本论讨论的重点或笔者一时还不能集中笔力去寻求具体的答案，因而在此提出来，留待日后探讨或作抛砖引玉之用。

一是学校教育与读书士子的出路问题。古代的官办学校，主要目的是培养治理国家的人才及其后备人员，授习与考试的内容重在圣贤经典和名家诗文，从这种教育模式里走出来的读书人多表现为擅长字句的文人。文人的数量多了，通过考试、荐举、捐纳等入仕途径的一番激烈竞争后，淘汰下来的人数自然不是一个小数目。在这些人当中，除了一部分家果素丰、靠祖上积财过日子以及家境不佳但文名很盛、可以恃才谋生的人外，另有许多不知名的读书人

① 李渔：《李渔全集》第十二卷上，黄启太《词贡闲评》，318 页，杭州，浙江古籍出版社，1992。

（其中自然包括能文之士），他们如何维持生计？《儒林外史》中穷秀才倪霜峰的遭遇，就是一个耐人寻味的例子，他以“修补乐器”作为谋生手段，四处觅食，当有人问：“我看老爹像个斯文人，因甚做这修补乐器的事？”他答说：“我从二十岁进学，到而今做了三十七年的秀才。就坏在读了这几句死书，拿不得轻，负不得重，一日穷似一日，儿女又多，只得借这手艺糊口，原是没奈何的事！”虽是小说中的人物和事件，但在现实生活中这种人肯定存在，明清文人笔记中多有记载一些算命相面、行医卖药的江湖游士可做佐证。倪霜峰说到的“拿不得轻，负不得重”，应当是常年求举而不遇的读书人的形象写照，因为当时的学校教育不可能让他们在书本上学得一技之长来谋生，再加上社会也没发展到需要通过教育来培养大量有专业技能的劳动者的程度，所以部分读书人或是文人跌入贫困、落魄者的行列为不可避免，他们的种种谋生渠道是什么呢？

二是以文治生与社会环境的制约问题。文人都是在特定的社会环境中生存的，除了各朝共有的科举、荐举途径为他们提供正当的出路外，不同朝代的政治、经济、文化政策上的差异也会影响到他们的谋生途径。譬如，南宋的江湖诗人向王公贵人献诗献词获得馈遗，晚明文人以诗文之才供役于藩府戎幕或者在市井为人笔耕而换得衣食之资，文人的这些活动离不开社会因素的支撑——作文受谢或为官方公认，或由上至下形成了诗文消费的风气，文人的笔耕谋利能够顺利实现尤其少不了市民阶层的发展壮大和他们的文化消费需求，这些因素一旦减弱甚至消失，自然会影响文人的获利治生，如王士禛介绍清初的作文受谢情况时，说：“王禹玉作《庞颖公神道碑》，其家润笔，参以古书名画三十种，中有唐杜荀鹤及第试卷。予生平为人家作碑版文字多矣，惟安德李氏以杨孟载手书《眉庵集》一部相饷耳。宋时至有督润笔者，不以为非。唐白乐天与元微之至交，白作元志铭，润笔亦至五六十万。今则谀墓之金殆绝响矣。”① “今则谀墓之金殆绝响矣”，是不是促使传统文人由诗文而转向通俗文学诸如小说、戏曲创作而谋利的一个因素？再者，明代中后期一直处于发展势头的商品经济在清代遭抑制，是否使市民队伍萎缩而影响到文人以文治生呢？

环境因素的制约问题，似乎又体现为不同地域的文人在具体谋生方式上的差异。根据本书后面附录的“文人传记及以文治生资料摘抄”反映的情况可以发现，位于吴越地区以文谋生的人数明显多于其他地方，且市井佃文现象也主要发生在这两个地方及其文人身上，而卖文谋生的事很少出现在其他地域。这是否说明文人以文谋生的机会与一地的经济发展、商品意识、文化积淀、人口密度等因素存在正比例的关系？

三是文人才情与读者需求的对接问题。一般说来，传统文人创作追求“个性”，民间艺人创作讲求“大众性”，两者在创作指向上的差异大概源于各自所针对的接受对象不同，前者主要在文人圈子，后者为广大市民。文人若想更顺利地实现以文治生，是否应该努力做到将“个性”与“大众性”有机地结合起来，即把自身的文学创作重点放在满足大众的文化需求上？徐渭和陈继儒两人生前一寂寞一热闹的情形，大概与这种因素存在着某种联系，李渔是明显地把个人才情跟市民的需求很好地统一起来了，可是他从事的主要是俗文学创作，偏重的是“大众性”。但文人如果过于重视或者是迎合大众的文化需要，是否会影响到文人和文学作品的品格呢？

谈到文化需求，又涉及市民对不同文学体裁的接受问题。与注重抒情言志的传统诗文相比，市民显然更喜爱娱乐性很强的小说、戏曲，如叶盛在《水东日记》中所描绘的那样：“今书坊相传射利之徒伪为小说杂书，南人喜谈如汉小王光武、蔡伯喈邕、杨六使文广，北人喜谈如继母大贤等事甚多。农工商贩，钞写绘画，家（蓄）而人有之；痴骇女妇，尤所酷好，好事者因目为女通鉴，有以也。甚者晋王休征、宁吕文穆、王龟龄诸名贤，至百态诬饰，作

① 王士禛：《香祖笔记》卷十一，215页，上海，上海古籍出版社，1982。

为戏剧，以为佐酒乐客之具。有官者不以为禁，士大夫不以为非；或者以为警世之为，而忍为推波助澜者，亦有之矣。”① 文人的作品要想变为谋生的工具，成为商品以争取在更大的范围内被关注和接受，按理该选择读者所喜爱的文学样式。当代社会，诗词、散文的发行和销售范围日渐萎缩，是不是可作为这一事实的注脚？

其他如以文治生与刻印的物质技术之间的关系、文人因文获利与其他收入来源在数量上的大小比例、被聘入藩府戎幕的文人具体待遇如何等问题，都应该去关注，但由于缺乏材料或没有列为论述的主要内容，暂时只能以困惑存之，愿日后有机会能更深入地进行研究。

① 叶盛：《水东日记》卷二十一“小说戏文”条，213～214页，北京，中华书局，1981。

附录：文人传记及以文治生资料摘抄

陈　昂：字云仲，福建莆田人。有《白云先生集》。

无所依，仍卖卜秦淮，或自榜片纸于扉，为人佣作诗文。其巷中人，有小小庆吊，持百钱斗米与之，辄随所求以应。无，则又卖卜，或杂以织屦。……一扉之内，席床缶灶，败纸退笔，错处其中。检其诗诵之，是时古度虽年少，颇晓其大意，称之。每称其一诗，辄反面向，流涕悲咽，至于失声。其后过门，辄袖饼饵食之，辄喜，复出其诗，泣如前。居数年，竟穷以死。

——钟惺《隐秀轩集》卷二十二《白云先生传》，335 页，上海，上海古籍出版社，1992。

陈　淳：字道复，后以字行，字复父，吴人。

君僻处江湖，而词翰绘之妙，片楮尺缣，人争购之。求请者日趋，姚江帆楫相望也，食客每数十辈不为倦。守令部部使诸邀迎，非往复数四不入城，即入亦偏舟野泊，信宿而返。

——张寰《白阳先生墓志铭》，《陈白阳集》后附录，《四库全书存目丛书》集部 146 册，89 页，济南，齐鲁书社，1997。

陈继儒：字仲醇，松江华亭（今上海松江区）人。有《眉公全集》。

府君自少垂老，取资于秃管残煤。子弟得糈悉以奉亲，不知谁为生活。大父所遗，无中人产，俱逊先叔，无染指而且为之赡养，婚嫁存殁如一日。中年自小昆、天马、细林、东佘、凤皇，拮据凡五峰，墓田不及半，倾至荒丘瘠壤，岁输动以百计。西归之顷，私语："藏无饼金，自外惟遗编万卷，落落山庐，而催残已过半矣。"盖卖文之外，绝妄渔，愧于请，交大游广，时与山水花木作缘。

——陈梦莲等《眉公府君年谱》前附，《年谱丛刊》第53册，380~381页，北京，北京图书出版社，1999。

四方贽文者履满户外，未尝冗倦倩鄙，必欲摹写神情，大会款曲。方握管，命草草成矣，于发潜阐幽未畅厥旨，丙夜篝灯帏幕中，屡加改窜，肖其为人而后上，亦必寓规讽忠厚之意，不忍以卮词绮语欺塞也。

——陈梦莲等《眉公府君年谱》卷后，《年谱丛刊》第53册，495~496页，北京，北京图书出版社，1999。

字仲醇，华亭人。少为高才生，与董玄宰、王辰玉齐名。年未三十，取儒衣冠焚弃之，与徐生益孙，结隐于小昆山。仲醇为人，重然诺，饶智略，精心深衷，妙得老子阴符之学。娄东四王公雅重仲醇，两家子弟如云，争与仲醇为友，惟恐不得当也。玄宰久居词馆，书画妙天下，推醇不去口。海内以为董公所推也，咸归仲醇。而仲醇又能延招吴越间穷儒老宿隐约饥寒者，使之寻章摘句，族分部居，刺取其琐言僻事，荟蕞成书，流传远迩。款启寡闻者，争购为枕中之秘。于是眉公之名，倾动寰宇。远而夷酋土司，咸丐其词章，近而酒楼茶馆，悉悬其画像，甚至穷乡小邑，鬻粔籹市盐豉者，胥被以眉公之名，无得免焉。直指使者行部，荐举无虚牍，天子亦闻其名，屡奉诏征用。年八十余，卒于茶山之精舍。

——钱谦益《列朝诗集小传》丁集下"陈征士继儒"条，637~638页，上海，上海古籍出版社，1983。

何　白：字无咎，浙江永嘉人。有《汲古堂集》。

不肖自淝水归，偃息衡庐，日苦里中属以笔札之役，称尔愆期，则呵让随之。复有代作声律笺记以干时者，乃于想象佞容，仿佛媚骨，拂情亏质，心目为碎，芜秽日甚，而本根尽拔矣。

——何白《汲古堂集》卷二十七《李本宁太史》，《四库禁毁书丛刊》集部177册，357页，北京，北京出版社，2000。

卢　柟：字少楩，河南浚县人。有《蠛蠓集》。

卢柟，字少楩，一字子木，大名浚人也。其先世业农，获则什一而息之，故以赀雄于乡。柟少负才，敏甚。读书一再过，终身不忘。父为入赀太学上舍，数应乡试，罢免，归。柟才高，好古文辞，不能颊而就绳墨为博士诸生业，以故试辄不利，而声称奕奕，在荐绅间著也。柟为人跅弛，不问治生产。……谢榛先生方留滞邺，柟走谒之。因上赋赵王，赵王览而奇其文，立召见，赐金百镒，于是诸王人人更置邸延柟，柟则称客坐右。坐握麈尾，辨说挥霍，数百千万言，风雨集而江波流也。鸣毫飒飒，倏忽而为辞若赋，各得以意去。

——王世贞《弇州四部稿》卷八十三《卢柟传》，《四库全书》集部1 280册，371～374页，台北，台湾商务印书馆，1985。

吕时臣：字中甫，浙江鄞县人。有《甬东山人集》。

山人客衡藩。衡庄王尝起高楼眺远，遍召一时名士。时日景既夕，疏星尚微，王与客东望凭栏。已而月光渐上，遍照四座，王甚欢，因命曰"待月楼"。座客赋诗以进，王未善也。时山人最年少下座，徐进一断句曰："川原夕气交，暝色自相向。月犹藏海底，人已坐楼上。"王大喜，谓能得待字义。因手觞延山人上座，遍示诸客。山人遂一日名重。晚客藩，藩宣王礼之，亚于榛。

——《甬上旧集》，引自陈田辑《明诗纪事》己签卷二十"吕时臣"条，2 201页，上海，上海古籍出版社，1993。

早岁称诗，先于沈嘉则，避仇远游，历齐、梁、燕、赵间十年，客食诸王门下。旅寓章丘，与李伯华论诗词，伯华曰："诗必唐，词必元。"在章历三时，诗词大变，至青州客衡藩，衡庄王爱其诗，刻为《甬东野人稿》。晚客沈藩，沈宣王礼之，亚于谢榛。年七十客死河南涉县。鲁王孙中立序其诗曰："山人鹤骨癯癯，若出衣表，贞介廉洁，不妄交，不苟取，故为诸王侯所重。"

——钱谦益《列朝诗集小传》丁集中"吕山人时臣"条，497

页，上海，上海古籍出版社，1983。

潘　纬：字仲文，一字象安，安徽歙县人。

淮南李文定公闻其才行，延以币使，三返乃往，往则特布衣交，命子兄事之。朝夕游无厌，少别则陨涕。

——潘纬《潘象安诗集》卷首《潘少逸先生传》，《四库全书存目丛书》集部189册，258页，济南，齐鲁书社，1997。

垂髫能诗，家于白岳之下，隐居诵读，不妄交与。兴化李文定公在政地，延致门下凡十年，萧然布素，无所干谒。

——钱谦益《列朝诗集小传》丁集中“潘舍人纬”条，503～504页，上海，上海古籍出版社，1983。

钱希言：字简栖，吴（今江苏苏州）人。有《戏瑕》。

少遇家难，辟地之吴门，博览好学，刻意为声诗。王百谷见其诗曰：“后来第一流也。”力为延誉，遂有声诸公间。薄游浙东、荆南、豫章，屠长卿、汤若士诸公皆称之，自以为秦川贵公子，不屑持行卷饰竿牍，追风望尘，仆仆于贵人之门，而又不能无所地干谒，稍不当间，矢口嫚骂，甚或形之笔牍，多所诋谌，人争苦而避之。以是游道益困。卒以穷死。

——钱谦益《列朝诗集小传》丁集中“钱山人希言”条，632～633页，上海，上海古籍出版社，1983。

沈明臣：字嘉则，浙江鄞县人。有《丰对楼集》。

少为博士弟子，数奇不偶。胡少保宗宪督师平倭，偕徐渭文长辟置幕府，少保豁达好士，微有酒失，善嫚骂，嘉则岳岳不少阿唯，少保遥望见为起立。尝宴将士烂柯山上，酒酣乐作，请为铙歌十章，援笔立就，酾酒高吟，至“狭巷短兵相接处，杀人如草不闻声。”少保起捋其须曰：“何物沈生，何快乃尔！”命刻石置山上。少保死请室中，嘉则走哭墓下，持所为诔，遍告士大夫，颂其冤状。已而挟策走湖海，往来吴、楚、闽、粤间，年七十余死于里中。

——钱谦益《列朝诗集小传》丁集中“沈记室明臣”条，496页，上海，上海古籍出版社，1983。

宋登春：字应元，河北新河人。有《鹅池生集》。

生尝至江陵，故辽王奇其诗，召谒便殿，语不合，一夕遁去。去数年复来，是时吴人徐某为荆州过，自往物色之。明日戴紫箨冠，衣皂缯衫报谒，据守上座。守为生授室城中。

——徐学谟《徐氏海隅集》卷十五《鹅池生传》，《四库全书存目丛书》集部124册，576页，济南，齐鲁书社，1997。

王叔承：字承父，吴江（今江苏吴江）人。有《吴越游》、《闽游》、《楚游》、《岳游》诸集。

昆仑山人者，王姓，初名光胤，字叔承，以字行遂更字承甫，尝慕昆仑山在西大荒称天柱，因自号“昆仑山人”。……从伯氏受博士家言，为时业斐然矣，而心厌薄之，窃蹋处治古文辞。伯氏见而骂曰：“县官开古文辞科者？乌头白矣。”山人短不能六尺，方颀秀眉目，肥白如瓠，性资绝颖异，过目辄成诵，而终不能帖帖于博士家言。其试有司亦诎，而好酒复好游，……贫甚不能婚，赘钱翁女，又以不能骫骳事钱翁若媪，携其妇出，钱翁怒之，不予一钱。山人仰天笑曰：“彼岂以我秦赘耶。”乃益治古文辞。山人之于古文辞，亦不帖帖模仿，先则含茹渟滀，溢而后决之，大或千言，小者数语，奇隽叠出，前茅所指，亡不魄夺草靡。山人名渐籍籍而贫益甚，又以家中倭，他徙。客有商生，少年善游，与山人谋曰：“吾闻赵王贤而好客，诸王子仪之，三台之傍，朱邸鳞栉，皆幸舍也。我曹可以弹铗乎？”乃治装，偕与之邺。而邺时有客谢榛、郑若庸，皆以文重于王，郑叟于山人有乡曲，好为稍稍揄扬之。诸王子间以牢醴先山人。而山人司知二君虽重客，然见必蒲伏称主臣，叹曰：“屈吾膝而奉吾口腹，何策?”……山人为兴化相君所物色，授以格，君谢弗能，第为草游仙数章，天子览而异之。相君大重山人，延之直所，得纵观上林太液宫阙池岛花木禁苑之胜，为汉宫数十曲，稍稍闻。中贵人相惊，谓何物客能丽语若此，争遗之尚方法酒。而山人间行谒王太史元驭，太史性耿介，不食酒，顾独与山人善，往往倾家酝盛馔以羞山人，不醉饱不已。相君迫应制，使使四出，纵迹山人，不得。至则以醉，踉跄前嗡呓不辨。相君乃使其所善风之，曰："生幸减纵游，使我不虞缓急，即一官千金，胡难？"山人摇首曰："相君骙，欲以富贵縻国士？"相君乃谢山人曰："负上思，不能遽归从山人游，请俟异日。"于是山人益为落魄。……

——王世贞《弇州四部续稿》卷七十四《昆仑山人传》，《四库全书》集部1283册，94～95页，台北，台湾商务印书馆，1985。

王　寅：字仲房，安徽歙县人。有《十岳山人集》。

少年俶傥自负，具文武才，以高才为诸生祭酒，辄弃去不顾，北走大梁，问诗于李献吉，不遇。闻少林僧扁囤习兵杖最精，则之少林，授其术，十得五六，归而尽破其产，辞家远游。南历海隅，北走沙漠，周游吴、楚、闽、越名山，求异人，冀得不死之药，然卒无验，而家益贫。海上用兵，客胡尚书督府，幕客率谄事督府，仲房岳岳，多所匡正，督府不能尽用，竟以败。

——钱谦益《列朝诗集小传》丁集中"十岳山人王寅"条，511页，上海，上海古籍出版社，1983。

王稚登：字百谷，江阴（今江苏江阴）人。有《晋陵》、《金昌》、《燕市》、《客越》、《竹箭》、《梅花什》、《松壇》诸集。

今天下以名归百谷，毋虑委输。然征言者以日至，问奇者以旬至，守相之干旌以月至，然而亡救于挫产也。即百谷之为文词，游思太古，以求征言之合。夜犹篝灯，嗫嚅不休。刿肺腑，黠唇吻，而后获天下名。

——王世贞《弇州四部续稿》卷三十八《赠王晴川六十序》，

《四库全书》集部1 282册，499页，台北，台湾商务印书馆，1985。

读书与著书日富，台使郡国长吏、四方之客，无贵贱贤愚，辐辏并进。学士欲行其诗若文者，非先生序不取，征自王公，下逮齐民；思显亲不朽者，非先生竹石金帛之篇不惬意；二氏欲兴其教、新其宫，官私有事于关梁道路若古胜迹者，非先生疏不檀施；法书名画、古鼎彝器与技能工巧、青楼歌舞依倚就声价者，非先生品题不踊贵；筐篚包匦上交私觌陈庶侈者，非先生手笔不为腆。故先生一日之内，临文十四，对客十六，而精神意气略无厌倦。人过吴中，或不见先生，则共嘲曰“俗子”，而闽粤间尊乡之尤甚，贩夫持先生八行尺幅归乡，乡人迫欲得之，酬善贾数倍。

——李维桢《大泌山房集》卷八十八《征君王百谷先生墓志铭》，《四库全书存目丛书》集部152册，544页，济南，齐鲁书社，1997。

吴　扩：字子充，昆山（今江苏昆山）人。有《长吟阁稿》、《贞素堂集》。

以布衣游缙绅间，玄冠白帢，吐音如钟，对客多自言游览武夷、匡庐、台宕诸胜地，朗诵其诗歌，听之者如在目中，故多乐与之游。入都门，游边塞，历太行群山。初夏抵辽阳，始见桃花，以为奇事。暮齿远涉，裹粮糒，蹑岭峤，风沙中日行百里，如壮夫。金陵盛仲交订其诗集行世，本朝布衣以诗名者，多封己自好，不轻出游人间，其挟诗卷、携竿牍，遨游缙绅，如晚宋所谓山人者，嘉靖间自子充始，在北方则谢茂秦、郑若庸，此后接迹如市人矣。嘉靖中，子充避倭乱，居金陵，爱秦淮一带水，造长吟阁居之。尝元日赋诗，奉怀分宜相公，人戏之曰：“开岁第一日，怀中朝第一官，做一日和尚撞一天钟吟到腊月三十日，岂能及我辈乎？”金陵人至今传以为笑云。

——钱谦益《列朝诗集小传》丁集上“吴山人扩”条，453～454页，上海，上海古籍出版社，1983。

谢　榛：字茂秦，山东临清人。有《四溟山人集》。

眇一目，喜通轻侠，度新声。年十六，作乐府商调，临德间少年皆歌之。已而折节读书，刻意为歌诗，遂以声律有闻于时。寓居邺下，赵康王宾礼之。嘉靖间，挟诗卷游长安，脱黎阳卢柟于狱，诸公皆多其谊，争与交驩。而是时济南李于鳞、吴郡王元美，结社燕市，茂秦以布衣执牛耳，诸人作五子诗，咸首茂秦，而于鳞次之。已而于鳞名益盛，茂秦与论文，颇相镌责，于鳞遗书绝交，元美诸人咸右于鳞，交口排茂秦，削其名于七子、五子之列。茂秦游道日广，秦、晋诸藩争延之，河南北皆称谢榛先生，诸人虽恶之，不能穷其所在也。赵康王薨，茂秦归东海，康王之曾孙复礼茂秦，为刻其全集。

——钱谦益《列朝诗集小传》丁集上“谢山人榛”条，423～424 页，上海，上海古籍出版社，1983。

徐　渭：字文长，山阴（今浙江绍兴）人。有《樱桃馆集》。

古人为文章，鲜有代人者。盖能文者非显则隐，显者贵，求之不得，况令其代？隐者高，得之无由，亦安能使之代？渭于文不幸若马耕耳，而处于不显不隐之间，故人得而代之。在渭亦不能避其代。又今制用时义，以故业举得官者，类不为古文词，即有为之者，而其所送赠贺启之礼，乃百倍于古，其势不得不取诸代，而代之者必士之微而非隐者也。故于代可以观人，可以考世。

——徐渭《徐渭集》，536 页，北京，中华书局，1983。

严　炜：字伯玉，常熟（今江苏常熟）人。有《沧浪集》、《蕹山草》。

伯玉始为祁阳王客，继入何云从、瞿起田幕中，晚移家隐粤西獞人洞。

——朱彝尊《静志居诗话》卷十九“严炜”条，596 页，北京，人民文学出版社，1998。

俞安期：字公临，吴江（今江苏吴江）人。有《翏翏集》。

字羡长，吴江人。徙阳羡，老于金陵。羡长巨目曷鼻，魁颜长身，状貌如河北伧父。与之谈，盱衡抵掌，意气勃如也。少客于龙君扬，受国士之遇。君扬被谴，入楚慰之。遣戍永安，又入豫章送之。与楚人丁元甫为意气之交。元甫殁，厚遇其子，海内归义焉。羡长尝以长律一百五十韵投赠王元美，元美为之倾倒。已而访汪伯玉于新安，访吴明卿于下雉，皆下结社，后门韦布，颇依诸公以起名。才气蜂涌，晚亦知厌薄其窠臼，而声调时时阑出，不能自禁。苏子瞻所谓如浙人语，终老带吴者也。

——钱谦益《列朝诗集小传》丁集下“俞山人安期”条，630页，上海，上海古籍出版社，1983。

俞允文：字仲蔚，昆山（今江苏昆山）人。有《真逸稿》。

先生讳允文，仲蔚其字也，昆山人。虽从师受经生业，顾好为古文辞，争读六季以前书，至十五而为鞍山赋，挖剔山事靡挂漏，而辞雅驯，绝不作时人语，其名固籍籍矣。补郡诸生，然先生用语古，试辄少利，又中更二太夫人变，仕念衰减。遂移书学使者，请以诸生老田里，固留之，不得也。家世窭薄，又性嗜书，不别治生，日以产挫。……所酬应赤札，顷刻数函，无凡笔，客去亦无报谒，其最后艺益高，名益重，神交者遍天下。诸以文请者不虚月，以诗请者不虚日，以草隶请者不虚刻，往往得意去。

——王兆云辑《皇明词林人物考》卷十一“俞仲蔚”条，《明代传记丛刊》第十七册，657页，台北，明文书局，1991。

乞诗索书者肩摩踵接，君一一应之，不以贵贱贫富有间，每挥毫构思，率以昏夜。能于烛下蝇头细书，了无错误，往往夜分乃罢。然以此耗神损血，遘一疾不起矣。

——俞仲蔚《仲蔚先生集》附录《明处士俞仲蔚先生行状》，《续修四库全书》集部1 354册，580页，上海，上海古籍出版社，2001。

郑若庸：字中伯，昆山（今江苏昆山）人。有《蛣蜣集》。

早岁以诗名吴下，赵康王闻其名，走币聘入邺，客王父子间，王父子亲逢迎接席，与交宾主之礼，于是海内游士，争担簦而之赵，以中伯与谢榛故也。中伯在邺，王为庀供张，予宫女及女乐数辈。中伯乃为著书；采掇古文，奇累千卷，名曰《类隽》。康王薨，去赵居清源，年八十余始卒。诗名《蛣蜣集》。又善度曲，有《玉玦传奇》行世，或曰，荥阳生其自寓也。

——钱谦益《列朝诗集小传》丁集中"郑山人若庸"条，498页，上海，上海古籍出版社，1983。

吴门郑君虚舟，少读书脩学，为庠校名士，性不喜习章程业，第肆力经史坟集，更博极秦汉诸家，吐词发藻，语辄惊世人。方以远大器君，君锢志韬晦，谢进取，闭门寂居，力昉古作述作。时之名卿大夫，若九宇樯毂之众，每乐购其文，日猝猝应之，不暇给。居久，之赵，国君聘之吴，君遂如赵。京师一二元公，又聘之赵，君复如京师，旋又复赵。后去赵，舍清泉，固樯毂之萃，名卿大夫拥处下上，购文者日益多，君又皆猝猝应之，余二十年。所其稿多散落，存者尚盈积箧笥。

——郑存仁《蛣蜣集序》，郑若庸《蛣蜣集》卷首，《四库全书存目丛书》集部143册，558页，济南，齐鲁书社，1997。

隐君少以文擅名吴中，自吴及旁郡缙绅家爱其文，争购之。至者，即操觚翰立应之，弗为拒，履日盈户。时余歙人尤多尚隐君，造者尝十五焉。未几，赴赵藩王之聘，结辙北行，凡购文不得隐君者，皆觖然自失也。更十年，隐君去赵居清源，卒业客赵时所著《类书》。歙人在清源者，又益众至，购文日无虚，或海宇缙绅知隐君，道清源，更造之，多以篇翰相属。故卒卒事应酬，不遑暇，又十年余兹矣。

——胡迪《刻蛣蜣集跋》，郑若庸《蛣蜣集》卷末，《四库全书存目丛书》集部143册，704页，济南，齐鲁书社，1997。

郑　琰：字翰卿，福建闽县（今闽侯县）人。有《二陬诗稿》。

字翰卿，闽县人。豪于布衣，任侠遨游闽中。词馆诸公争延致之，高文典册，多出其手。每闭阁不出听出，翰卿自笑曰："吾具有须眉，安能作三日新妇，悒悒闷死?"遂跳之金陵。新安富人吴生，延居幸舍，以上宾客礼之，翰卿醉辄唾骂主人，呼为钱虏。吴兴其兄构讼，疑翰卿泄其阴事，文致捕置京兆狱，竟瘐死狱中。

——钱谦益《列朝诗集小传》丁集中"郑布衣琰"条，530页，上海，上海古籍出版社，1983。

周　鼎：字伯器，浙江嘉善人。有《桐村疑舫斋》、《土苴集》。

周伯器往来吴中，常以文自卖。平生所作，盖将千篇，开卷视之，自初至终，非堂记则墓铭耳。甚至有庆寿哀挽之作，亦纵横其间。然伯器之才，特长于此。每为人作一篇，必有所得，多或银一两，少则钱一二百文耳。伯器每诺而许之，一日作数篇不竭，精粗间出，在乎得者遇之。然伯器稍举笔，便得成章，细字正书，虽趁草亦然，不见其劳也。

——杨循吉《苏谈》"桐村健文"条，清人王文濡辑《说库》，杭州，浙江古籍出版社，1986。

嘉禾周鼎，字伯器，颖敏伦绝。初为大司徒山阳金荣襄公幕下士。正统末，公从讨闽中寇，师次杭州，四明章文重幕伯器名，来谒公，曰："闻有周鼎者，愿与角。"公作南征诗百韵，进两生于前，为诵一过，问之，皆曰能记，遂各书一通上之，一字不遗。周曰："请从末句倒诵至前。"章谢曰："而今而后，知让君矣。"周以从征功为某县典吏，迂腐不任事，罢归。晚年，乘一小舟，遨游三吴，所至，持金币求诗文者甚众，卒籍此为生涯。又以衍余买田数百亩，家遂裕。尝修杭州志，年八十余，灯下书蝇头细字，界画乌阑，不折纸为范，信手与目，毫发不爽。

——江畬经编辑《历代小说笔记选》（金元明），47页，上海，上海书店，1983。

参考文献

一、论文

陈平原：《晚明小品谈略》，《中州学刊》，1995（4）。

钟明奇：《李渔：一个有作为的书坊主与编辑家》，《复旦学报》，1995（4）。

张成全：《李渔作品的商品化倾向》，《殷都学刊》，1996（1）。

金文京：（日）《晚明山人之活动及其来源》，《中国典籍与文化》，1997（1）。

赵轶峰：《山人与晚明社会》，《东北师大学报》，2001（1）。

陈宝良：《晚明生员的弃巾之风及其山人化》，《史学集刊》，2000（2）。

陈宝良：《明代生员层的经济特权及其贫困化》，《中国社会经济史研究》，2002（2）。

陈宝良：《明代生员层的仕进之途》，《安徽史学》，2002（4）。

陈宝良：《明代生员及其相关概念辨析》，《浙江学刊》，2003（1）。

吴承学、李斌：《明清人眼中的陈眉公》，《中山大学学报》，2003（1）。

夏咸淳：《论晚明隐士陈继儒》，《天府新论》，2004（3）。

冯保善：《山人小史——兼论明清山人知识群体的生成》，《寻根》，2005（4）。

费君清：《南宋江湖诗人的谋生方式》，《文学遗产》，2005（6）。

李斌：《晚明“山人”与晚明士风——以陈眉公为主线》，《学术月刊》，2006（6）。

章培恒：《经济与文学之关系》，《学术月刊》，2006（5）。

胡明：《中国传统文学与经济生活》，《学术月刊》，2006（5）。

黄霖：《作为文学研究新起点的经济视角》，《学术月刊》，2006（9）。

王兆鹏：《宋代的“润笔”与宋代文学的商品化》，《学术月刊》，2006（9）。

二、著作

顾炎武：《日知录集释》，上海，国学整理社，1936。

周晖:《金陵琐事》,北京,商务印书馆,1959。
朱国祯:《涌幢小品》,北京,中华书局,1959。
纪昀等:《四库全书总目》,北京,中华书局,1965。
张廷玉等:《明史》,北京,中华书局,1974。
叶盛:《水东日记》,北京,中华书局,1980。
归有光:《震川先生文集》,上海,上海古籍出版社,1981。
焦竑:《玉堂丛语》,北京,中华书局,1981。
王士性:《广志绎》,北京,中华书局,1981。
叶梦珠:《阅世编》,上海,上海古籍出版社,981。
余继登:《典故纪闻》,北京,中华书局,1981。
袁宏道:《袁宏道集笺校》,上海,上海古籍出版社,1981。
李诩:《戒庵老人漫笔》,北京,中华书局,1982。
谢国桢:《明末清初的学风》,北京,人民出版社,1982。
张岱:《陶庵梦忆》,杭州,西湖书社,1982。
范濂:《云间据目钞》,扬州,江苏广陵古籍刻印社,1983。
钱谦益:《列朝诗集小传》,上海,上海古籍出版社,1983。
徐渭:《徐渭集》,北京,中华书局,1983。
何良俊:《四友斋丛说》,北京,中华书局,1984。
王锜:《寓圃杂记》,北京,中华书局,1984。
于慎行:《谷山笔麈》,北京,中华书局,1984。
赵翼:《廿二史劄记》,北京,中华书局,1984。
陆容:《菽园杂记》,北京,中华书局,1985。
王文濡辑:《说库》,杭州,浙江古籍出版社,1986。
黄宗羲:《明文海》,北京,中华书局,1987。
龚未斋:《雪鸿轩尺牍》,长沙,湖南文艺出版社,1987。
顾起元:《客座赘语》,北京,中华书局,1987。
骆玉明、贺圣遂:《徐文长评传》,杭州,浙江古籍出版社,1987。
余英时:《士与中国文化》,上海,上海人民出版社,1987。
李邺嗣:《杲堂诗文集》,杭州,浙江古籍出版社,1988。
袁中道:《珂雪斋集》,上海,上海古籍出版社,1989。
朱彝尊:《静志居诗话》,北京,人民文学出版社,1990。
黄宗羲:《明儒学案》,台北,明文书局,1991。
王世贞:《觚不觚录》,上海,上海古籍出版社,1991。

王兆云辑：《皇明词林人物考》（明代传记丛刊），台北，明文书局，1991。

李渔：《李渔全集》，杭州，浙江古籍出版社，1992。

钟惺：《隐秀轩集》，上海，上海古籍出版社，1992。

陈田辑：《明诗纪事》，上海，上海古籍出版社，1993。

胡绍棠选注：《陈眉公小品》，北京，文化艺术出版社，1996。

黄仁宇：《万历十五年》，北京，三联书店，1997。

黄卓越：《佛教与晚明文学思潮》，北京，东方出版社，1997。

张瀚：《松窗梦语》，北京，中华书局，1997。

周明初：《晚明士人心态与文学个案》，北京，东方出版社，1997。

沈德符：《万历野获编》，北京，文化艺术出版社，1998。

郎瑛：《七修类稿》，北京，文化艺术出版社，1998。

朱彝尊：《静志居诗话》，北京，人民文学出版社，1998。

曹臣：《舌华录》，合肥，黄山书社，1999。

陈梦莲等：《眉公府君年谱》（《年谱丛刊》第53册），北京，北京图书出版社，1999。

黄瑜：《双槐岁钞》，北京，中华书局，1999。

吴承学：《晚明小品研究》，南京，江苏古籍出版社，1999。

李渔：《闲情偶寄》，杭州，浙江古籍出版社，2000。

左东岭：《王学与中晚明士人心态》，北京，人民文学出版社，2000。

罗筠筠：《灵与趣的意境——晚明小品文美学研究》，北京，社会科学文献出版社，2001。

吴仁安：《明清江南望族与社会经济文化》，上海，上海人民出版社，2001。

谢肇淛：《五杂俎》，上海，上海书店出版社，2001。

尹恭弘：《小品高潮与晚明文化——晚明小品七十三家评述》，北京，华文出版社，2001。

吴承学、李光摩编：《晚明文学思潮研究》，武汉，湖北教育出版社，2002。

曹学佺：《曹学佺集》，南京，江苏古籍出版社，2003。

孙立群：《中国古代的士人生活》，北京，商务印书馆，2003。

谢国祯选编，牛建强等校勘：《明代社会经济史料选编》，福州，福建人民出版社，2004。

张德建:《明代山人文学研究》, 长沙, 湖南人民出版社, 2005。

陈昂:《白云集》,《四库全书存目丛书》集部 189 册, 济南, 齐鲁书社, 1997。

陈淳:《陈白阳集》,《四库全书存目丛书》集部 146 册, 济南, 齐鲁书社, 1997。

陈继儒:《安得长者言》,《四库全书存目丛书》子部 94 册, 济南, 齐鲁书社, 1997。

陈继儒:《白石樵真稿·尺犊》,《四库禁毁书丛刊》集部 66 册, 北京, 北京出版社, 2000。

陈继儒:《陈眉公集》,《续修四库全书》集部 1 380 册, 北京, 北京出版社, 2000。

陈继儒:《狂夫之言》,《四库全书存目丛书》子部 94 册, 济南, 齐鲁书社, 1997。

陈继儒:《太平清话》,《四库全书存目丛书》子部 244 册, 济南, 齐鲁书社, 1997。

陈继儒:《田园诗》,《丛书集成续编》集部 118 册, 上海, 上海书店出版社, 1994。

陈继儒:《晚香堂集》,《四库禁毁书丛刊》集部 66 册, 北京, 北京出版社, 2000。

陈继儒:《文奇豹斑》,《四库全书存目丛书》子部 219 册, 济南, 齐鲁书社, 1997。

陈继儒:《偃曝谈余》,《四库全书存目丛书》子部 111 册, 济南, 齐鲁书社, 1997。

陈继儒:《岩栖幽事》,《四库全书存目丛书》子部 118 册, 济南, 齐鲁书社, 1997。

程嘉燧:《松圆浪淘集》,《续修四库全书》集部 1 385 册, 上海, 上海古籍出版社, 2001。

何白:《汲古堂集》,《续修四库全书》集部 1 354 册, 上海, 上海古籍出版社, 2001。

卢柟:《蠛蠓集》,《四库全书》1 289 册, 台北, 台湾商务印书馆, 1985。

潘纬:《潘象安诗集》,《四库全书存目丛书》集部 189 册, 济南, 齐鲁书社, 1997。

钱希言：《戏瑕》，《续修四库全书》子部 1 143 册，上海，上海古籍出版社，2001。

孙一元：《太白山人漫稿》，《四库全书》集部 1 268 册，台北，台湾商务印书馆，1985。

宋登春：《宋布衣集》，《四库全书》集部 1 296 册，台北，台湾商务印书馆，1985。

宋濂：《文宪集》，《四库全书》集部 1 223 册，台北，台湾商务印书馆，1985。

唐顺之：《荆川先生文集》，《四库全书》集部 1 276 册，台北，台湾商务印书馆，1985。

屠隆：《由拳集》，《续修四库全书》集部 1 360 册，上海，上海古籍出版社，2001。

屠隆：《白榆集》，《四库全书存目丛书》集部 180 册，济南，齐鲁书社，1997。

王世贞：《弇州四部稿》，《四库全书》集部1 280～1 281 册，台北，台湾商务印书馆，1985。

王世贞：《弇州四部续稿》，《四库全书》集部1 282～1 283 册，台北，台湾商务印书馆，1985。

王守仁：《王文成公全书》，《四库全书》集部 1 265 册，台北，台湾商务印书馆，1985。

王寅：《十岳山人集》，《四库全书存目丛书》集部 79 册，济南，齐鲁书社，1997。

王稚登：《王百谷集》，《四库禁毁书丛刊》集部 175 册，北京，北京出版社，2000。

谢榛：《沧溟集》，《四库丛书》集部 1 289 册，台北，台湾商务印书馆，1985。

薛冈：《天爵堂文集》，《四库未收书辑刊》集部第 6 辑 25 册，北京，北京出版社，2000。

俞安期：《翏翏集》，《四库全书存目丛书》集部 143 册，济南，齐鲁书社，1997。

俞允文：《仲蔚先生集》，《四库全书存目丛书》集部 140 册，济南，齐鲁书社，1997。

张凤翼：《处实堂集》，《四库全书存目丛书》集部 137 册，济南，齐鲁书社，1997。

张凤翼：《处实堂续集》《续修四库全书》集部1 353册，上海，上海古籍出版社，2001。

郑若庸：《北游漫稿》，《四库全书存目丛书》集部144册，济南，齐鲁书社，1997。

郑若庸：《蛣蜣集》，《四库全书存目丛书》集部143册，济南，齐鲁书社，1997。

后　记

依旧记得2007年6月博士毕业论文最终完稿时，自己写下的数行话——

入学三年，上课、听讲座、看书、查资料、写论文……忙碌中，时间一晃即过。回头看去，当初拖着行李箱来校报到的情形，宛然如昨。可是，许多细节很无情地告诉我，三年过去了，真的是生命中的三年过去了。宿舍窗前的小树初见时，只是平着阳台，现在长到楼上住户那儿，在我这已经看不见树梢了。家中稚子先前尚还缠着我，走到哪跟到哪，如今也能独立地来往于村子附近的小学了。还有就是身边的亲友熟识，原来常见活生生的面孔，眼下有一些却做了古人，只能依稀记住他们的面影而已。

岁月无情人有情。在三年时间里，无论是学业还是生活，都得到恩师黄天骥先生的细心呵护与帮助，其学识的渊博、待人的诚挚和蔼、诲人的循循善诱与孜孜不倦，无不令人心生敬意。论文由选题到开题，从资料的查找到写作过程中的疑难解答，都离不了黄老师晨钟暮鼓式的点拨、引导。为了开启我的思路，黄老师有时拿自己的一些经历作比照，来说明文人“作文受谢”的不同情况，目的是希望我把论文写好。这种用心，令我感奋又惭愧，因为论文做得不如预期的那么让人满意。再则，从经济的角度去关注文人的文学活动，尤其是这种现象的出现对文人创作的影响以及它在文学史上的意义与地位，原本是一个很新鲜的话题，是一个值得探讨的内容。由于学识浅薄，论文未能非常全面地阐述它的理论价值，跟选题的初衷、写作的要求有一定的差距，这更让我产生愧疚的心理。不过论文终于写出来了，权当是阶段性地完成了一个任务吧。

当然，三年的收获，不仅仅是撰写了一篇毕业论文，更重要的是在具体的写作过程中、在同老师学习交流的课堂上，不断地丰富了自己的学术积累和拓宽了自己的学术视野，为日后的教学与科研工作进一步奠定了基础。这些收获，离不开黄天骥、欧阳光、康保成、黄仕忠等老师的言传身教，是他们高深的学识水平和谦谦自牧的风范影响着我、激励着我。这里，写下这些话，是希望他们接受我的言轻意重的感谢。

毕业论文完稿了，于我而言，是生命进程中的一个小结，一个新的起点。当自己处于这回顾与展望之际，思绪泉涌，万千感触一时难以表述，凝作了上面的三言两语。

每每读到这几段话，都能勾起我在中山大学读博时的生活回忆，那的确是充实又紧张的三年，是可以遗落世事而专心于书本的三年。可惜时间总是要往前走的，毕业后诸多不尽如人意的事情迎面袭来，令我仓皇无措，不能静下心来拓展博士论文的研究范围。

现在幸蒙广东高等教育出版社倾力支持，使自己的博士毕业论文在经过几次大的修改后得以付梓。为此，非常感谢编辑王亚芳女士的热心指导，也感谢江西省社会科学院的余悦老师在论文写作和修改过程中给予的许多帮助；特别要借此机会，对六年来一直默默地、毫无怨言地资助我求学的夫人甘映红女士表示由衷的感激。愿以此书的出版为契机，进一步推进自己的学术研究。

周榆华

2009 年 9 月 1 日